U0566912

零碳之路：

商用车、物流运输和供应链的未来

[英] 丹尼斯·埃文斯（Dennis Evans）

[英] 德斯·埃文斯（Des Evans） 著

[英] 阿利斯泰尔·威廉姆森（Alistair Williamson）

中国汽车技术研究中心 组译

方海峰 徐耀宗 宋 瑞 王英荻

徐 廉 田芳晴 陈虹瑾 赵炳峰 译

马 胜 吴喜庆 李庆升 方继开

机械工业出版社

CHINA MACHINE PRESS

本书的主要编写目的在于帮助读者了解如今世界正在面临的全球化，工业、社会和经济的变革，替代交通能源的发展，还有如何理解未来的变化和挑战。主要内容包括：概述气候变化带来的威胁和挑战，以及化石燃料行业在汽油和柴油需求下降情况下的未来发展；柴油作为主要燃料来源的兴衰、"柴油门"的影响以及整车企业如何应对环保法规；《巴黎协定》的目标、影响和长期雄心；气候变化的挑战；基础设施挑战，以及在通过创新发展"货运港"的概念来支持零排放运输系统发展方面政府的作用；新电池技术对汽车行业未来就业的影响，以及稀土材料可持续采购的重要性；电动汽车充电基础设施、能源定价、碳税，以及对电网的影响；全球十大商用车制造商及其提供替代燃料动力汽车的产品开发计划；电动汽车市场领域发展中的"新进入者"；替代燃料；商业创新、颠覆性商业模式和竞争基础的改变；全球汽车工业的重心转移；零排放汽车的发展历程；商用车和运输业的未来。

本书适合汽车产业、商用车行业、物流运输行业及其产业链管理人员、技术人员以及投资人参考阅读。

© Dennis Evans, Des Evans, Alistair Williamson, 2020

This translation of The Road to Zero Emissions is published by arrangement with Kogan Page.

Simplified Chinese Translation Copyright © 2025 China Machine Press. This edition is authorized for sale in the Chinese mainland (excluding Hong Kong SAR, Macao SAR and Taiwan).

All rights reserved.

此版本仅限在中国大陆地区（不包括香港、澳门特别行政区及台湾地区）销售。未经出版者书面许可，不得以任何方式抄袭、复制或节录本书中的任何部分。

北京市版权局著作权合同登记　图字：01-2023-3858 号。

图书在版编目（CIP）数据

零碳之路：商用车、物流运输和供应链的未来 /
（英）丹尼斯·埃文斯（Dennis Evans），（英）德斯·埃文斯（Des Evans），（英）阿利斯泰尔·威廉姆森
（Alistair Williamson）　著；中国汽车技术研究中心组译 . -- 北京：机械工业出版社，2025. 5. -- ISBN 978-7-111-78212-4

Ⅰ. F511.3

中国国家版本馆CIP数据核字第2025GV5088号

机械工业出版社（北京市百万庄大街22号　邮政编码100037）
策划编辑：母云红　　　　　　　责任编辑：母云红　巩高铄
责任校对：王文凭　张慧敏　景　飞　责任印制：邓　博
北京中科印刷有限公司印刷
2025年6月第1版第1次印刷
169mm × 239mm · 16.25印张 · 237千字
标准书号：ISBN 978-7-111-78212-4
定价：99.00元

电话服务　　　　　　　　　网络服务
客服电话：010-88361066　机　工　官　网：www.cmpbook.com
　　　　　010-88379833　机　工　官　博：weibo.com/cmp1952
　　　　　010-68326294　金　书　网：www.golden-book.com
封底无防伪标均为盗版　机工教育服务网：www.cmpedu.com

作者简介

三位合著者均在汽车和运输行业工作了数十年，自 1975 年以来一直密切参与多家货车制造企业的商业业务。他们最近一段工作经历是在传拓（Traton AG）股份公司（大众汽车股份公司的商用车部门）旗下的曼恩商用车股份公司（MAN AG）工作。

丹尼斯·埃文斯

丹尼斯·埃文斯（Dennis Evans）自 1975 年以来一直在汽车行业工作，曾在 23 个国家为多家大型汽车制造商和一级供应商工作，事业有成。2005—2016 年担任 MAN AG 售后业务发展和战略项目主管。丹尼斯工作过的公司包括福特汽车公司、Unipart、罗孚、路虎、Mini、宝马等汽车制造商以及车身制造商 Mayflower Ltd.。Mayflower 是罗孚、名爵、福特、阿斯顿·马丁、克莱斯勒、奔驰和英国客车制造商亚历山大公司的一级供应商。丹尼斯·埃文斯擅长制定市场推广策略以及创新的客户关系和维系计划。

德斯·埃文斯

德斯·埃文斯（Des Evans）因其对工业的贡献而荣登 2016 年女王生日荣誉榜。他曾在 MAN AG 担任首席执行官（CEO）长达十年，并在 1993—2013 年成功地将英国业务的营业额从 5000 万英镑提升至超过 5 亿英镑。2015 年，德斯从 MAN AG 退休后，成为阿斯顿大学的名誉教授，继续与工商管理硕士（MBA）学生分享他在商业模式理念方面的经验，这些理念具有重构既定商业实践的作用。此外，他还与克兰菲尔德大学合作，并担任多个行业协会的重要顾问。德斯的经验源于创新和颠覆性商业模式的发展，这些模式改变了行业竞争的基础。

阿利斯泰尔·威廉姆森

阿利斯泰尔·威廉姆森（Alistair Williamson）获得 MBA 学位后成为贝德福德汽车公司的开发工程师，之后他在斯堪尼亚（Scania）（英国）有限公司担任工程设计、销售、业务开发和市场营销等职务。在公司快速发展时期，他成为 MAN AG 营销总监，将"卡车技术（trucknology）"一词引入商用车术语表，并在英国市场推出了 MAN TGA 系列。随后，阿利斯泰尔成为 MAN AG 驻慕尼黑的全球市场总监，负责在全球范围内推出 D20 发动机和 TGL/TGM 货车系列。他成功经营自己的营销咨询公司已有 15 年，并在此期间为其他汽车公司实施了诸多重要项目。此外，他还开发了一个创新的门户网站 www.truckepedia.com，为商用车、分销、运输和物流行业提供创新的"商业智能服务"，旨在通过知识管理和业务开发项目发展商业关系。

前　言

如果没有车轮和车轴的发明，你认为世界会变成什么样？那样许多工作都会变得更加困难，而具体到运输业，肯定会与今天大不相同。在现实中的很多方面，车轮和车轴让世界运转起来，运输也是如此，几乎所有现代经济的运转都离不开运输。

1896 年，鲁道夫·迪塞尔（Rudolf Diesel）成功申请了柴油发动机发明专利，柴油发动机为交通工具提供动力。然后，近代以来，人们越来越多地将这一技术转向电动化，其原因与马车被取代大致相同——效率和效益。然而，就在内燃机被采用的同时，尼古拉·特斯拉发明了交流电机并获得了发明专利。遗憾的是，这种电机未能成功推广。从事后来看，我们不妨推测一下，如果电机取代了自采用内燃机以来一直主导我们运输业的化石燃料能源，我们今天所面临的生存环境威胁是否可以避免？

这是一个错失的好机会吗？

编写本书的主要目的在于帮助读者了解如今世界正在面临的全球化，工业、社会和经济的变革，替代交通能源的发展，以及如何理解未来的变化和挑战。

本书内容概要

在本书中，我们将详细介绍如何避免错失未来的重大机遇。我们将共同探讨以下内容。

第1章：概述气候变化带来的威胁和挑战，以及化石燃料行业在汽油和柴油需求下降情况下的未来发展。

第2章：柴油作为主要燃料来源的兴衰、"柴油门"的影响以及原始设备制造商（OEM）⊖如何应对环保法规。

第3章：《巴黎协定》的目标、影响和长期雄心。

第4章：气候变化的挑战——温室气体和二氧化碳的影响，以及国际社会如何就应对全球变暖威胁的行动计划达成一致。

第5章：基础设施挑战，以及在通过创新发展"货运港"的概念来支持零排放运输系统发展方面政府的作用。

第6章：新电池技术对汽车行业未来就业的影响，以及稀土材料（REM）可持续采购的重要性。

第7章：电动汽车充电基础设施、能源定价、碳税，以及对电网的影响。

第8章：全球十大商用车制造商及其提供替代燃料动力汽车的产品开发计划。

第9章：电动汽车市场领域发展中的"新进入者"。

第10章：替代燃料——氢是否是重型货车的未来燃料？

第11章：商业创新、颠覆性商业模式和竞争基础的改变。

第12章：全球汽车工业的重心从美国和西欧转移到亚洲，尤其是中国。

第13章：零排放汽车（ZEV）发展历程概述。

第14章：商用车和运输业的未来——2050年及以后，未来的原始设备制造商分销模式，包括经销商特许经营；对未来货运管理和技术驱动的维修服务的大规模投资；货车停靠站的重塑。

⊖ 本书缩略语见附录 A。

什么是净零排放，如何实现？

当所有的人为温室气体（GHG）排放都被平衡时，就实现了净零排放。净零排放意味着通过清除大气中的温室气体（这一过程称为碳清除）来平衡有害的人为排放。最初的挑战是解决人为排放问题。这些排放包括由化石燃料驱动的车辆和工厂产生的排放，应尽快将这些排放降至接近零。任何剩余的温室气体都必须通过相应的碳清除方式来减少。例如，可以通过恢复森林或直接从空气中捕集与封存（DACS）的技术来实现。净零排放的概念可以描述为"气候中和"（Levin 和 Davis，2019）。

政府间气候变化专门委员会（IPCC）在其 2018 年的报告中表明，为了稳定全球气温，必须将温室气体净排放量降至零。报告还指出，任何不将温室气体排放量降至零的方案都无法阻止气候变化。瑞士、欧盟还有许多其他国家已根据《巴黎协定》批准了这一目标（IPCC，2019）。

要实现净零排放并将全球升温控制在 1.5℃以内，就必须清除并永久储存大气中的二氧化碳。正如 MyClimate 所说：

> 这就是所谓的二氧化碳去除（CDR）。由于它与排放相反，这些做法或技术通常称为实现"负排放"或"吸收"。净零排放与 CDR 之间存在直接联系，越早实现净零排放，所需的 CDR 就越少，而且需要注意的是，实现这一目标的时间越晚，所需的负排放就越高（MyClimate 等）。

由于地球已经对大气中二氧化碳、甲烷和其他温室气体数量的微小变化做出了强烈反应，因此，必须减少这些气体的排放，直到整个系统恢复平衡。净零排放意味着必须通过减排措施从大气中清除所有人为温室气体排放，从而使地球在通过自然和人工吸收清除温室气体后达到净气候平衡。这样，人类将实现碳中和，全球气温也将趋于稳定（MyClimate 等）。

按经济部门划分的全球温室气体排放量

全球温室气体排放量可按产生温室气体的经济活动分类。如图 1 所示，电力和热力生产是最大的温室气体排放源，占全球温室气体排放量的 25%；农业、林业和其他土地利用产生的温室气体占 24%；工业占 21%；相比之下，交通仅占全球温室气体排放量的 14%（美国环境保护署，2020）。

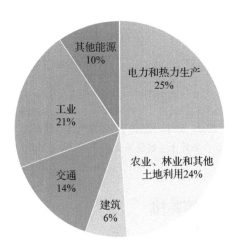

图 1　按经济部门划分的全球温室气体排放占比

注：来源于美国环境保护署（EPA），2020。

交通产生的温室气体主要涉及公路、铁路、航空和海运所燃烧的化石燃料。全球运输能源几乎全部（95%）来自石油燃料，主要是汽油和柴油（美国环境保护署，2020）。

替代燃料对石油产品的适用性因运输行业而异，反映了全球运输系统的多样性。如图 2 所示，汽车和摩托车产生的温室气体占所有运输方式的近 50%，占所有公路运输产生的温室气体近 2/3（63%）。同时，货运仅占全球温室气体排放约 1/3（37%）。轻型货车占公路货运的 11%，重型货车占 12%。货运的平衡是海运占 12%，其他（2%）主要是铁路和航空（美国能源信息署，2020）。

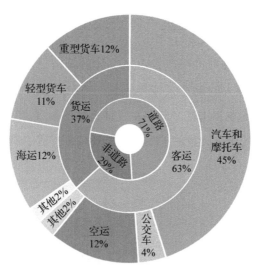

图2　全球运输部门的温室气体排放占比

注：来源于美国能源信息署（EIA），2020。

实现乘用车运输的大幅减排

减少与乘用车运输相关的温室气体排放有以下多种方式。

1）使用替代燃料：使用比目前使用的燃料排放更少二氧化碳的燃料。替代能源可包括生物燃料、氢气、风能和太阳能等可再生能源，或二氧化碳排放量低于其替代燃料的化石燃料。

2）利用先进的设计、材料和技术提高燃料效率。

3）改进操作方法：采用尽量减少燃料使用的方法；改善驾驶方法和车辆保养。

4）减少出行需求：利用城市规划减少人们每天驾车的里程数。采用提高出行效率的措施，如搭乘公共交通工具、骑自行车、居家办公和步行，减少驾车出行需求。

实现轻型和重型道路运输的大幅减排

要在轻型和重型道路运输中实现大幅减排，需要在内燃机中使用替代性低碳燃料，或转向使用以电池（纯电动汽车，即 BEV）或氢（燃料电池电动汽车，即 FCEV）形式储能的电力驱动系统。电力驱动系统的优点是车内能效高得多，但关键的技术问题是储能密度和充电效率是否足以使其成为柴油或汽油货车的可行长距离替代品。

内燃机设计、空气动力学和轮胎设计的改进，已经并将继续提高柴油和汽油货车的总体能效，从而提高碳效率，即每吨千米排放二氧化碳克数。由于货车的种类繁多，因此很难对效率提高的速度进行总体衡量，但现有数据表明，重型车辆的效率提高速度要慢于轻型车辆。在过去 20 年中，欧洲货车和乘用车的每千米平均排放量分别减少了 2% 和 3%，而货车运输业在 20 世纪 90 年代之前经历了效率提升期，但最近几十年却停滞不前，例如，英国重型货车的油耗从 2004 年的每加仑 8.8mile $^{\ominus}$ 降至 2016 年的每加仑 8.5mile（英国运输部，2019）。

虽然通过逐步改进内燃机和车辆设计来提高能源效率的潜力巨大，但实际减排，相对于放缓的增长速度，需要转向替代燃料或电力驱动系统。在 21 世纪 20 年代，使用电动驱动系统（无论是电池还是氢动力）在技术上越来越可行，将成为实现最主要的碳减排方式和成本较低的选择，适用于越来越多不同尺寸和行驶距离的客车和货车。

与此同时，全球交通能源需求预计将增加。尽管车辆效率已经并将继续提高，但人口的持续增长和道路交通的增长趋势抵消了车辆耗油量降低所带来的好处。任何含碳燃料的二氧化碳排放量都与燃料使用量成正比。这意味着，只有减少柴油用量才能减少运输业的温室气体排放。减少柴油用量可以通过以下三种方式来实现。

1）更有效地使用燃料。

2）减少燃料使用需求。

3）用二氧化碳排放比例低于柴油的燃料代替柴油。

图 3 显示了到 2040 年按地区或组织和运输方式划分的交通能源需求增长预测（BP 能源经济学，2019）。

　　㊀　计量单位及常用英制单位换算见附录 B 和附录 C。

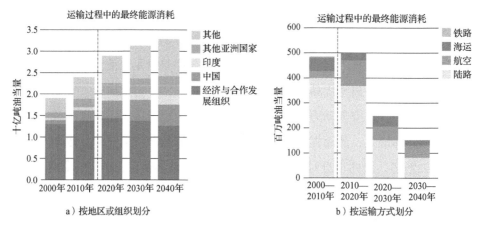

图3　按地区或组织和按运输方式划分的交通能源需求增长预测

注：来源于BP能源经济学，2019。

未来的旅程

在2050年及以后实现零排放的过程中，政府在发展相关基础设施以应对从化石燃料经济向替代能源绿色技术经济转型方面的举措成功与否，将起到重要作用。政府的监管和政策措施将成为塑造未来运输业务的重要因素。这将包括法规对基础设施变革的影响，这些变革将使替代能源的应用能够取代破坏环境的化石燃料。未来基础设施战略的一个重要特点是必须考虑到政府对城市的管理和减少空气污染的努力。

为了了解未来50年的交通发展，我们需要认识到，我们的出行方向还将受到许多因素的深刻影响，其中包括以下因素。

1）地缘政治合作。

2）OEM管理两种对立力量的能力，即化石燃料与电气化或替代燃料。

3）适应替代燃料的威胁和对新生产方法的必要投资。

4）投资者群体，如对冲基金和主权财富基金。

5）电力公司。

6）利用创新和新技术。

7）知识产权管理和数据安全。

8）数字化服务，如 5G 通信技术。

9）采购稀土材料。

10）发展相关基础设施，以管理"最后一英里"货运，并以货运港口的形式引入城市整合中心，使大城市边缘多余的集成电路制造工厂得以再生。

参考文献

BP Energy Economics（2019）BP Energy Outlook 2019 Edition. Retrieved from: https://www. bp.com/content/dam/bp/business-sites/en/global/corporate/pdfs/energy-economics/energy-outlook/bp-energy-outlook-2019.pdf（archived at https://perma.cc/KC3Y-QUQV）

Department of Transport（UK）（2019）Energy and environment: data tables（ENV）. Retrieved from: https://www.gov.uk/government/statistical-data-sets/energy-and-environment-data-tables-env（archived at https://perma.cc/9EFE-CH5K）

EIA（2017）International Energy Outlook 2017. Retrieved from: https://www.eia.gov/outlooks/ archive/ieo17/（archived at https://perma.cc/2H23-L43R）（2017）.pdf

EPA（2020）Global Greenhouse Gas Emissions Data. Retrieved from: https://www.epa.gov/ ghgemissions/global-greenhouse-gas-emissions-data（archived at https://perma.cc/AZT8-9JTQ）

IPCC（2019）Global Warming of 1.5℃. Retrieved from: https://www.ipcc.ch/site/assets/uploads/ sites/2/2019/06/SR15_Summary_Volume_Low_Res.pdf（archived at https://perma.cc/2SBX-XPZJ）

Levin, K and Davis, C（2019）What does 'net-zero emissions' mean? 6 common questions, Answered, *WRI*. Retrieved from: https://www.wri.org/blog/2019/09/what-does-net-zero-emissions-mean-6-common-questions-answered（archived at https://perma.cc/TK3J-2T9E）

My Climate（nd）What are 'negative emissions'?, *My Climate*. Retrieved from: https://www. myclimate.org/information/faq/faq-detail/what-are-negative-emissions/（archived at https:// perma.cc/CBA5-HV4G）

目　录

前言

第 1 章
零排放之路

本章将向读者介绍以下内容。

- 全球变暖和气候变化带来的威胁。
- 环境交通管理区。
- 城市集运中心 / "最后一英里" "货运港" 的发展。
- 纯电动汽车（BEV）对未来石油需求的潜在影响。
- 拯救 20 万个汽车行业工作岗位的挑战。
- 稀土材料及其在电池技术发展中的重要性。

1.1 全球变暖和气候变化的威胁

自 1988 年世界气象组织（WMO）和联合国环境规划署（UNEP）联合成立政府间气候变化专门委员会以来，全球变暖和气候变化的威胁一直主导着地缘政治格局（IPCC，2020）。

联合国政府间气候变化专门委员会的目标是向世界提供关于气候变化及其潜在的环境和社会经济影响的明确信息（IPCC，2020）。

在联合国政府间气候变化专门委员会工作的基础上，联合国制定了《联合国气候变化框架公约》（UNFCCC）。《联合国气候变化框架公约》每年组织一次名为"缔约方会议（COP）"的世界会议。1997 年在日本京都召开的第 3 次缔约方会议（COP3）上达成了《京都议定书》。COP21 于 2015 年在巴黎举行，COP21 的谈判达成了《巴黎协定》。

《巴黎协定》的核心目标是减少温室气体排放，将全球平均气温上升幅度限制在高于工业化前水平 2℃ 以下。此外，还有一个总体"延伸目标"，将上升幅度限制在 1.5℃ 以下（Lynn 和 Zabula，2016）。

来自 196 个国家的代表出席了会议，截至 2019 年，196 个国家加上欧盟签署了《巴黎协定》，其中 183 个国家和欧盟批准了该协议。

那些否认气候变化的人正在挑战科学，试图破坏《巴黎协定》的目标。这使得八国集团（G8）和二十国集团（G20）在如何监管环境和商业市场方面的分歧成为焦点，而这些分歧将影响未来从化石燃料经济转型的方式。

首先也是最重要的是，人类造成的排放，如化石燃料汽车和工厂的排放，应尽可能减少到接近于零，而过渡到无排放的交通工具，如电动或氢能的乘用车和商用车，目前是所有发达经济体议程上的优先事项。

任何残留的温室气体都将通过等量的碳去除方式来平衡，例如通过恢复森林或直接从空气中捕集与封存的技术。碳捕集与封存被认为是一种长期的、昂贵且资本密集型的解决方案，目前许多石油和天然气公司都在寻求这种解决方案来应对气候变化的挑战，同时希望继续投资于化石燃料和天然气的生产。

净零排放的概念类似于"气候中和"（Levin 和 Davis，2019）。

控制全球能源消耗（价格除外）的主要变量有两个：世界人口总数和世界人均能源消耗量（图 1.1）。虽然经济合作与发展组织（简称经合组织）大部分地区的人均能源消耗量在下降，但随着中国、印度和巴西等国家努力变得像西方国家一样，经合组织以外的地方的人均能源消耗量都在上升（Energy Matters，2018）。

根据联合国的一份报告，世界人口数量预计到 2030 年将达到 86 亿，到 2050 年将达到 98 亿，到 2100 年将达到 112 亿（联合国，2017）。

与此同时，英国石油公司（BP）和联合国的数据显示，到 2100 年，全球人均能源消耗量将增长到每年 2.63t 石油当量，这比 2015 年的数字进一步增长了 47%（Energy Matters，2018）。

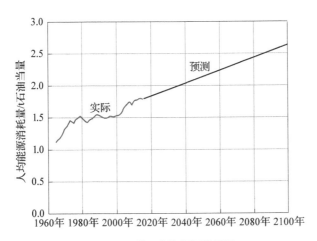

图 1.1 世界人均能源消耗量

注：来源于 Energy Matters，2018。

在"一切照旧"的情况下，不控制温室气体排放将意味着无法实现《巴黎协定》中商定的升温低于 1.5℃ 的目标。因此，需要采用减缓技术和干预措施来控制因世界人口和世界人均能源消耗的预计增长而导致的温室气体预计增长（Energy Matters，2018）。

世界资源研究所（WRI）建议，要实现《巴黎协定》的气温目标，世界需要按以下时间表实现净零排放（Levin 和 Davis，2019）。

1）在将升温幅度限制在 1.5℃ 以下的情景中，二氧化碳（CO_2）平均在 2050 年（低过冲或无过冲的情景）至 2052 年（高过冲的情景，即气温超过 1.5℃ 一段时间后才下降）达到净零排放。温室气体排放总量在 2063—2068 年达到净零。

2）在将升温幅度限制在 2℃ 以下的情景中，二氧化碳平均在 2070 年（在将升温幅度限制在 2℃ 以下的可能性大于 66% 的情景下）至 2085 年（可能性为 50%~66%）达到净零排放。到 2100 年，温室气体排放总量达到净零。

世界资源研究所的预测（图 1.2 和图 1.3）是对未来 50~100 年全球可能出现结果的概述。每个国家都有不同的时间和目标表（Levin 和 Davis，2019）。

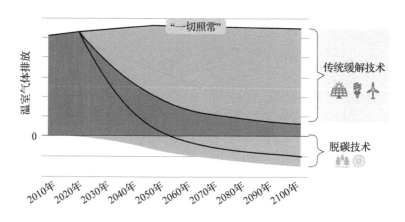

图 1.2 如何在 2100 年前实现净零排放

注：来源于 Levin 和 Davis，2019。

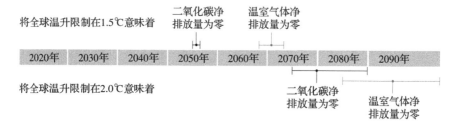

图 1.3 满足净零排放量的全球时间表

注：来源于 Levin 和 Davis，2019。

欧盟成员国政府最近出台了激进的法规，这些法规规定将在欧盟成员国主要城市建立零排放区和清洁空气区，并对不符合进入城市环境许可的产品进行处罚。

英国实施了一项强有力的"工业清洁空气战略"，其重点是通过产品合规来实现清洁空气的目标。替代能源的发展、交通电气化以及基础设施建设的关键问题都要求政府认真考虑如何平衡对能源创新项目的投资，这可能比英国高速铁路 2 号（HS2）和伦敦希思罗机场第三条跑道等项目花费纳税人的钱要少得多。

英国政府的战略围绕着一项核心任务展开：使英国处于零排放车辆设计和制造的最前沿，并使所有新乘用车和商用车到 2040 年有效实现零排放（英国运输部，2018）。

如二氧化氮计划所述，英国政府将在 2040 年之前停止销售新的传统汽油和柴油汽车。预计大多数售出的新车将 100% 零排放，并且到 2050 年，英国政府希望几乎每辆汽车都是零排放的。这一雄心壮志使英国处于全球向更清洁道路运输过渡的最前沿（英国运输部，2018）。

目前许多预测都认为柴油的需求寿命很短，现在已被认为是一种有害的污染燃料。国际能源署（IEA）的最新报告预测，到 2030 年，石油行业的运输需求可能会减少 40%，即未来 10 年每天减少 300 万桶，但同时也预测有 70% 的长途货运仍将使用化石燃料动力系统（国际能源署，2018）。

货车和运输的未来以及潜在的变革力量将催生出一个由电力和技术驱动的全新行业，这将带来一场世界上前所未有的工业和经济革命。

1.2 环境交通管理区

环境和经济力量正在聚集，这将改变货车和运输的运作方式，并影响从事这些行业的数百万人的未来。

零排放区将成为常态，2019 年伦敦设立的超低排放区就是一例（伦敦市长，2019）。

尽管有预测称，柴油作为一种运输燃料即将淘汰，我们当然相信，柴油在重型货车上仍将有很长的发展前景，但许多现有的汽车制造业务目前都处于半规划零排放区的边缘，因此柴油几乎已经过时，并将在不久的将来被淘汰。

福特关闭了位于南安普顿和布里根德的工厂，本田英国公司也于 2019 年 4 月宣布关闭其汽车工厂，该工厂曾经每年组装超过 20 万辆汽车，如今将造成 3500 个工作岗位流失（Chapman，2019）。

英国政府致力于支持符合《巴黎协定》的政策，不仅要实现将气温升幅控制在 1.5℃ 以下的气候变化目标，还要实施一项大胆的"综合产业试验战略"，目的是在全英国实现一个高增长的经济。基础设施规划将是维持成功转型的关键，要实现《巴黎协定》的目标，仅靠处罚不合规汽车车主是不够的，还需要采取更多措施，发展"城市货运集散中心"或"货运港口"可能是未来投资的关键需求。

1.3 纯电动汽车的潜在影响

在美国，第一辆成功的电动汽车在 1890 年左右首次亮相，这要归功于威廉·莫里森。他的六轮汽车最高时速可达 14mile，虽然只是一辆电动马车，却激发了人们对电动汽车的兴趣（Energy.Gov，2014）。

美国能源部指出：

许多人认为，第一个转折点是丰田普锐斯的问世。普锐斯于 1997 年在日本上市，成为世界上第一款大规模生产的混合动力电动汽车。2000 年，普锐斯在全球发布，并一举获得成功。为了让普锐斯成为现实，丰田公司使用了镍金属氢化物电池，这项技术得到了美国能源部的研究支持。从那时起，汽油价格的不断上涨和对碳污染担忧的日益加深，帮助普锐斯成为过去 10 年全球最畅销的混合动力电动汽车（Energy. Gov，2014）。

现代电动汽车的逐步发展可以追溯到 1997 年丰田普锐斯的推出。普锐斯花了 20 年时间才得到市场的全面认可。到 2020 年，丰田普锐斯已经进入了第四代开发阶段，成为人们熟悉的车型，既被车队买家用作出租车，也被个人消费者用作私人用车。

目前，轻型和中型商用车正受到高度重视，许多现有的整车企业和新进入者都在探索纯电动汽车技术。由于以下原因，在电动化方面需要权衡利弊。

1）充电设施有限。

2）纯电动汽车与内燃机汽车相比可能成本更高。

3）与同等的柴油发动机汽车相比，由于电池质量增加，汽车的有效载荷减少。

4）与内燃机汽车相比，纯电动汽车的平均续驶里程较少。

5）商用车辆的运行要求不同。

重型货车需要采用与轻型和中型货车完全不同的净零方法。重型货车在更远的距离上携带更多的有效载荷，因此需要一种替代柴油的燃料来实现净零排放。使用替代燃料，如生物甲烷压缩天然气（Bio-CNG），只需对现有内燃机柴油发动机重型货车进行少量修改，即可实现净零排放。然而，最大的问题还是有限的燃料补给基础设施。生物甲烷压缩天然气加注基础设施适合在当地运营的车辆，如垃圾收集、公交客车和短途配送的大型车队（如超市车队）。

生物甲烷压缩天然气等清洁燃料的全面应用一直受到以下三大障碍的阻碍。

1）车辆零售价格较高。

2）消费者接受程度低。

3）缺乏能量补给的基础设施。

目前存在一种潜在的恶性循环，即由于没有足够的车辆，投资者不会投资替代燃料基础设施；由于消费者需求不足，制造业无法以具有竞争力的价格提供替代燃料汽车；由于缺乏专用基础设施，消费者不购买车辆。

充电/加油站的可用性不仅是替代燃料汽车运行的技术前提，也是影响消费者接受这类汽车的最关键因素之一。因此，生物甲烷压缩天然气不太可能成为未来取代柴油的商用车燃料。

SAE Mobilus 提出：

重型货车的替代能源之一是氢。传统的内燃机经过改装后可以使用纯氢，即氢内燃机，由于其价格比燃料电池便宜得多，因此可以尽早投入使用。不过，氢燃烧效率比燃料电池低，而且会释放氮氢化合物，因此预计不会在重型运输中长期发挥重要作用。

氢燃料电池电动汽车（FCEV）的动力系统与纯电动汽车类似。两者都利用电池为驱动车轮的电机提供动力。然而，不同之处在于电池充电电力的来源。纯电动汽车需要外部能源来充电，而氢燃料电池则利用车辆上的燃料。这种动力源的双重性对道路运输业来说并不新鲜，但被认为是向前发展的必要条件（Borst，2019）。

未来重型货车的燃料来源选择要求制造商和监管机构采取截然不同的行动。这将导致生产和供应链的发展发生变化。由于开发纯电动汽车和氢燃料电池电动汽车的压力，本书将探讨谁可能成为赢家。

据预测，如果现有的整车制造企业未能在英国投资生产纯电动汽车，可能会导致近 20 万个工作岗位流失，如图 1.4 所示。（Faraday Insitation，2019）。

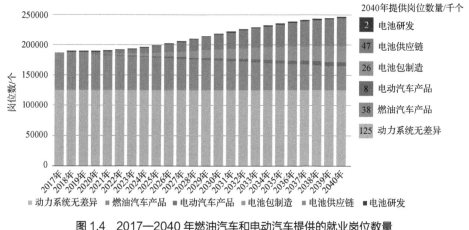

图 1.4　2017—2040 年燃油汽车和电动汽车提供的就业岗位数量

注：来源于法拉第研究所，2019。

全球从生产内燃机汽车向生产纯电动汽车和氢燃料电池电动汽车过渡将对英国劳动力市场产生巨大影响。只有当英国确保纯电动汽车、氢燃料电池电动汽车和电池生产，并通过在美国、德国和亚洲投资的千兆工厂 ⊖ 在电池产能方面与特斯拉和比亚迪等领先企业展开有效竞争时，英国创造的就业机会才会超过减少的就业机会。

法拉第研究所得到了英国政府约 2.5 亿英镑的大笔资金支持，对支持运输电气化的新兴电池市场进行了详细研究，并在其报告和调查结果中得出了重

───────────

⊖　千兆工厂（gigafactory）是埃隆·马斯克为其建设的特斯拉电池和电动汽车工厂创造的术语，本书中泛指年产能达到千兆瓦时的电动汽车电池工厂，详见第 6 章。

要结论，这些结论可在其网站 https：//faraday.ac.uk/ 上找到（法拉第研究所，2019）。

法拉第研究所认为，电池组、电池单体和电极的制造都将在英国进行。在此基础情景下，到 2040 年，电动汽车和电动汽车电池生态系统的整个行业劳动力数量将增长 32%，从 186000 人增至 246000 人，如图 1.4 所示（法拉第研究所，2019）。

自 2000 年以来，石油需求增加了 30%。巴克莱投资银行表示，"未来 20 年很可能是关键时期，如果各国坚持目前的低碳承诺，对石油的依赖预计将在 2030 年至 2035 年间达到峰值。如果全球更加重视减排，峰值可能在 2025 年就会到来。"根据目前的政策，更有可能出现的结果是石油需求在 2050 年前停滞不前，因为石化产品使用的增加抵消了运输电气化的影响（巴克莱投资银行，2019）。

1.4 稀土材料采购

从环境影响的角度来看，还需要考虑的另一个关键因素是采购的锂电池产品是否满足道德要求，其稀土材料的主要来源是非洲、亚洲和南美洲市场，这些市场的员工工作条件以及员工健康和安全因素需要受到有效监管。中国在锂和钴的采购方面处于领先地位。欧洲和美国需要提高他们在电池技术和材料采购方面的竞争力。固态电池正在发展中，而支持这一发展的主要材料是锌。

Statista 指出：

据估计，全球锌的总储量约为 2.3 亿 t（图 1.5）。由于这种金属的大量消耗，锌的储量预计只能维持未来 17 年的开采。澳大利亚拥有世界上最大的锌储量，估计有 6800 万 t。其他拥有大量锌储量的国家包括中国、秘鲁和墨西哥。美国的锌储量估计约为 1100 万 t。中国是全球最大的锌矿生产国，2018 年，中国锌矿产量约为 430 万 t，占全球约 1300 万 t 总产量的 1/3 以上（Statista 等）。

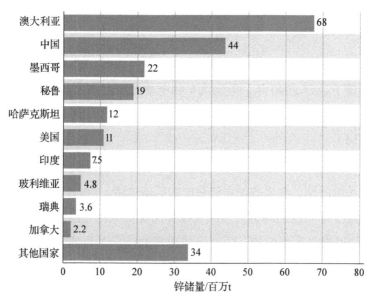

图 1.5　截至 2019 年全球各国的锌储量

注：来源于 Statista。

值得注意的是，锂离子电池技术的发明者是约翰·班尼斯特·古迪纳夫（John Bannister Goodenough）教授，他也是固态电池技术发展背后的推动者。这是一个关键领域，颠覆性技术将在定义我们正在进入的交通时代方面发挥作用。

我们已经看到颠覆性技术和商业模式使其他商业领域发生巨大变化的趋势，2020—2040 年，我们将见证传统市场的加速变革。由于技术的应用，我们已经经历了出租车（如优步）和电子商务（如亚马逊）市场的巨大变化。商用车辆的数字化和远程信息处理技术的发展大大提高了运输效率和车间运维水平。

物联网（IoT）技术的出现对整车企业、供应商以及运输和物流提供商来说是一个重大挑战，他们需要掌握当今产品中嵌入的集成系统所产生的大量智能化应用，以提高生产率和满足客户的要求。

电动货车的出现将给经销商和维修站带来新的挑战，因为他们需要采用新的业务模式，以抵消纯电动汽车所需维护的减少带来的影响。

可以肯定的是，我们正在见证交通理念的重大转变，以及建设环保、经济和道德可持续发展的未来所需的技术。

国际能源署在其 2018 年的报告中声称，到 2050 年，商用车的化石燃料日需求量将下降 40%，但并不表示运输对化石燃料需求将终结，长途配送仍将使用柴油，且消耗量将超过目前需求量的 50%（国际能源署，2017）。

然而，基础设施方面的挑战仍然是加速完成到 2050 年实现净零排放的主要目标和确保地球可持续发展的未来所需的变革的关键。

1.5 小结

- 在 21 世纪第二个十年的大部分时间里，全球变暖和气候变化的威胁一直主导着地缘政治格局。

- 世界上最大的两个经济体——美国和中国之间的紧张关系源于贸易摩擦、关税升级以及对知识产权主导权的争夺，这将影响未来的交通、运输以及 22 世纪城市和都市生活的形态。

- 欧盟成员国政府最近出台了一系列激进的法规。这些法规规定将在欧盟成员国主要城市建立零排放区和清洁空气区，并对不符合进入城市环境许可的产品进行处罚。

- 英国实施了一项强有力的"工业清洁空气战略"，其重点是通过产品合规来实现清洁空气的目标。

- 零排放区将成为 20 个主要城市的规范，而"最后一英里"城市集运中心或"货运港"的发展对于维持政府"清洁空气工业政策"的减轻污染的目标至关重要。

- 从生产内燃机汽车到生产纯电动汽车的全球转型将对英国劳动力市场产生巨大影响，英国需要对电池技术进行大量投资，并发展英国千兆工厂，以确保未来的汽车工业制造基地。

- 中国在锂和钴等原材料来源方面处于领先地位。欧洲和美国需要在电池技术开发和材料采购方面提高自己的竞争力。

1.6 参考文献

Barclays Investment Bank（2019）Oil in 3D: the demand outlook to 2050. Retrieved from: https://www.investmentbank.barclays.com/content/dam/barclaysmicrosites/ibpublic/documents/our-insights/oil/oil-in-3d.pdf（archived at https://perma.cc/BL8J-MKL6）

Borst, M（2019）Is hydrogen the future for trucking? *SAE Mobilus*. Retrieved from: https://saemobilus.sae.org/power/feature/2019/06/hydrogen-fuel-cell-trucks（archived at https://perma.cc/SG4U-9X82）

Chapman, B（2019）Honda to close Swindon plant by 2021 with loss of 3,500 jobs, *Independent*. Retrieved from: https://www.independent.co.uk/news/business/honda-swindon-manufacturing-plant-closure-jobs-employees-latest-a8911766.html（archived at https://perma.cc/2Y2B-A2GQ）

Department for Transport（2018）*The Road to Zero*, Department for Transport, London

Energy Matters（2018）Global Energy Forecast to 2100. Retrieved from: http://euanmearns.com/global-energy-forecast-to-2100/（archived at https://perma.cc/6D4N-W7CZ）

Energy.Gov（2014）The History of the Electric Car. Retrieved from: https://www.energy.gov/articles/history-electric-car（archived at https://perma.cc/P2CZ-HWRC）

Faraday Institution（2019）*UK Electric Vehicle and Battery Production Potential to 2040*, Faraday Institution, Cambridge

IEA（2017）*The Future of Trucks*, IEA, Paris

IEA（2018）*Energy Report*, IEA, Paris

IPCC（2020）Intergovernmental Panel on Climate Change. Retrieved from: https://report.ipcc.ch/（archived at https://perma.cc/E94M-SC22）

Levin, K and Davis, C（2019）What does 'net-zero emission' mean? *WRI*. Retrieved from: https://www.wri.org/blog/2019/09/what-does-net-zero-emissions-mean-6-common-questions-answered（archived at https://perma.cc/S5YH-L2QJ）

Lynn, J and Zabula, W（2016）Outcomes of COP21 and the IPCC, *WMO*. Retrieved from: https://public.wmo.int/en/resources/bulletin/outcomes-of-cop21-and-ipcc（archived at https://perma.cc/Q42N-YQQY）

Mayor of London（2019）The mayor's ultra low emission zone for London. Retrieved from: https://www.london.gov.uk/what-we-do/environment/pollution-and-air-quality/mayors-ultra-low-emission-zone-london（archived at https://perma.cc/RG2D-NPB5）

Statista（nd）Global zinc reserves as of 2019, by country. Retrieved from: https://www.statista.com/statistics/273639/global-zinc-reserves-by-country/（archived at https://perma.cc/6K2Y-LYEX）

United Nations（2017）World population projected to reach 9.8 billion in 2050, and 11.2 billion in 2100. Retrieved from: https://www.un.org/development/desa/en/news/population/world-population-prospects-2017.html（archived at https://perma.cc/U9HX-CS5J）

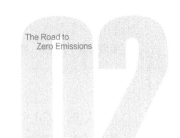

第 2 章
柴油发动机的衰落和电机的兴起

本章将向读者介绍以下内容。

- 鲁道夫·迪塞尔之死以及"柴油门"丑闻导致的柴油机衰落。
- 20 世纪七八十年代的测试、合规性以及环境法规和税收对发动机技术的影响。
- 向低碳交通的转变。
- 燃油经济性与"清洁空气"。
- 尼古拉·特斯拉和交流电系统发明的影响。
- 特斯拉汽车、埃隆·马斯克的崛起以及对传统整车企业的挑战。

2.1 引言

1913 年，一位德国工程师前往英国参加一个名为"联合柴油机制造公司"的公司组织的会议。

这个人就是鲁道夫·迪塞尔（Rudolf Diesel），他被誉为与他同名的"柴油发动机（diesel engine）"的发明者。1896 年，迪塞尔与曼恩股份公司（现为大众汽车集团旗下的传拓股份公司）签订合同，开发其他获得发明专利的柴油发动机平台，该平台最终为世界各地的现代货车、火车和船舶提供动力。

不幸的是，迪塞尔在前往英国的旅途中遇难，于 1913 年 9 月 29 日在海上失踪（曼恩博物馆等）。

鲁道夫·迪塞尔之死可以被称为第一个"柴油门"时刻。在这场悲剧发生多年后的 2020 年，我们将面临"柴油发动机消亡"的发展趋势，因为环境和经济力量的聚集将改变货车和其他运输工具的运行方式，并影响这些行业数百万从业者的未来。

2.2 "柴油门"与柴油发动机的潜在消亡

自 1893 年以来，柴油作为一种能源一直与我们在一起，但在 2015 年，柴油突然成为一个"肮脏"的代名词，而不仅仅被认为是"肮脏的燃料"。

2013—2015 年，大众汽车的行为以及随后的"柴油门"丑闻导致的后果可能加速了未来柴油作为燃料的消亡。在我们看来，这些事件发生的时机不仅代表了一个错误，而且可能是有史以来最大的企业"自杀"行为。面对当前的环境压力，大众制造的局面不仅使本公司受到公众的指责，也使柴油的未来受到威胁。

2015 年，许多有关大众事件的媒体报道称，"几名流氓软件工程师"应为该公司的排放测试作弊丑闻负责。美国许多议员宣称，修复受这一丑闻影响的 50 万辆汽车需要数年时间。这不仅仅是企图对环境的破坏，而且最终也损害了汽车巨头的信誉。当时，大众刚刚取代丰田成为世界上汽车销量最大的品牌。

2015 年，美国汽车工程师约翰·格尔曼和他的同事因帮助揭露了有史以来最大的企业丑闻之一而成为全球瞩目的焦点。格尔曼在谈到他的研究时说，"我们真的没想到会发现什么。"他和他的团队发现，大众汽车安装了复杂的软件，旨在逃避全球严格的排放测试（Neate，2015）。

格尔曼在实际道路上而非实验室测试条件下检查汽车排放的简单测试，测试结果导致大众汽车首席执行官马丁·温特科恩（Martin Winterkorn）辞职，此前该公司被迫承认在 1100 万辆汽车上安装了"失效装置"（Bryant 和 Sherman，2015）。

这起丑闻使大众汽车的市值缩水超过 240 亿欧元（约 268 亿美元），此外，监管机构还对大众罚款接近 300 亿欧元（Bryant 和 Sharman，2015）。我们是如何走到这一步的？有谁会想到会有大型跨国公司卷入这样的丑闻？

2.3　20世纪70年代的燃料危机

1970年，世界大事件影响着以汽车燃油经济性为重点的环境立法的未来。20世纪影响运输和货车市场的地缘政治事件都源于20世纪70年代的石油危机，这场危机开启了人们对更小、更节能汽车的需求。

美国国家公路交通安全管理局（NHTSA），特别是在加利福尼亚州，制定了一项被称为企业平均燃料经济性（CAFE）标准的法律（美国高速公路安全管理局，2019）。那些产品不节能的公司将面临巨额罚款，这可以说是对碳税的早期尝试。所有希望在美国成功开展业务的制造商都必须认真审查其设计和开发计划，这促使一些公司通过并购来加快他们的产品规划，以填补技术空白，缩短产品上市时间。

与此同时，政府对燃油效率和环境目标的监管侧重于清洁空气和排放目标。直到20世纪80年代，汽车行业普遍抵制政府强制推行产品性能标准的企图。

美国环境保护署决定重点关注清洁空气和排放目标，这表明汽车制造商开始关注未来的汽车设计和制造，这将影响未来的运输及其服务市场。

在这一时期，乘用车和商用车也进行了整合，从研发、发动机和车身设计中获取协同效应，使用轻质材料，实施创新的"平台工程"制造战略，见证了整合的全球一级供应链的出现。

🏷 案例研究

通过成功收购实现合法合规

在这一时期，一个有趣的案例是1994年宝马收购了罗孚，就如何通过开发新产品来适应新的监管环境而言，该收购对一方产生了一些有趣的结果和益处。

1994年，宝马宣布成功收购罗孚集团，在此过程中，除了收购了与本田密切合作在欧洲和美国开展合资项目的罗孚品牌外，还收购了Mini、路虎和名爵跑车品牌。

这次收购的目的是宝马想要除去其3系和5系车型的竞争对手，过程中也产生了一些问题，例如与罗孚/宝马整合的问题，这导致罗孚于 2000 年被出售给凤凰集团，路虎被出售给福特。然而，宝马取得的结果是非常积极的，这主要是由于公司在应对美国新出现的严格环境法规方面可能得到了意想不到的结果。在美国，要想在竞争中取得成功，就必须关注环保汽车，并遵守美国环境保护署的燃油经济性法规（Chapman，2019）。

考虑以下问题。

1）1994 年，宝马以 8 亿英镑的价格从 BAE 手中收购了罗孚，一举打击了罗孚长达 10 年的合资伙伴本田，从而断绝了与本田长达 15 年的合作关系（O'Grady，2005）。

2）除罗孚之外，宝马还控制了路虎、Mini 和名爵品牌（O'Grady，2005）。

3）2000 年，宝马以 18 亿英镑的价格将路虎卖给了福特，以 10 英镑的价格将名爵/罗孚卖给了凤凰集团（Chapman，2019）。

4）继 2001 年推出 Mini One 和 Mini Cooper 后，Mini 品牌取得了巨大成功。2008 年，在 Mini 推出 7 年后，Mini 在美国的销量几乎是宝马在美国总销量的 1/4，Mini 的销量为 54000 辆，而宝马在美国的总销量为 243000 辆（Carsalesbase 等）。

5）到 2008 年，在最初收购罗孚多年后，宝马已经收回了收购罗孚的初始成本，并确保了 Mini 品牌的未来。同样，宝马通过收购路虎的技术，也学到了很多关于四轮驱动技术的知识，帮助宝马开发了宝马 X 系列。

行业专家很少提及的另一个主要因素是未来 Mini 在美国的销售对"CAFE"成就的贡献。对于慕尼黑汽车制造商宝马来说，Mini 不仅是一款重要的产品，如果考虑到其对公司在遵守市场环境法规方面的贡献，它还是一项重要的减税措施（美国高速公路安全管理局，2019）。

虽然宝马和罗孚与货车和运输的主题相去甚远，但这是一个有趣的案例，它展示了整车企业如何应对竞争和监管压力，以塑造产品和服务市场。

然而，值得怀疑的是，在 21 世纪，我们是否还能看到整车企业从宝马收购 Mini 品牌时在无意中产生的积极后果中获利。

所有整车企业都面临着实现碳中和、零排放，注重能源效率、燃油经济性和环境可持续性的压力，这仍然是货车和运输市场领域变革的关键驱动因素，但仅仅采取创新的收购战略还不足以在未来的货车和运输服务市场中生存下来。

2.4　柴油机的冲刺

早在约翰·格尔曼和他的团队发现大众在测试中伪造排放数据之前，柴油如何成为主导发动机技术变革的故事开始于 1992 年《京都议定书》要求各国政府到 2013 年将二氧化碳排放量减少 8%（联合国，2008）。

在宣布这一政策时，温室气体排放对全球变暖的影响已众所周知。然而，减少温室气体排放的方法却没有规定，因此，在欧洲，柴油汽车被广泛采用。由于柴油的燃油效率相对较高，柴油发动机比汽油发动机少产生 15% 的二氧化碳（Vidal，2015）。

汽车制造商有效地游说了欧盟委员会推广柴油汽车，因此大多数欧盟国家都出台了税收优惠政策，推广柴油汽车而非汽油汽车，在这些政策的影响下，柴油汽车销量大幅增加（Vidal，2015）。

1995 年，柴油汽车销量在欧洲汽车年销量中所占比例不到 10%；到 2012 年，这一比例已超过 50%。在挪威，从 2001 年到 2010 年，柴油汽车销量占比从 13.3% 上升至 73.9%；在爱尔兰，柴油汽车销量占比从 12% 上升至 62.3%。值得注意的是，挪威曾宣布，从 2025 年起销售柴油汽车将不再合法（Smedley，2019）。

2.5　低碳交通——政策选择

20 世纪 80 年代和 90 年代政府政策产生了一个重大问题，对二氧化碳减排的关注掩盖了以下事实：即使是效率最高的柴油汽车，其每千米排放的二氧化氮也是汽油发动机的 3 倍多，颗粒物（PM）是汽油发动机的 10 倍多。

很明显，为了达到二氧化碳减排的目标，政策制定者有意识地做出了权衡，并接受空气污染加剧带来的健康问题。2015 年，《卫报》的一篇新闻报道强调了伦敦清洁空气行动小组提供的证据：

尽管欧盟委员会、各国政府和汽车制造商都知道柴油有多危险，但他们还是共同激励柴油的使用，并刻意设计了一种大规模从汽油转向柴油的方式（Vidal，2015）。

环境部对有关空气质量的各种研究进行了投资，1993 年的一份报告指出，柴油排放物危害健康，其中含有已知的致癌化合物，可能损害呼吸功能并导致疾病和死亡。此类研究继续强调这样一个事实，即柴油排放的颗粒物是导致呼吸道疾病和肺癌死亡人数增加的原因（英国政府环保局，1992）。

政府官员和公务员已经意识到柴油排放对空气质量的危害，但他们更关注的是减少气候变化和降低二氧化碳的影响，而不是二氧化氮和 PM 水平导致的空气质量违规超标。图 2.1 显示，英国为了在 2020 年前实现二氧化碳减排 20% 的目标，减少交通排放是一个重要手段。这将使人们特别关注柴油排放问题。

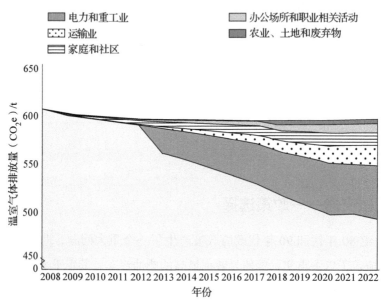

图 2.1 英国各行业温室气体排放量

注：来源于英国政府，2009。

2.6　柴油发动机的兴衰

20世纪90年代，柴油乘用车市场的大幅增长主要归功于发动机技术的飞速发展，这一增长现象在欧洲尤为明显。虽然柴油汽车比汽油汽车昂贵，但驾驶者喜欢柴油发动机的燃油效率，因为从长远来看，柴油发动机可以降低运行成本。

各国政府开始非常关注不断上升的碳排放，并开始建议市民改用柴油，因为柴油汽车的二氧化碳排放量被认为低于汽油汽车。英国《卫报》的亚当·福雷斯特写道："柴油汽车在英国最辉煌的时刻可能是2001年，当时的工党政府总理戈登·布朗有意降低柴油汽车的燃油税，以鼓励人们改用柴油汽车"（福雷斯特，2017）。

柴油发动机排放问题需要很长时间才能浮出水面，但一旦浮出水面，就暴露了二氧化碳减排论的错误。2012年，首次有重要证据表明，柴油发动机排放的废气对健康造成了真正可怕的影响。柴油机排放的氮氧化物（NO_x）和二氧化物以及颗粒物被认定为"无声杀手"。相关研究迅速增多，并形成了确凿的证据。欧洲环境署（EEA）的研究发现，柴油烟雾中的二氧化氮（NO_2）在一年内导致欧洲大陆约71000人过早死亡。该机构称，英国每年因NO_2导致的过早死亡人数为11940人，仅次于意大利，位居欧洲第二。亚当·福雷斯特说："世界卫生组织宣布，柴油废气是一种致癌物质，是与石棉和芥子气同一类别的肺癌病因。"（Forrest，2017）。

2015年，"柴油门"事件爆发。2015年9月，大众汽车承认在排放测试中作弊，震惊了整个行业。大众汽车与丰田汽车一直在争夺全球最大汽车公司的榜首位置，而丰田多年来一直在开展自己的"清洁柴油"营销活动。英国政府前气候变化首席科学顾问戴维·金承认，当汽车工业说燃料是清洁时，他们相信了。"事实证明我们错了"，他说（Forrest，2017）。

在英国，柴油汽车的数量从不到200万辆增加到了1200万辆（Smedley，2019），而柴油汽车的氮氧化物和颗粒物排放量都是它们所取代的汽油汽车的数倍。

自 2015 年大众丑闻爆发以来，许多人公开反对柴油技术，指责监管机构和制造商未能如实反映其对环境的影响。

有影响力的环保游说团体 "ClientEarth" 一直呼吁出台激励措施，让人们不再使用柴油汽车，转而使用更节能的交通工具。该组织表示，人们要让政府知道他们对计划草案的看法仍然至关重要（ClientEarth，2017）。

ClientEarth 首席执行官詹姆斯·桑顿补充道：

由于这一公共健康危机的紧迫性，我们正在两个方面发起挑战。我们要求高等法院考虑计划和咨询中存在的问题，现在决定权掌握在法院手中。与此同时，重要的是让尽可能多的人告诉 Defra，这些计划没有意义，也不会解决我们的空气质量违法问题（ClientEarth，2017）。

尽管 ClientEarth 等行动组织对此表示担忧，但英国政府决心应对挑战，制定有效政策，实现低碳经济，并在未来减少对化石燃料交通的依赖。

2.7 电机的兴衰

当鲁道夫·迪塞尔在 20 世纪之交名利双收时，一位比他早出生两年，即 1856 年出生的塞尔维亚科学家、发明家尼古拉·特斯拉通过发明交流电（AC）电气系统一举成名，交流电系统仍然是当今全球主要的电力系统。特斯拉一生经历了许多高潮和低谷，但他对现代科技的影响非常明显。他于 1943 年 1 月 7 日逝世，但他生活和工作的遗产并没有随之消逝。2003 年，由南非企业家兼工程师埃隆·马斯克领导的一群工程师成立了世界上第一家以特斯拉命名的纯电动汽车公司。

特斯拉在高性能跑车方面实现的突破，改变了人们对电动汽车的看法，其核心是交流电机的应用。特斯拉证明了电动汽车可以与宝马和保时捷等以化石燃料为动力的跑车具有相同的性能。

特斯拉和埃隆·马斯克已成为 21 世纪的福特汽车公司和鲁道夫·迪塞尔。

特斯拉的目标是每年生产 100 万辆汽车，并在未来的许多年里主导电动汽车市场（Lambert，2016）。

特斯拉也在重新定义汽车"未来工厂"。特斯拉通过垂直整合的供应链采购和制造未来电动汽车的动力系统，挑战美国和德国传统汽车巨头，以其电动汽车设计战略与传统的内燃机制造和设计平台竞争。

在第 6 章中，我们将详细介绍特斯拉如何在与中国、美国和欧洲的其他主要整车企业的竞争中处于领先地位。

2.8 英国的低碳交通措施

英国政府目前正在加速向低碳交通转变，主要行动概述如下（英国交通部，2018）。

1）到 2040 年，停止销售新的传统汽油和柴油轿车和货车。

2）投入 10 亿英镑支持超低排放汽车（ULEV）的使用，包括帮助消费者降低使用电动汽车的前期成本。

3）开发世界上最好的电动汽车充电网络之一：

①追加投资 8000 万英镑，同时从英国公路局获得 1500 万英镑，来支持充电基础设施的部署。

②根据《自动驾驶和电动汽车法案》行使新的权力，允许政府制定提供充电点的要求（英国政府，2018）。

4）通过以下方式加快低排放出租车和公交车的普及：

①为"插电式出租车"计划提供 5000 万英镑，该计划为出租车驾驶员购买新的 ULEV 出租车提供高达 7500 英镑的折扣，同时提供 1400 万英镑支持 10 个地方为出租车提供专用充电点。

②提供 1 亿英镑用于支持英国和威尔士改装和新购低排放公交车的国家计划。

5）与工业界合作，制定汽车行业协议，加速向零排放汽车过渡。

6）宣布公共部门率先向零排放车辆过渡的计划。

7）投资 12 亿英镑，使骑自行车和步行成为短途旅行的自主选择。

8）努力实现更具成本效益的选择，将更多的货物从公路转移到铁路，包括使用低排放的铁路货运运送到城市地区，实现零排放的"最后一英里"交付。

9）将英国置于网联和自动驾驶汽车技术研究、开发和示范的前沿，包括建立网联和自动驾驶汽车中心，投资超过 2.5 亿英镑，并与行业相匹配（英国政府，2019）。

10）创新：投资约 8.41 亿英镑的公共资金用于低碳交通技术和燃料的创新，包括通过向法拉第挑战赛投资 2.46 亿英镑，确保英国在电池的设计、开发和制造方面发挥其优势，并引领世界。

虽然政府的这一声明听起来似乎是致力于实现崇高的计划，但事实上，"柴油门"事件的遗留问题仍然笼罩着柴油作为一种燃料的未来前景。

蒂姆·斯梅德利在他的《净化空气》一书中报告说："我们非常感谢大众汽车将柴油排放问题提上了政治议程，并进入了公众意识。"（Smedley，2019）。

他认为，大众汽车丑闻将作为改善欧洲空气质量的最大贡献事件载入史册。拟议的 2040 年汽油汽车和柴油汽车禁售令在 2019 年成为现实，如果没有大众汽车丑闻，这一切都不会发生。大众汽车因作弊而受到沉重打击。在美国，该公司已承认三项重罪，并同意支付总计 28 亿美元的罚款和 15 亿美元的民事赔偿（Smedley，2019）。

大众汽车美国环境和工程办公室负责人奥利弗·施密特被美国法院判处 7 年监禁。据报道，2018 年大众汽车因销售 58 万辆不符合排放标准的汽车而在美国直接损失 250 亿美元（Parloff，2018）。

2018 年 5 月，"柴油门"事件发生时的大众汽车公司前首席执行官马丁·温特科恩被美国当局以"共谋欺诈"的罪名起诉，并发出了逮捕令。对大众汽车的严格审查导致了对其他交通部门的调查（Ewing，2018）

有趣的是，被贴上了标签的是"柴油门"，而不是"大众门"，随着 2020 年的到来，它不再只是与大众汽车有关，而是与柴油燃料本身的未来有关。

虽然大众汽车的情况暴露了美国和欧洲数百万辆汽车的问题，但在英国，对重型货车的抽查在两年前就开始了。2017 年 8 月和 11 月发现，近 8% 的货车配备了某种减排装置。在检查的 4709 辆货车中，有 327 辆经过改装关闭了排放控制（Smedley，2019）。

如果将这一比例应用于目前的重型货车领域，那么每天可能有超过 35000 辆非法污染货车在英国各地运行。在英国，目前符合欧 6 排放标准的货车不受设立"清洁空气区"城市的任何处罚。在伦敦，从 2019 年 4 月起，任何不合规的货车每天都会被罚款 100 英镑（Pickup，2018）。

不幸的是，超过 70% 的英国货车不符合标准，即以欧 3 及以下排放标准运行。目前，英国有超过 25 万辆污染空气的货车，这些货车应该参加由政府支持的报废计划，类似于 2000 年初对汽车采取的行动（SMMT 等）。

这一倡议还有助于增加创新再生和回收行业的就业机会。这也是政府应该认真考虑的相关基础设施重建计划的一个组成部分。

关于如何通过更有效的政府政策和行动来缓解柴油作为一种能源的消亡所产生的问题的细节，将在第 5 章中介绍。

2.9　游说团体的权力和影响力

我们现在只能猜测，如果不同的声音占了上风，如果交通工具电气化成功取代了化石燃料，那么我们今天目睹的环境危机可能会有多大不同。这不禁让人联想到，强大的游说团体究竟能对国家的发展方向产生多大的影响。20 世纪初的石油公司拥有强大的话语权和影响力，帮助塑造了 20 世纪的工业 - 军事综合体。

我们需要确保来自工业界的强大影响力不会对社会强加恶性和不民主的变革，这种变革可能会对后代造成我们今天正在经历的类似影响。

2.10 未来政府和企业面临的挑战

全球各国政府和行业面临的挑战主要集中在以下三个具有重要战略意义的领域。

1）采购稀土材料。

2）通信网络，如下一代移动互联网技术，可提供更快的数据下载和上传速度。

3）知识产权（IP）和数据保护。

2020年，在电池生产的竞争中，锂、钴、锌和铜等稀土资源的所有权和开采权是中国在电池生产竞赛中占据主导地位的战略资产。未来，锌很可能成为支持固态电池技术发展的竞争资源，这种材料的现有储量主要在中国和澳大利亚，请参阅第1章（Statista等）。

关于我们如何连接和交流，以及数据、知识产权的所有权和使用权的决策对政府的控制至关重要。我们可以再次看到，强大的游说集团正在影响世界人口共存的方式。中国和美国在5G电信网络的使用以及可能存在的潜在安全冲突方面存在争议。

物联网（IoT）将包括自动驾驶汽车等未来愿景，这些自动驾驶汽车的未来承诺只有通过实施超高速5G移动网络才能完全兑现。到2024年，由于这些网络的存在，全球移动数据流量预计将至少是2020年的5倍。在人口密集、城市密度高的地区，目前的4G网络根本不够快，5G网络将比现有的4G网络快100倍。

5G商业网络全面实施后，首批实际用途将包括：增强移动宽带，为智能手机用户带来更好的体验；固定无线接入，提供超高速光纤连接，不需要光纤到户（FTTP）。5G智能手机于2019年初开始上市（Ericsson，2019）。

苹果公司于2020年推出具有5G功能的iPhone 12；之前的所有iPhone都只能达到4G速度（Eadicicco，2020）。

5G设备的主要好处是在访问大型数据源（如下载和访问流媒体内容）时的速度要快得多，通过5G下载一部高清电影将在7min内完成，而通过4G网络下载则需要 48min（Holmes，2019）。

5G 设备将提供更强的计算能力和更快的响应速度，从而提供几乎即时的网络连接，并为移动用户提供更强的连接能力。

5G 的商业价值是迄今为止最重要的机遇，该技术具有巨大的商业潜力。人们和企业将更加紧密地联系在一起，实现更智能、更可持续的网络，并带来竞争优势。

5G 并非没有批评者，因为它的实施成本很高，而且需要用 5G 取代现有的 4G 设备。尽管如此，5G 所提供的更高可靠性和更快速度还是得到了广泛的支持，包括创建物联网所需的额外带宽。物联网不仅可以连接电话和计算机，还可以连接机器人、汽车、货车、交通工具和各种配备传感器的消费产品和基础设施。

5G 同样可以为新一代"智慧城市"提供平台，在这些城市中，能源网、交通信号和应急服务都将连接在一起（Campanaro，2018）。

我们似乎没有适当的机构来充当多边权力经纪人 ⊖，以确保我们避免 20 世纪在能源开发方面犯下的错误，鲁道夫·迪塞尔和尼古拉·特斯拉的命运就证明了这一点。

20 世纪初我们在能源选择和使用方面错失了良机，现在回想起来，我们不禁深思。在应对材料采购、通信和数字服务创新危机时，我们必须从这一历史事件中汲取教训，避免再犯类似错误，以免百年之后追悔莫及。

2.11 小结

- 迪塞尔之死以及"柴油门"丑闻导致柴油发动机的衰落。
- 柴油机的"冲刺"及其衰落的种子。
- 自 20 世纪 80 年代以来，测试、合规性以及环境法规和税收对发动机技术的影响。

⊖ 多边权力经纪人指在多边关系或多边体系中具有影响力的个体、组织或国家。

- 英国政府目前正在加快向低碳交通转变，主要行动的目的是到 2040 年停止销售新的传统汽油和柴油轿车和货车。

- 在伦敦，从 2019 年 4 月起，任何不合规的货车将被处以每天 100 英镑的罚款。遗憾的是，英国超过 70% 的货车都不符合要求，即以欧 3 及以下排放标准运行。

- 气候与清洁空气两者都至关重要，政策制定者会偏向一方。

- 1915 年尼古拉·特斯拉和发明交流电系统的影响。一个世纪前错失了发挥电机潜力的机会。创新和发明未能商业化及其对环境造成的后果。

- 2015 年，特斯拉汽车品牌崛起。埃隆·马斯克向传统汽车主机厂发起了挑战。特斯拉和马斯克已成为 21 世纪的福特汽车公司和鲁道夫·迪塞尔。

- 我们需要确保来自行业的影响力不会将恶性和不民主的变革强加给社会，从而影响子孙后代。

- 关于我们如何连接和沟通，以及数据、知识产权的所有权和使用权的决策对政府控制至关重要。

2.12 参考文献

Bryant, C and Sharman, A（2015）Martin Winterkorn resigns as VW boss over emissions scandal, *Financial Times*. Retrieved from: https://www.ft.com/content/d2288862-61d1-11e5-97e9-7f0bf5e7177b（archived at https://perma.cc/L9EE-29VD）

Campanaro, A（2018）What is 5G? The next wireless revolution explained, *NBC News*. Retrieved from: https://www.nbcnews.com/mach/tech/what-5g-next-wireless-revolution-explained-ncna855816（archived at https://perma.cc/47Q5-Z6XY）

Carsalesbase（nd）US Car Sales. Retrieved from: http://carsalesbase.com/us-car-sales-data（archived at https://perma.cc/3FSN-FC69）

Chapman, B（2019）Honda to close Swindon plant by 2021 with loss of 3,500 jobs, *Independent*. Retrieved from: https://www.independent.co.uk/news/business/honda-swindon-manufacturing-plant-closure-jobs-employees-latest-a8911766.html（archived at https://perma.cc/952P-Y3WW）

ClientEarth（2017）ClientEarth challenges UK government's air pollution consultation. Retrieved from: https://www.clientearth.org/clientearth-challenges-uk-governments-air-pollution-consultation/（archived at https://perma.cc/WN93-5FXV）

Department for Transport（2018）*The Road to Zero*, Department for Transport, London

Eadicicco, L（2020）Apple's iPhone 12 is expected to bring major changes like a new design, 5G, and 3D cameras – here's everything we know about it so far, *Business Insider*. Retrieved from: https://www.businessinsider.com/apple-iphone-12-rumors-5g-release-camera-specs-2019-6?r=US&IR=T（archived at https://perma.cc/L4CP-XRPS）

Ericsson（2019）Gearing up for 5G. Retrieved from: https://www.ericsson.com/en/5g/what-is-5g?gclid=Cj0KCQiAk7TuBRDQARIsAMRrfUZkM8h8BA5CeSVpTIDFzB3ij5auy_kc8S9yFy2PWVvYnu4YD8R5L7waArEOEALw_wcB（archived at https://perma.cc/7LSN-FXSJ）

Ewing, J（2018）Ex-Volkswagen CEO charged with fraud over diesel emissions, *New York Times*. Retrieved from: https://www.nytimes.com/2018/05/03/business/volkswagen-ceo-diesel-fraud.html（archived at https://perma.cc/8MQ3-AVMX）

Forrest, A（2017）The death of diesel: has the one-time wonder fuel become the new asbestos? *Guardian*. Retrieved from: https://www.theguardian.com/cities/2017/apr/13/death-of-diesel-wonder-fuel-new-asbestos（archived at https://perma.cc/S2DY-S4RU）

HM Government – EPA（1992）Environmental Protection Agency Act, 1992, HM Government, London

HM Government（2018）Automated and Electric Vehicles Act 2018, HM Government, London

HM Government（2019）Centre for Connected and Autonomous Vehicles. Retrieved from: https://www.gov.uk/government/organisations/centre-for-connected-and-autonomous-vehicles（archived at https://perma.cc/394X-C8AR）

HM Government DoEE（2009）The UK low carbon transition plan, HM Government, London

Holmes, C（2019）5G vs 4G: how much time the new technology saves you. *Let's Talk*. Retrieved from: https://www.letstalk.com/cellphones/guides/5g-vs-4g/（archived at https://perma.cc/UGB3-ZHXP）

Lambert, F（2016）Tesla's Fremont factory could manufacture up to 1 million vehicles per year, says Musk, *Electrek*. Retrieved from: https://electrek.co/2016/05/05/teslas-fremont-factory-1-million-vehicles-per-year-musk/（archived at https://perma.cc/DC4A-XD8H）

MAN Museum（nd）Rudolf Diesel's tragic end. Retrieved from: https://museum.man-es.com/en/historical-figures/rudolf-diesel/the-tragic-end（archived at https://perma.cc/3YKY-ATXP）

Neate, R（2015）Meet John German: the man who helped expose Volkswagen's emissions scandal, *Guardian*. Retrieved from: https://www.theguardian.com/business/2015/sep/26/volkswagen-scandal-emissions-tests-john-german-research（archived at https://perma.cc/8DR9-UZJN）

NHTSA（2019）Corporate average fuel economy. Retrieved from: https://www.nhtsa.gov/lawsregulations/corporate-average-fuel-economy（archived at https://perma.cc/ZKQ9-XT69）

O'Grady, S（2005）So who killed MG Rover? *Independent*. Retrieved from: https://www.independent.co.uk/life-style/motoring/features/so-who-killed-mg-rover-518885.html（archived at https://perma.cc/68BC-VQ68）

Parloff, R（2018）How VW paid $25 billion for 'Dieselgate' – and got off easy, *Fortune*. Retrieved from: https://fortune.com/2018/02/06/volkswagen-vw-emissions-scandal-penalties/（archived at https://perma.cc/M88D-GT9G）

Pickup, O（2018）How businesses can avoid London's ultra-low emission zone charge, *Telegraph*. Retrieved from: https://www.telegraph.co.uk/business/advice-for-smes/avoid-london-ulez-charge/（archived at https://perma.cc/9FHP-5R9A）

Smedley, T（2019）*Clearing the Air: The beginning and the end of air pollution*, Bloomsbury

SMMT（nd）Heavy goods vehicle registrations. Retrieved from: https://www.smmt.co.uk/vehicle-data/heavy-goods-vehicle-registrations/（archived at https://perma.cc/8BU3-GCBL）

Statista（nd）Global zinc reserves as of 2019, by country（in millions of tonnes）. Retrieved from: https://www.statista.com/statistics/273639/global-zinc-reserves-by-country/（archived at https://perma.cc/8GE8-MYN5）

United Nations（2008）Kyoto Protocol to the UN Framework Convention on Climate Change, UN, New York

Vidal, J（2015）The rise of diesel in Europe: the impact on health and pollution, *Guardian*. Retrieved from: https://www.theguardian.com/environment/2015/sep/22/the-rise-diesel-in-europe-impact-on-health-pollution（archived at https://perma.cc/B748-7X2Z）

The Road to
Zero Emissions

第 3 章
气候变化行动与《巴黎协定》

本章将向读者介绍以下内容。

- 《巴黎协定》的主要目标。
- 各国在温室气体和二氧化碳排放方面的现状。
- 参与《巴黎协定》如何影响各国交通政策？各国正在采取哪些行动，尤其是在燃油税方面？
- 如何衡量、监测和报告气候变化。
- 除联合国外，还有哪些本国或本地区以外的机构负责监督和监测减排活动和成果？
- 《巴黎协定》与美国——美国重新参与《巴黎协定》是否重要？

3.1 引言

对于全球变暖和气候变化对地球未来的影响这一主题来说，2019 年可能是关键的一年，从 9 月到 12 月，每条新闻报道中的图片都显示澳大利亚着火、印度尼西亚被水淹没、北美各州被龙卷风和飓风造成的极端天气摧毁。

政府间气候变化专门委员会发布了一份令人震惊的新闻稿，呼吁采取紧急措施应对冰川和冰盖的融化：

政府间气候变化专门委员会主席李会晟说："对许多人来说，公海、北极、南极和高山似乎离我们很遥远。但我们依赖它们，并在许多方面直接或间接地受到它们的影响——天气和气候、食物和水、能源、贸易、运输、娱乐和旅游、健康和福祉、文化和身份认同。"（IPCC，2019）。

同样，《新科学家》杂志上的一篇文章强调了对格陵兰冰川融化的担忧，文章强调格陵兰冰川消失是未来海平面上升的一个重要影响因素（Marshall，2019）。

《新科学家》杂志预测，到 2100 年，全球海平面将上升 52~98cm。该杂志还指出，这在一定程度上是由于格陵兰岛的冰流失，强调现在就需要采取行动（Marshall，2019）。这份报告可能是时任美国总统唐纳德·特朗普有意收购格陵兰岛的导火索，主要原因是格陵兰岛冰下可能存在大量稀土材料（Pengelly，2019），北极冰川融化对地球构成了不容忽视的严重威胁（Marshall，2019）。

据官方新闻报道，过去 10 年（2010—2019 年）也是有史以来最热的 10 年（世界气象组织，2020）。2020 年 1 月，在达沃斯举行的世界经济论坛上，议程的主要议题是已签署《巴黎协定》的国家是否采取了足够的措施来应对气候变化，包括支持《巴黎协定》的核心原则之一，即将气温升幅限制在 2℃以下。

本章将探讨世界上哪些国家和地区对二氧化碳排放负有最大责任，并重点介绍政府和企业正在采取的行动。

由于不同国家或地区的经济性质、特定行业的成熟度以及对所选能源系统的依赖程度不同，不同国家或地区将不可避免地采取不同的方法。例如，法国在核能方面的投资高于中国，而中国在燃煤方面投入了大量资金。这对人均二氧化碳排放量有重大影响，法国的人均二氧化碳排放量较低，而中国较高，中国每年的人均二氧化碳排放量为 6.98t，法国为 5.48t（Ritchie 和 Roser，2017）。

有趣的是，按人均二氧化碳排放量计算，表现最差的是沙特阿拉伯，人均排放量为 19.28t，紧随其后的是澳大利亚的 16.9t 和美国的 16.24t。俄罗斯的人均排放量为 11.76t，高于伊朗的 8.28t。最后，英国人均排放量为 5.8t，与德国的 8.01t 相比表现更好（Ritchie 和 Roser，2017）。

现在需要考虑的重要问题是，是否每个人都知道自己的国家或公司对解决气候问题的贡献？您是否了解自己公司或个人的碳足迹？您知道如何计算自己的碳足迹吗？可以采取什么措施来改善它？

本章其余部分的目的是回答其中的一些问题，并引导读者从信息来源和案例研究中找到答案，即使不能找到答案，也一定能引人深思。

首先，我们需要充分理解《巴黎协定》的内容，以及 2015 年达成的《巴黎协定》的目标是什么。

3.2 《巴黎协定》

《巴黎协定》的最终目标是通过一系列循序渐进的措施，到 2050 年实现净零排放和气候适应能力；目标是到 2100 年将全球气温升幅控制在远低于工业化前水平 2℃的范围内，并采取措施将气温升幅限制在 1.5℃以下，如图 3.1 所示。

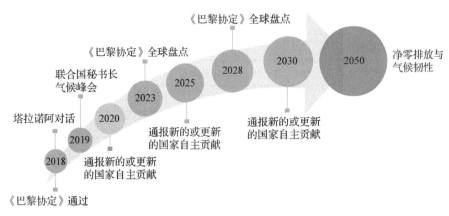

图 3.1 《巴黎协定》中的阶段性目标

注：来源于 Fransen 等，2017。

2015 年，除尼加拉瓜和叙利亚外，世界上所有国家都签署了多边《巴黎协定》，该协定要求各国参与一项减少世界二氧化碳排放量的活动计划。2017

年，美国决定不再参与该协定，并宣布有意退出该协定。然而，2017 年 11 月，当尼加拉瓜和叙利亚都宣布将加入该协定时，美国成为"孤星"。

时任美国总统特朗普宣称，这符合其政府的"美国优先"的政策，世界媒体则将其描述为"美国独行"。任何通知声明都需要 12 个月才能生效，任何国家在首次签署协议后 3 年内都不能发出通知，因此，实际上，美国在 2020 年 11 月 4 日之前都不能发布退出《巴黎协定》的通知。具有讽刺意味的是，2020 年 11 月 4 日是下届总统大选后的第一天，理论上，如果不同的党派当选，那么美国改变主意的可能性就会非常大，因此，请注意这一点。作为西方最大的强国，美国拥有丰富的资源和强大的技术，在气候变化问题上显然扮演着重要的角色，尤其是它对那些追随其行动的小国有着巨大的影响力。

正如引言中概述的那样，本章的目的是揭示那些被认为对实现 2050 年碳中和目标影响最大的活动。

首先要问的问题是"问题有多大？"表 3.1 说明了我们面临的问题的严重性。

表 3.1　全球二氧化碳排放情况

地区	CO_2排放量/万t	全球占比（%）
亚洲	1900	53
北美洲	6500	18
欧洲	6100	17
非洲	1300	3.7
南美洲	1100	3.2
大洋洲（澳大利亚、新西兰）	500	1.3
国际航空和海运	1150	3.2

注：来源于 Ritchie 和 Roser，2017。

从以下数据中可以看出一些主要趋势。

1）全球每年向地球大气层排放约 360 亿 t 二氧化碳，而且这一数字还在继续上升。

2）中国是世界上最大的二氧化碳排放国，占全球排放量的25%以上。其次是美国（15%）、欧盟27国及英国（10%）、印度（7%）和俄罗斯（5%）。

3）英国和德国的二氧化碳排放量分别占全球总量的1.3%和2.5%（Ritchie和Roser，2017）。

在2020年进入新的10年之际，继11月在马德里举行的联合国气候变化会议后，二十国集团在达沃斯举行的首次世界经济论坛取得的成果值得关注。

此外，在2021年11月由英国主办的COP26上，至关重要的联合国气候会谈的成果也非常引人关注（Harvey，2020）。

时任总统唐纳德·特朗普于2017年宣布打算让美国退出《巴黎协定》。在2020年1月达沃斯经济峰会的主旨演讲中，他重申了自己的理念，他认为气候变化是一个"骗局"，并斥责活动人士是"末日预言家"（《卫报》，2020）。

特朗普的言论促使曾在联合国气候变化大会上发言的瑞典青年活动家格丽塔·图恩伯格提醒政治和企业精英们，他们有义务拯救地球，并承诺现在就采取行动，造福子孙后代。正是在这种政治和环境两极分化的背景下，全世界都在拭目以待谁能采取有效行动来实现《巴黎协定》的目标（《卫报》，2020）。

3.3 交通在增加全球排放量中的作用

到2020年，全球二氧化碳排放量达到约360亿t，预计到2040年将增至约400亿t。据估计，运输（包括公路、铁路、海运和空运）将成为全球增长最快的排放源。在全球范围内，运输每年产生约20%的温室气体排放，估计每年产生约76亿t二氧化碳（气候观察等）。

如果按国家来考虑二氧化碳排放量中的运输部分，会有显著的差异。2014年，交通运输排放量前10的国家（排放量从高到低）如下：

①美国，约22.8%。

②中国，约 10.3%。

③俄罗斯，约 3.1%。

④印度，约 3.1%。

⑤巴西，约 2.8%。

⑥日本，约 2.7%。

⑦加拿大，约 2.3%。

⑧德国，约 2.0%。

⑨墨西哥，约 2.0%。

⑩伊朗，约 1.8%。

2014 年，上述国家的总排放量占全球运输排放量的 53%。相比之下，英国的排放量仅占全球运输排放量的 1.5%（Wang 和 Ge，2019）。

因此，交通运输是减少全球二氧化碳排放的关键目标领域。政府的交通立法可以影响并推动二氧化碳排放量的变化。

未来几年，政府交通部门和整车企业必须重点解决一些关键问题。例如，所有欧洲货车制造商和监管机构都必须重新审视他们对某些类型替代燃料的支持。某些类型的气体燃料仍被视为化石燃料，应该受到政府对汽油和柴油征收的所有关税的约束，而不应给予优惠待遇，因为事实证明它们对空气质量有害。

当务之急，尤其是对于轻型商用车（LCV），是重点推广用于城市配送的零排放电动汽车，并停止对天然气基础设施资源的任何激励措施和对液化天然气（LNG）货车的激励措施。表 3.2 显示了通过对能源产品采用公平的税率所产生的税收影响和政府收入。

表 3.2　公路运输中对化石燃料的税收政策影响

国家	每单位能源柴油的税费（净值）/欧元	每单位能源天然气的税费（净值）/欧元	如果柴油税费适用于天然气，则潜在的税收收益/百万欧元
奥地利	11.42	1.66	7.80
比利时	16.74	0.00	6.75

（续）

国家	每单位能源柴油的税费（净值）/欧元	每单位能源天然气的税费（净值）/欧元	如果柴油税费适用于天然气，则潜在的税收收益/百万欧元
法国	16.56	1.53	50.37
德国	13.12	3.86	61.59
意大利	17.22	0.09	674.92
荷兰	14.05	4.68	20.00
葡萄牙	13.54	1.86	7.98
西班牙	10.57	1.15	142.95
瑞典	12.73（131.52 瑞典克朗）	6.09（62.9 瑞典克朗）	5.69（58.8 瑞典克朗）
英国	18.14（16.16 英镑）	6.37（5.67 英镑）	—
波兰	9.57（40.96 波兰兹罗提）	4.53（19.38 波兰兹罗提）	2.61（11.17 波兰兹罗提）
罗马尼亚	11.34（52.87 罗马尼亚列伊）	2.73（12.71 罗马尼亚列伊）	—

注：1. 来源于 CE Delft（2017），European Commission Excise Duty Tables（2019），Eurostat（2019）。

2. 计算的收益是依据 2017 年最终的道路交通燃油消耗（增值税）。

当务之急，特别是对于轻型商用车辆，是重点推广用于城市配送的零排放电动车辆，并停止对天然气基础设施和液化天然气货车的资源激励。

荷兰政府对三辆液化天然气动力货车进行的道路测试表明，液化天然气动力货车的氮氧化物排放量是同等柴油动力货车的 2~5 倍（图 3.2）。氮氧化物有剧毒，排放到大气中会导致酸雨和令人窒息的烟雾。制造商声称，液化天然气动力货车的氮氧化物排放量比柴油动力货车少 30%，但测试结果显然对这一说法提出了质疑。此外，一些国家还为选择使用液化天然气燃料的运营商提供补贴和税收减免，见表 3.2（Bannon，2018）。

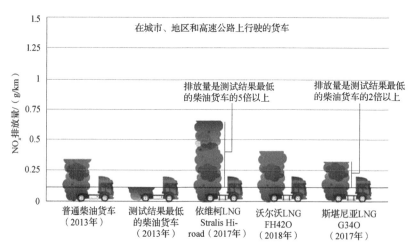

图 3.2　液化天然气货车的氮氧化物排放量是柴油货车的 2~5 倍

路面测试还显示，所测试的三辆燃气货车产生的颗粒物排放水平与柴油货车相当（图 3.3）。颗粒物是化石燃料燃烧时未燃烧的碳所产生的固体颗粒。这些颗粒可深入肺部并被血液吸收，导致心脏病、中风和肺癌。这些发现与货车制造商声称液化天然气货车几乎完全消除了颗粒物排放的广告形成了鲜明对比（Bannon，2018）。

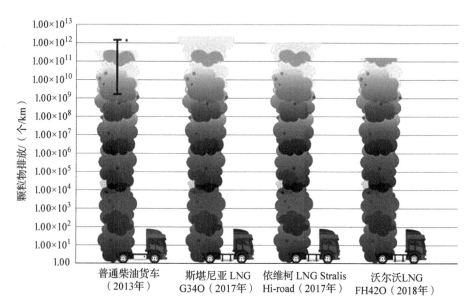

图 3.3　液化天然气货车无法消除颗粒物排放

图3.2是一个因液化天然气排放有害污染物而重新思考如何对待液化天然气的实例（Bannon，2018）。

3.4 货车和客车的排放目标

制订排放和消耗量目标是政府经常使用的方法，用来指导并激励整车企业和一级供应商生产更清洁、更高效的车辆。目前还没有统一的全球排放标准，每个地区都有自己的标准。有时，在不同的国家或州之间甚至有不同的标准，例如美国的加利福尼亚州。

《巴黎协定》要求参与国按照商定的时间间隔完成国家自主贡献（NDC）报告，以监测受上述监管目标影响的进展和个别公司的成就，这些进展和成就将对各国实现减排目标做出重大贡献。

1. 美国

在美国，环境保护署和国家公路交通安全管理局正在采取协调措施，通过减少温室气体排放和优化道路车辆和发动机的燃料利用，使生产新一代清洁汽车成为可能（EPA等）。正如美国环保署指出的那样：

2011年8月，为响应2010年5月发布的总统备忘录，EPA与NHSTA协调发布了2014—2018年生产的中型和重型货车的温室气体排放和燃油经济性标准。这些机构估计，组合标准将减少约2.7亿t的二氧化碳排放，并使得2014—2018年生产的车辆在全生命周期期内节约5.3亿桶石油，提供490亿美元的净计划效益。仅减少燃料使用方面就能使车主节省500亿美元的燃料费用，或净节省420亿美元（EPA等）。

虽然这些数字听起来令人印象深刻，但必须注意的是，美国的这些排放标准只能将其目前的运输排放量减少约15%。这与其他国家所追求的零排放标准相去甚远。实际上，与《巴黎协定》的崇高目标相比，特朗普政府计划采取的只是"口头措施"。

2. 加拿大

在加拿大，对内燃机（ICE）驱动车辆的监管由加拿大环境与气候变化部（ECCC）和加拿大运输部（TC）负责。正如"柴油机网"所指出的：

加拿大政府有权监管道路发动机以及大多数类别的非道路发动机的排放。对飞机、铁路机车和商业海船排放的监管权仍属于加拿大运输部。加拿大已通过法规来控制标准空气污染物（CAC）和温室气体的排放（DieselNet 等）。

总的来说，加拿大通过将其法规与美国环保署的联邦标准相协调，适应了车辆排放标准。1988 年，道路车辆排放标准首次与美国联邦标准接轨。正如《加拿大空气污染法规》一书所指出的：

2001 年 2 月，加拿大环境与气候变化部部长在《关于更清洁车辆、发动机和燃料的联邦议程》中提出了一系列政策措施，继续统一道路排放标准，并通过制定符合美国联邦要求的非道路发动机排放标准和燃料标准来扩大这种统一（美国国会图书馆，2018）。

在效仿美国立法的过程中，加拿大不会为减少全球温室气体排放采取任何重大措施。与美国一样，减排 15% 是唯一可能实现的目标。

3. 中国

亚洲有许多排放标准和法规，而且非常复杂。中国是全球最大的汽车市场，也是全球第二大汽车相关排放国，占全球排放总量的 10%，仅次于美国。近年来，中国的许多城市都出现了空气质量问题（Howard 和 Zhu，2019）。

主要有以下污染源。

（1）移动的 / 汽车污染源

1）燃烧汽油和柴油等化石燃料产生的污染物废气。水和二氧化碳不包括在这一类别中，但一氧化碳、氮氧化物和碳氢化合物包括在内，因此受法律管制。

2）一氧化碳、氮氧化物和碳氢化合物由汽油发动机排放，而柴油发动机排放的颗粒物也受到管制。

（2）固定污染源

地方政府对此类应用中使用的重油中的含硫量进行控制，这些重油一直是主要的污染源。

Howard 和 Zhu 详述道：

中国政府正在解决污染问题，大力改善空气质量。中国已经出台了一系列升级的排放法规，这些法规在很大程度上遵循了欧洲标准。2020 年 7 月开始实施国六法规标准，这将使中国在汽车排放标准最具严格的国家中名列前茅。这样，中国的空气中将减少数千吨严重污染物，如颗粒物（PM）和氮氧化物（NO_x）。

虽然中国的国六 a 排放标准在很大程度上等同于欧 6 排放标准，但在应用方面存在一些关键差异。最重要的一点是，所有汽油车，而不仅仅是欧洲的汽油直喷（GDI）车型，都将适用颗粒物数量限制。这意味着，汽油颗粒捕集器（GPF）将得到更广泛的应用。即使是传统上被视为低排放汽车的混合动力电动汽车，也面临着频繁使用 GPF 的前景，因为在停止 / 起动循环每次起动发动机时都会产生颗粒物排放。2023 年 7 月，修订后的中国国六 a 排放标准被国六 b 排放标准取代，该标准更加严格，限值大大低于欧洲排放标准（Howard 和 Zhu，2019）。

中国还制定了重型商用车辆的燃料标准，该标准于 2019 年开始实施，总体目标是将这些车辆的燃料消耗量在 2015 年的基础上降低 15%。这些标准全面实施后，将与美国、加拿大、日本和欧盟的标准保持一致。这些排放标准适用于减少氮氧化物和颗粒物等大气污染物排放，但并不专门针对二氧化碳。

4. 日本

20 世纪 80 年代末，日本推出了第一个针对公路轻型车辆（LDV）和重型发动机（HDE）的排放标准。尽管如此，在整个 20 世纪 90 年代，日本的标准仍然非常宽松（DieselNet 等）。DieselNet 概述：

> 2003 年，日本生态环境部（MOEE）制定了非常严格的 2005 年轻型和重型车辆排放标准。2005 年的重型车辆排放标准 [（NO_x = 2g/（kW·h），PM = 0.027g/（kW·h）] 是当时世界上最严格的柴油车排放法规。自 2009 年起，这些限制被进一步收紧至介于美国 2010 年和欧 5 标准要求之间的水平，2016 年的限制在严格程度上与美国 2010 年和欧 6 标准相当。

> 大多数类别的公路车辆，包括乘用车、重型货车和客车，也受到强制性燃油效率目标的限制。日本对重型货车和客车的燃油效率法规是世界上首个针对重型车辆的燃油经济性法规（DieselNet 等）。

作为对《巴黎协定》承诺的一部分，日本的国家自主贡献目标被描述为"极不充分"或"完全不足"的（气候行动追踪等）。

因此，日本目前的交通法规无法在 2050 年前实现零排放。气候行动追踪指出：

> 日本的交通运输部门正在制定一项重要且积极的政策，日本政府将与所有主要的汽车制造公司一起，制定一项长期目标，即到 2050 年，在假设电动汽车的比例接近 100% 的前提下，将新乘用车"从油箱到车轮"的二氧化碳排放量减少到 2010 年的 90%（气候行动追踪等）。

5. 欧盟

欧盟从未为货车和客车设定过二氧化碳排放目标。美国、中国、日本和加拿大都对其商用车辆数量设定了目标。2019 年 1 月 1 日，欧盟委员会首次推出了涵盖货车燃油经济性和二氧化碳排放量的目标和措施。

根据新的二氧化碳法规，到 2025 年，所有新上路货车的二氧化碳排放量必须比 2019 年降低 15%；到 2030 年，排放量必须降低 30% 以上，2022 年会对这一目标进行进一步审查。更低的排放目标将聚焦在电力、混合动力和氢气等其他替代动力上，预计氢将成为未来的重要燃料（Muzi，2019）。

欧洲货车行业现在面临着近 20 年来欧盟首次积极支持《巴黎协定》目标所带来的挑战，但仍有许多评论家认为，这不足以实现将海水温升降至 1.5℃的目标。

2019 年，商用车行业谈论最多的话题（除了为英国脱欧做准备）可能就是车队电动化了。最新的欧盟委员会指令鼓励整车企业通过抵消的形式来实现电动化。这将有助于实现到 2025 年二氧化碳排放量在 1990 年的基础上减少 15%，到 2030 年减少 30% 的目标。

欧盟委员会已经同意，如果纯电动汽车的销量达到一定水平，就可以采取某种形式的抵消措施，这将使二氧化碳减排 15% 和 30% 的目标减少 2%~3%。通过销售新的纯电动汽车并提供 2% 的电动汽车销售量，将有效助力实现 2025 年和 2030 年的目标（国际运输论坛，2018）。

货车制造商可以利用将电动货车纳入车队的方式实现二氧化碳排放量的优势。从 2020 年 9 月起，货车制造商还将受益于设计中允许增加的额外 1m 的驾驶室空间，以满足电池和氢燃料电池堆的空间需求。这一设计标准的变化也有利于提高空气动力学性能和最终的燃油经济性。欧盟还宣布，对所有电动货车将免收道路通行费。

虽然这些新规定中的许多规定将加快货车向无排放和低排放产品过渡，但仍无法实现 2030 年和 2050 年的目标。2019 年，欧洲环境署（EEA）预测，到 2030 年，欧盟货车的排放量将减少 13.5%，远低于相较 1990 年减少 30% 的目标。许多欧洲制造商将把重点放在提高柴油利用效率，即欧 6.2e 或欧 7，以及轻型货车和厢式货车的电气化上（欧洲环境署，2019）。

如果成功实施 2025 年标准，每辆货车在最初 5 年的运营中可减少 20000 欧元的燃料成本，这将大大节省运输、物流和配送运营商的成本。2030 年标准的全面实施将在最初 5 年为每辆货车节省高达 60000 欧元（Yang，2018）。

这些标准的直接结果是，英国对进口石油和欧洲经济的依赖性将大幅降低。反过来，这也将在 2030 年前创造 8 万个额外的就业机会。这就是未来绿色经济的模式。

环保主义者和行业经营者都可以看到，随着新法规的实施，运输行业脱碳即将实现。

3.5 对碳中和交通系统的投资是如何支付的

20 世纪 80 年代末和 90 年代初被称为"柴油狂飙"时期。政府对汽油和柴油征税方式的不同不仅为柴油乘用车的销售创造了优势，也为货车生产商创造了优势。

令人遗憾的是，污染物增加的劣势并没有阻止当时的政府为柴油提供税收优惠，因为政府要支持运输业的发展。

大多数国家征收某种形式的碳税以获得收入，最终用于支持运输和环保项目，其方式如下。

1）将燃油税纳入柴油和汽油的定价中。

2）为控制基础设施拥堵设置收费项目，如道路通行费。

3）进行废气排放控制，设立城市拥堵区和零排放或低排放区，对违规车辆按日处罚。

1. 燃料税

欧洲各国政府都需要审查燃料碳税，并制定一些合理的措施，在经济和商业需求与支持《巴黎协定》气候变化目标的环境要求之间实现平衡。

英国和比利时是仅有的两个对汽油和柴油采用基本相同的税收政策的欧洲市场，在所有其他欧洲市场，柴油比汽油具有明显税收优势。据《运输与环境》的一份报告计算，欧洲各国政府每年因此损失的税收达 240 亿欧元（Bannon，2015）。

从理论上讲，这意味着欧洲错失了 240 亿欧元的税收机会，无法在绿色技术企业倡议的引领下投资于一些有意义的交通基础设施，例如建设电池千兆工厂埃隆·马斯克或在轿车和货车生产设施关闭或停产的城市边缘探索建立创新型城市物流中心。

在整个欧洲各主要市场中，汽油税和柴油税仍然存在显著差异。在德国，柴油税为每升 0.47 欧元，而汽油税为每升 0.65 欧元，几乎相差 40%。这导致德国财政出现 73 亿欧元的缺口（Bannon，2017）。

由于 2018 年的税收政策存在 3 欧分的差异，比利时在 2019 年采取了行动，实现了柴油税和汽油税的均等化，但比利时财政为此付出了 2.25 亿欧元的代价（Bannon，2017）。

西班牙的燃油税政策面临着更大的差异，据估计，其国库损失的税收约为 30 亿欧元。试想一下，如果利用这笔收入建立能源或基础设施创新基金可以为绿色技术企业带来怎样的好处（Bannon，2017）。

在希腊，柴油和汽油每升相差近 30 欧分，这刺激了城市中更多地使用柴油汽车，并引发了污染危机，最终导致雅典市长计划从 2025 年起在雅典市内禁止所有柴油汽车；马德里市长也做出了类似的承诺（Bannon，2015）。

欧盟范围内对燃料征收不同税率的一个结果是一种被称为"燃料旅游"，或更准确地说是"油箱旅游"的现象。欧盟最初采用的最低税率为每升 0.33 欧元。卢森堡在 2019 年 5 月之前采取的税率几乎一直处于最低水平，即每升燃油税为 0.33 欧元，因此，卢森堡将近 80% 的燃油出口给了外国的驾车者和货车驾驶员。不过，这个漏洞很快就会被堵上，因为各国要求欧盟提供燃油退税，以弥补欧盟在规划和实施环境与运输政策方面的这一明显错误。

比利时、法国、匈牙利、爱尔兰、意大利、罗马尼亚、斯洛文尼亚和西班牙 8 个国家已成功申请赔偿，2018 年约有 40 亿欧元返还给货车运营，而在 21 世纪初该数字为 0（Muzi，2014）。

2. 基础设施收费

碳税的征收形式日益增多，包括高速公路收费、收取拥堵费，以及最近的设立零排放和低排放区。各国的收费条件和收费时间各不相同，但主要目标仍然是减少拥堵、改善道路安全和减少城市污染。

拥堵区和低排放区规划取得的成果有许多共同之处。

例如：

1）改善城市中的自行车道，鼓励人们使用自行车而不是汽车。

2）尝试发展交通枢纽，市民可按小时租用电动汽车或使用公共交通前往市中心。

3）将市内交通需求与城际交通需求分开，这两者截然不同。这强化了重新审视创新型城市物流中心作用的想法，有关细节将在第 5 章中探讨。

了解监管机构正在推行的政策固然重要，但也有必要了解如何监测和报告行动措施的进展情况。

3.6 如何监测和衡量气候变化行动

当我们处于监管和加速电动货车的应用所带来的发展浪潮之中时，熟悉一下如何监测、分析和报告脱碳过程是非常有用的。

《巴黎协定》将国家自主贡献（NDC）定义为记录和报告各个国家义务的机制，国际运输论坛（ITF）对各个国家如何定义这些目标进行了广泛报道。

ITF 是一个政府间组织，目前有 60 个成员国。国际运输论坛承担的核心职责包括作为一个专家团体制定世界运输政策，以及组织国际运输论坛年度首脑会议。

一年一度的论坛吸引了来自世界各地的交通部长与商业和特定领域的专家齐聚一堂。ITF 在政治上独立自主，在行政上与经合组织合并。它的独特之处在于它是唯一一个涵盖所有运输方式的世界组织。

ITF 的公开使命是促进民众更深入地了解交通运输在以下方面的推动作用。

1）经济增长。

2）环境可持续性和社会包容。

3）运输政策的公众形象（ITF，2018）。

在签署了《巴黎协定》的 190 个国家中，5% 的国家产生了全球近 80% 的二氧化碳年排放量。因此，不难看出，每个国家都将设定不同的目标。最重要的目标是确定每个国家的工作基础，然后就 2025 年和 2030 年的里程碑目标达成一致。

《联合国气候变化框架公约》并没有为制订国家发展目标提供任何具体的模板、结构或内容要求，因此，其他机构也为国家发展目标的制订而制定了一些指导文件。国际运输论坛网站上可能有关于如何制订 NDC 的最佳分析和报告（ITF，2018）。

1. 欧盟委员会 2021—2030 年国家减排目标

欧盟议会成员于 2016 年制定了支持气候行动的法规，以实现《巴黎协定》的目标，该法规称为《责任分担条例》（ESR）。ESR 涵盖了欧盟 60% 的温室气体排放，并为交通、建筑、农业和废弃物管理等部门设定了 2021—2030 年具有约束力的国家减排目标（碳市场观察等）。

2016 年各种会议的成果是商定了目标设定所依据的五项原则。

1）减排目标的起点。

2）避免漏洞，如基于土地利用的信用额度。

3）避免基于排放交易系统的任何排放额度的漏洞。

4）在管理方面制定关于五年履约审查的协议。

5）设定与 1990 年基准相比的目标水平，即到 2025 年减排 45%，到 2030 年减排 95%。

对于每个类别，根据各国对委员会提案的立场进行打分。

"碳市场观察"和"运输与环境"组织的工作成果是"欧盟气候积分牌"，它向所有欧盟公民展示了各国政府所取得的进展，如图 3.4 所示。

2. 参与 ESR 监测的欧盟国家的初步表现

在所有欧盟国家中，瑞典的得分最高，因为它非常坚决地主张堵塞漏洞，并雄心勃勃地制定减排目标。现在说瑞典得益于"格丽塔·图恩伯格效应"还为时过早，因为在这个阶段，她还没有发动任何学校叛乱。遗憾的是，欧洲只有三个国家被认为在积极、雄心勃勃地推动履行《巴黎协定》的承诺

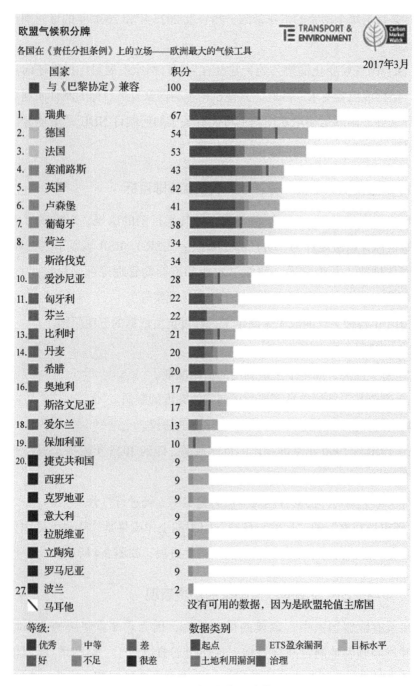

图 3.4 欧盟气候积分牌

（Laville，2019）。

波兰、意大利、西班牙和捷克共和国似乎削弱了欧盟委员会的提案，抵消了欧洲遵守《巴黎协定》的努力。奥地利和芬兰似乎也缺乏雄心，积极推动使用额外的林业信贷来抵消其他领域的不良排放水平（Bannon，2017）。

爱尔兰也表现不佳。考虑到不同的灵活性，到2030年，爱尔兰只需将排放量相较2005年减少1%。然而，该国仍在试图通过推动进一步削弱欧盟委员会决议的提案，将减排努力再拖延10年。该国可以通过确立一个更好的起点来实现减排目标，从而取得更高的积分。

斯洛伐克、德国和法国在这一排行榜上得分一般，而英国被评为不足，必须做得更好。也许在英国脱欧并恢复正常秩序后，英国政府会看到自己前进的方向，采取一系列相关的、更具雄心的行动来履行《巴黎协定》的义务。

虽然两家领先的智囊团已围绕气候变化行动和可持续交通主题开展了相关工作，并且已经开发出了分析、监测和报告所有国家支持《巴黎协定》的进展情况的方法和途径，但对许多国家来说，将气温升幅限制在1.5℃的目标很可能仍然遥不可及。这反映了一种悲观情绪，这种情绪是2019年12月马德里联合国气候变化大会和2020年1月达沃斯世界经济论坛中表现得非常明显；在这两次活动中，代表们离开时都感觉到，世界在实现《巴黎协定》的努力方面仍然做得不够。

3. 企业如何制定有效的可持续减排计划

尽管人们对各国实现《巴黎协定》目标的能力普遍持悲观态度，而且联合国对于美国2017年的撤退行为也集体表示不满，但在制定企业碳减排计划方面，仍有许多支持并推广最佳实践的举措。

其中最知名、最成功的举措之一是"基于科学的目标倡议"（SBTi）。2002年，一些非营利组织聚集在一起，成立了碳信息披露项目（CDP），其目的是帮助企业向低碳商业模式转型，专门关注减排和能效项目。

CDP是一个由世界资源研究所（WRI）、世界自然基金会（WWF）和联合国全球契约组织（UNGC）等多个非营利组织组成的合作协会。

CDP 倡导制订和实施以科学为基础的目标，其目标是在 2020 年使 SBTi 成为全球公认的减少温室气体排放的最佳实践标准。以科学为基础的目标设定源于《温室气体议定书》企业标准，该标准将公司的温室气体排放量分为以下三个范围。

范围 1：排放量是自有或受控排放源的直接排放量。

范围 2：排放量是外购能源产生的间接排放量。

范围 3：排放量是报告公司价值链中发生的所有未在范围 2 中购买的直接排放量，包括上游和下游排放量。

基于以下关键因素，SBTi 方法已成为公认的最佳实践模型。

1）该组织应制定可信的目标，并建立领导文化，决心投入适当的资源，让所有利益相关者参与并激励他们管理范围 1 和范围 2 的排放。

2）该组织认识到，有直接和间接的领域需要调查、监测和衡量，需要长期有效地协调内部和外部合作伙伴的有效路线图，并且必须优先考虑并尽早确定排放热点。

3）该组织认识到，最大的挑战将是收集和验证范围 3 第三方合作伙伴的排放量和碳足迹，并采取措施推动必要的改进，以实现减排目标。

4）一个组织的气候变化目标只有与将全球变暖限制在不超过工业化前水平 2.0℃的目标相一致时，才能称得上是有科学依据的。

CDP 组织是碳减排行动计划、商业模式创新和风险管理方面最佳实践的领先实践者，对于那些希望更多地了解如何开展这一目标设定工作的人来说，可以访问 www.cdp.net。

对于我们所面临的排放挑战，没有灵丹妙药，也没有放之四海而皆准的良方。每个国家、每家公司、每个人都必须决定如何影响自己的碳足迹，为实现将全球变暖限制在《巴黎协定》规定的阈值范围内的目标做出积极贡献。

然而，为了方便本书的读者，我们想以一个复杂的企业案例进行说明，即定义、测量、监控和改进全球最大的零售组织之一——在全球拥有 6000 家门店的乐购股份公司（Tesco PLC）的端到端碳足迹。

大多数主要的商用车辆制造商都会向这家公司寻求业务合作。至关重要的是，Tesco 的所有潜在货车供应商不仅要了解该公司的减排计划，还要准备好与 Tesco 的公司目标保持一致，并展示其货车相关产品和服务如何能够做出积极贡献。

🔘 案例研究

哪些科学目标对乐购很重要?

在案例研究中，乐购宣布了他们对以下目标的承诺（科学目标等）。

1）以 2015 年为基准年，到 2025 年将范围 1 和范围 2 的温室气体排放量减少 60%。

2）到 2030 年将范围 3 的温室气体排放量减少 17%。

范围 3 排放包括供应链合作伙伴的排放，要求乐购验证并报告来自第三方物流合作伙伴、运输供应商、燃料和能源服务以及废弃物和回收业务的排放。减少范围 3 活动的排放对公司来说最具挑战性。

乐购于 2017 年成为"可再生能源 100 联盟"（RE100）的成员，这是一项全球企业领导力倡议，汇集了致力于实现 100% 可再生能源发电的有影响力的企业。RE100 由气候组织（Climate Group）与 CDP Worldwide 合作领导，其宗旨是在全球范围内加速实现零碳电网（RE100 等）。乐购承诺到 2030 年 100% 的电力来自可再生能源，中期目标是到 2025 年达到 65%（Umeasiegbu，2017）。

乐购非常重视展示其在应对气候变化方面的认真态度，以及在这一领域的声誉，并认识到需要应对以下挑战。

1）基于科学的目标（SBT）是一种需要熟悉的新方法。乐购管理层认识到意识、教育和沟通的重要性，确保整个公司乃至整个集团的认同正确且一致成为管理成功的关键因素。

2）制定切实可行的目标以支持减排目标，需要从供应链和物流整合到复杂的物业组合管理等多个职能部门的参与。

3）农业排放占供应链温室气体排放总量的 70%，乐购领导小组将农业排放纳入独立目标，并将具体减排目标与其他范围 3 的贡献分开，以认识到实现农业减排所需的独特挑战。

除了加入 RE100 联盟并承诺到 2030 年 100% 使用可再生能源电力外，乐购还在亚洲投资了 800 万英镑用于现场发电；在能源和制冷改进方面的投资超过 7 亿英镑，与 2006 年确定的基准水平相比，商店和配送中心每平方英尺的排放量减少了 41%（《基于科学的目标》等）。

乐购的领导团队认识到，制定以科学为基础的目标非常重要，这些目标既要可信又要现实，要与《巴黎协定》的目标明确一致。

3.7 概述和结论

毫无疑问，2015 年，除尼加拉瓜和叙利亚外，世界上几乎所有国家都决定承诺实施一项应对气候变化的行动方案，将全球变暖的影响（温升）限制在 2℃ 以下，这是一个重要时刻。

虽然运输不是排放物和污染物的主要来源，但它被认为是一个需要认真解决这一问题的重要行业。本章特别关注了汽车制造商、运输、物流和分销行业以及政府监管机构在减少碳排放影响方面可以采取的措施，我们正在见证这一进展。

欧洲在监管方面取得了进展，2019 年首次出台了货车和客车排放法规。到 2025 年和 2030 年，排放量将分别减少 15% 和 30%，这支持了《巴黎协定》的目标。然而，低排放和零排放产品的采用尚未对温室气体排放产生任何影响，大多数制造商直到 2020 年年初才开始实施电动货车的批量生产计划。事实上，许多电动厢式货车和轻型商用车要到 2020—2021 年年底才能上市。

对电动商用车采用的预测主要集中在厢式货车和轻型商用车领域。在全球范围内，预计到 2030 年，全球销售的 30%~40% 的商用车将是电动汽车（国际能源署，2017），这是基于约 100 万辆汽车的估计，其中许多汽车将在亚洲运营，特别是中国。零排放或低排放重型货车的开发将不会基于电动平台，而很可能基于改进的柴油技术和氢气。

本章详细介绍了政府财政政策如何影响运输车队的采购决策，这些决策可能会受到不同燃料类型税收的影响。对能源供应和运输产品的补贴可以非常有效地决定未来市场的形态。

中国通过提供政府补贴，非常有效地实现了电动汽车销量的惊人增长。这也适用于太阳能设备和电池生产领域的发展，现在出现了许多千兆工厂，为电动汽车生产锂离子电池。

如果要增加英国汽车行业的就业机会，英国政府现在需要把注意力集中在燃料定价和对可再生能源的补贴支持上。

英国汽车行业从业人员近 80 万，如果放弃对电池生产设施的投资，将面临大量失业的威胁。法拉第研究所发布的信息（在第 1 章中进行了讨论）详细说明了与电池生产投资相关的潜在就业威胁。

在时任总统特朗普做出决定后，美国于 2017 年宣布退出《巴黎协定》。特朗普政府继续撤销环保局旨在遏制运输排放的法规，这遭到了许多州的反对，这表明美国对《巴黎协定》目标的承诺将受到损害。许多评论家强调了美国继续参与《巴黎协定》的许多理由，认为在就业和经济方面的作用，以及对人民健康和国家安全的积极影响是重新加入该协定的主要原因。

然而，从另一方面来看，欧洲政界人士提出了对美国产品征收碳污染税的想法，这也是美国继续拒绝该协议的不利因素。这种想法能否实现还有待商榷，但它加剧了各国在进行各种关税协议讨论时日益加剧的紧张关系，而这些讨论在 2019 年的世界经济中占据了主导地位。

要减少地球上最初参与《巴黎协定》的 193 个国家所产生的 360 亿 t 二氧化碳，还有很多事情要做。气候活动人士声称不存在 B 计划，因此本书其余部分试图概要地介绍可能的 B、C、D 和 E 计划。

第 8 章探讨了当前汽车制造商的计划，第 9 章详细介绍了哪些新兴绿色技术企业可以成功创建未来可持续的碳中和交通生态系统。

3.8 参考文献

Bannon, E (2015) Europe's tax deals for diesel, *Transport & Environment*. Retrieved from: https://www.transportenvironment.org/publications/europes-tax-deals-diesel (archived at https://perma.cc/YR3P-CASR)

Bannon, E (2017) The EU Climate Leader Board, *Transport & Environment*. Retrieved from: https://www.transportenvironment.org/publications/eu-climate-leader-board (archived at https://perma.cc/2YSH-Q26M)

Bannon, E (2018) On-road tests show gas trucks up to 5 times worse for air pollution, *Transport & Environment*. Retrieved from: https://www.transportenvironment.org/press/road-tests-show-gas-trucks-5-times-worse-air-pollution (archived at https://perma.cc/9CXN-BKRD)

Carbon Market Watch (nd) Effort Sharing Regulation. Retrieved from: https://carbonmarketwatch.org/our-work/climate-governance/effort-sharing-regulation/ (archived at https://perma.cc/7LNX-U9ML)

Climate Action Tracker (nd) Country Summary – Japan. Retrieved from: https://climateactiontracker.org/countries/japan/ (archived at https://perma.cc/33DN-SV5W)

Climate Watch (nd) Historical GHG Emissions. Retrieved from: https://www.climatewatchdata.org/ghg-emissions?breakBy=sector&gases=202&regions=NAR&sectors=624%2C614 (archived at https://perma.cc/24PV-F2JU)

DieselNet (nda) Emission Standards – Canada. Retrieved from https://dieselnet.com/standards/ca/ (archived at https://perma.cc/DK6H-KRYH)

DieselNet (ndb) Emission Standards – Japan. Retrieved from: https://dieselnet.com/standards/jp/index.php (archived at https://perma.cc/7W62-EGHJ)

EEA (2019) Total greenhouse gas emission trends and projections in Europe. Retrieved from: https://www.eea.europa.eu/data-and-maps/indicators/greenhouse-gas-emission-trends-6/assessment-3 (archived at https://perma.cc/6AEY-LEKN)

EPA (nd) Regulations for greenhouse gas emissions from commercial trucks & buses. Retrieved from: https://www.epa.gov/regulations-emissions-vehicles-and-engines/regulations-greenhouse-gas-emissions-commercial-trucks (archived at https://perma.cc/U362-VFU4)

Fransen, T et al (2017) Enhancing NDCS by 2020: Achieving the goals of the Paris Agreement, *WRI*. Retrieved from: https://wriorg.s3.amazonaws.com/s3fs-public/WRI17_NDC.pdf (archived at https://perma.cc/UG8N-GLNE)

Guardian (2020) Trump decries climate 'prophets of doom' in Davos keynote speech – video. Retrieved from: https://www.theguardian.com/us-news/video/2020/jan/21/trump-decries-climate-prophets-of-doom-in-davos-keynote-speech-video (archived at https://perma.cc/5TYV-Z6JW)

Harvey, F（2020）Saving the planet: UK role vital if COP 26 climate talks to succeed, *Guardian*. Retrieved from: https://www.theguardian.com/environment/2020/feb/03/saving-the-planet-uk-role-vital-if-cop-26-climate-talks-to-succeed（archived at https://perma.cc/4E97-UULL）

Howard, K and Zhu, P（2019）China 6: the world's most challenging emissions standard, *Lubrizol Additives 360*. Retrieved from: https://www.lubrizoladditives360.com/china-6-worlds-challenging-emissions-standard/（archived at https://perma.cc/LYC3-PCFS）

IEA（2017）The Future of Trucks. Retrieved from: https://www.iea.org/reports/the-future-of-trucks（archived at https://perma.cc/M7M8-GMS8）

International Transport Forum（2018）Transport CO_2 and the Paris Climate Agreement. Retrieved from: https://www.itf-oecd.org/transport-co2-paris-climate-agreement-ndcs（archived at https://perma.cc/L9ZV-6VRQ）

IPCC（2019）Choices made now are critical for the future of our ocean and cryosphere. Retrieved from: https://www.ipcc.ch/2019/09/25/srocc-press-release/（archived at https://perma.cc/6RKT-R82T）

Laville, S（2019）'Greta Thunberg effect' driving growth in carbon offsetting, *Guardian*, Retrieved from: https://www.theguardian.com/environment/2019/nov/08/greta-thunberg-effect-driving-growth-in-carbon-offsetting（archived at https://perma.cc/2QWE-W9YU）

Library of Congress（2018）Regulation of air pollution: Canada. Retrieved from: https://www.loc.gov/law/help/air-pollution/canada.php（archived at https://perma.cc/X5JE-6QH6）

Marshall, M（2019）Greenland lost almost 4 trillion tonnes of ice in less than 30 years, *New Scientist*. Retrieved from: https://www.newscientist.com/article/2226676-greenland-lost-almost-4-trillion-tonnes-of-ice-in-less-than-30-years/（archived at https://perma.cc/DKV4-YNAE）

Muzi, N（2014）（2020, February 4）. EU agrees on safer, cleaner lorries – but by 2022, *Transport & Environment*. Retrieved from: https://www.transportenvironment.org/press/eu-agrees-safer-cleaner-lorries-2022（archived at https://perma.cc/U3DH-9S4F）

Muzi, N（2019）EU agrees first-ever CO_2 targets for trucks, delivering a 30% cut in fuel burnt and kick-starting zero-emission vehicles, *Transport & Environment*. Retrieved from: https://www.transportenvironment.org/press/eu-agrees-first-ever-co2-targets-trucks-delivering-30-cut-fuel-burnt-and-kick-starting-zero（archived at https://perma.cc/368V-78JU）

Pengelly, M（2019）Trump confirms he is considering attempt to buy Greenland, *Guardian*. Retrieved from: https://www.theguardian.com/world/2019/aug/18/trump-considering-buying-greenland（archived at https://perma.cc/56TV-MCM6）

RE100（nd）RE100 Overview. Retrieved from http://re100.org/（archived at https://perma.cc/MSE3-VN47）

Ritchie, H and Roser, M（2017）Our world in data: CO_2 and greenhouse gas emissions. Retrieved from: https://ourworldindata.org/co2-and-other-greenhouse-gas-emissions（archived at https://perma.cc/TZM6-VBUD）

Science-Based Targets（nd）Case study: Tesco. Retrieved from: https://sciencebasedtargets.org/wp-content/uploads/2018/03/SBT_Tesco_CaseStudy.pdf（archived at https://perma.cc/93U4-TN7F）

Umeasiegbu, K（2017）Tesco commits to use 100% renewable electricity by 2030 *Tesco Plc*. Retrieved from: https://www.tescoplc.com/blog/carbon-renewable-electricity-tesco/（archived at https://perma.cc/N9SV-8NCE）

Wang, S and Ge, M（2019）Everything you need to know about the fastest-growing source of global emissions: transport, *WRI*. Retrieved from https://www.wri.org/blog/2019/10/everything-you-need-know-about-fastest-growing-source-global-emissions-transport（archived at https://perma.cc/49LM-PU5U）

WMO（2020）WMO confirms 2019 as second hottest year on record. Retrieved from: https://public.wmo.int/en/media/press-release/wmo-confirms-2019-second-hottest-year-record（archived at https://perma.cc/BVG3-GXMZ）

Yang, Z（2018）Overview of global fuel economy policies, *ICCT*. Retrieved from https: https://theicct.org/sites/default/files/Global-Fuel-Economy-Policies-Overview_ICCT_ZYang_20032018.pdf（archived at https://perma.cc/V9NB-5Q5M）

第 4 章
气候变化的挑战

本章将向读者介绍以下内容。

- 大气中的二氧化碳含量。
- "温室气体"定义。
- 需要监管的工业流程。
- 2025—2030 年重型货车排放新标准。
- "移动中的欧洲"——欧盟排放法规。
- 用于支持英国和欧洲减排行动的资金。
- 制订车辆报废计划，以加速淘汰排放较高的欧 3 及以下排放标准车辆。

4.1 大气中的二氧化碳含量

研究表明，自工业时代开始以来，释放到大气中的二氧化碳（CO_2）显著增加（全球碳捕集与封存研究院［Global CCS Institute］，2018）。

二氧化碳和其他温室气体的化学性质使它们能够吸收太阳的红外辐射，地球大气层中的二氧化碳可以阻止红外辐射逃逸。因此，二氧化碳对全球变暖有着重大影响。

我们目前所经历的气温升高已经超过了可持续的临界值，这只能归咎于人类活动造成的大气中的二氧化碳含量增加。图 4.1 展示了二氧化碳增加导致的温室效应。

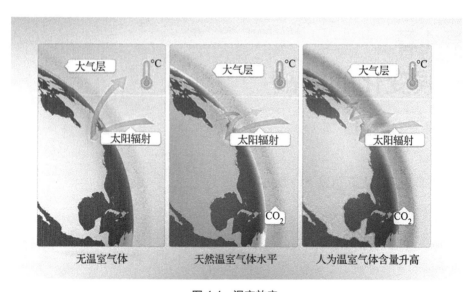

无温室气体　　　　天然温室气体水平　　　　人为温室气体含量升高

图 4.1　温室效应

注：来源于 Global CCS Institute，2018。

长期监测表明，大气中二氧化碳含量的增加正在导致地球变暖、海洋酸性增强。但我们对此采取了什么措施？又能做些什么呢？

人们广泛报道了不同程度的社会活动，这些活动迫使政府和行业立即制定政策，如"灭绝反叛"[⊖]。政府间气候变化专门委员会也发布了题为"全球变暖 1.5℃"的特别报告，提高了人们对这一关键问题的认识（IPCC，2018）。

科学家们普遍认为，从工业化前到现在，由于人类活动，全球平均气温已经上升了 1℃。

气候系统变暖的科学证据明确无误（IPCC，2018）。

根据目前的趋势预测，全球气温将在 2030—2052 年升高 1.5℃。全球变暖已经对人们的生活和生态系统产生了可测量的影响，因此要求实现"净零排放"。如果升温达到 2℃，那么影响将是巨大的，预计会出现热浪、干旱和洪

⊖　"灭绝反叛（Extinction Rebellion）"是一个国际性的环境保护运动，其目标是应对气候变化和生物多样性丧失等环境危机。

水。海平面可能上升10cm，这将对世界上生活在接近目前海平面的陆地上的人口群体产生严重影响。在这种情况下，农业和渔业将受到负面影响，因为携带疾病的蚊虫数量将大幅增加，人类健康也将受到影响。因此，必须按照《巴黎协定》的规定，将全球变暖幅度限制在1.5℃以内。

IPCC报告明确指出，如果不全面部署有效的碳捕集与封存技术，就无法实现这一目标（IPCC，2018）。CCS技术被视为"可再生能源"技术，在我们仍然依赖化石燃料的情况下，它可以在未来持续减少二氧化碳排放。

全球碳捕集与封存研究院总结说，成功的碳捕集与封存涉及以下三个主要行动。

1）捕集：将二氧化碳从大型工业加工设施（如燃煤和天然气发电厂、钢铁厂、水泥厂和炼油厂）产生的其他气体中分离出来。

2）运输：将分离后的二氧化碳压缩并通过管道、货车、轮船或其他方式运输到合适的地点进行地质封存。

3）封存：将二氧化碳注入地下深层岩层，通常深度为1km或更深（全球碳捕集与封存研究院，2018b）。

由于CCS可以实现二氧化碳的大幅减排，因此被认为是减少温室气体排放所需方法组合中的一个关键选择（全球碳捕集与封存研究院，2018）。

遏制气候变化需要我们所有人而不仅仅是政府采取紧急行动。全球碳捕集与封存研究院预测，如果不采取紧急行动，地球温度将继续上升，导致世界气候发生变化；海平面将大幅上升，海洋和陆地状况将受到不利影响。

世界必须做出改变。那些在运输行业工作的人也可以在减少货车、船舶和飞机产生的排放方面发挥重要作用。

图4.2显示，与使用的基线（1961—1990年）相比，近几十年来全球平均气温显著上升。该图显示气温急剧上升了1~1.2℃。全球变暖和气候变化问题是世界面临的最大挑战之一（Ritchie和Roser，2017）。

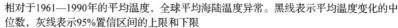

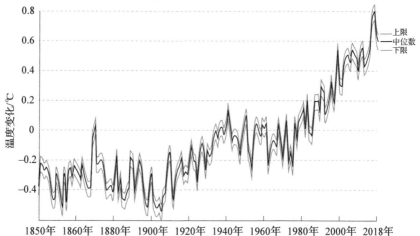

图 4.2　1850—2018 年全球平均气温上升情况

注：来源于 Ritchie 和 Roser，2017。

4.2　管理二氧化碳的重要性

二氧化碳在科学上表示为一份碳和两份氧。二氧化碳非常重要，因为它能通过光合作用促进植物生长。地球上的所有生物都以植物为食，以木制品为居，因此，二氧化碳对地球上的生命至关重要。少量的二氧化碳对人体无害，但在全球范围内，高浓度的二氧化碳会对植物、动物和人类造成危害，因此，必须谨慎管理全球大气中的二氧化碳含量。

地球大气层中常见的天然温室气体包括水蒸气、二氧化碳、甲烷、一氧化二氮和氟化气体，这些气体会导致红外辐射被捕获（全球碳捕集与封存研究院，2018）。

地球大气中的温室气体含量如图 4.3 所示，二氧化碳的含量显然是最多的，而且与其他气体差距较大。

工业化和人类活动仍然是大气中产生二氧化碳的最主要原因。全球温室气体的增加已导致地球温度上升到气候变化活动家无法接受的水平，他们正向政府施加越来越大的压力，要求其做出反应（全球碳捕集与封存研究院，2018）。

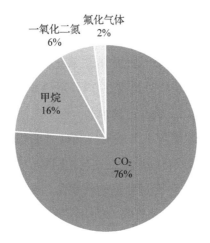

图 4.3　大气中的温室气体含量

全球二氧化碳浓度在 1750—1850 年开始缓慢上升（图 4.4）。第二次工业革命以来，二氧化碳浓度水平急剧上升，到 2017 年，人类造成的二氧化碳排放量达到每年约 360 亿 t。二氧化碳的增加始于欧洲，然后是美国（Ritchie 和 Roser，2017）。

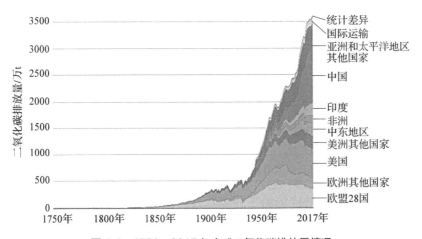

图 4.4　1750—2017 年全球二氧化碳排放量情况

注：来源于 Ritchie 和 Roser，2017。

2018 年，全球大气二氧化碳平均含量为百万分之 407.4（407.4 ppm），误差范围为 ±0.1 ppm。今天的二氧化碳水平比过去 80 万年的任何时候都要高。第二次工业革命真正开始以来，二氧化碳含量增加了 40% 以上。19 世纪的二氧化碳水平约为 280ppm，到 2020 年已增至 400ppm（Ritchie 和 Roser，2017）。

Climate.gov 指出："上一次大气中的二氧化碳含量如此之高是在 300 多万年前，当时的气温比前工业化时代高 2~3℃（约 3.6~5.4°F），海平面比现在高 15~25m（约 49~82ft）。"（Lindsey，2020）。

温室效应与导致地球温度上升的向内和向外的辐射有关。之所以称为温室效应，是因为普通温室或花园温室也具有相同的功能。

阳光中的紫外线（UV）穿过温室的玻璃窗，被里面的植物和结构材料吸收。红外线（IR）的强度不如紫外线，但会滞留在温室内，导致温度升高。在寒冷但阳光明媚的日子里，停着的汽车内也会产生同样的效果。

二氧化碳在地球大气中的循环是一个自然过程。植物和树木吸收并利用二氧化碳产生能量，人类和动物在吸入空气时会呼出二氧化碳，如图 4.5 所示。

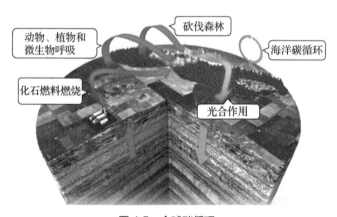

图 4.5　全球碳循环

注：来源于全球碳捕集与封存研究院，2018。

然而，也有人为造成的温室效应。人类活动造成的温室气体增加正在吸收太阳的能量，使地球的陆地和海洋的温度升高，高于 1850 年之前的正常温度。据记录，2016 年是有气温记录以来最热的一年，2017 年是有记录以来第三热的年份，这意味着 18 个最温暖的年份中有 17 个是 2000 年以后出现的

（Climate Central，2019）。

发电厂燃烧煤炭等化石燃料会向地球大气中释放大量二氧化碳。在生产天然气的过程中，二氧化碳也会从地下释放到大气中。中国、美国、澳大利亚和波兰等国家的人均二氧化碳排放量较高，这是依赖煤炭发电的直接结果。还有大量的二氧化碳作为炼油和制造建筑工业产品（如铁、钢和水泥）的副产品被释放到大气中。

欧盟的二氧化碳排放标准涉及汽车、货车、船舶和飞机的尾气排放，以及家庭供暖等家庭来源的排放（全球碳捕集与封存研究院，2018）。

大规模土地开垦的影响，尤其是在南美洲和印度尼西亚，是导致大气中二氧化碳含量增加的一个关键因素。这是因为通过吸收多余的二氧化碳来自然调节温室气体水平的树木和植物明显减少。

从事这项研究的科学家表示，在全球范围内种植数十亿棵树是降低大气中二氧化碳含量最经济、最有效的方法。领导这项研究的瑞士苏黎世联邦理工大学的汤姆·克劳瑟教授说："这项新的定量评估表明，森林恢复不仅是我们应对气候变化的解决方案之一，而且是具有绝对优势的首要解决方案。"

他们计算出，地球上有17亿公顷的土地没有树木，而在这些土地上，可以种植12000亿棵天然树苗。这些树木不涉及城市和农业种植区，但包括牧场上的一些树木，这些树木将使牛、羊受益（Carrington，2019）。

4.3 全球公路货运二氧化碳排放量

由于严重依赖石油产品，公路货运是全球能源二氧化碳相关排放的主要来源。2015年，运输部门的二氧化碳排放量为7.8千兆t，约占全球能源生产产生的二氧化碳排放量的22%（国际能源署，2017）。

2000—2015年，公路货运车辆的排放量与石油需求同步增长。2000年，公路货运车辆的二氧化碳排放量仅为1.7千兆t，自2000年以来，公路货运车辆的二氧化碳排放量每年增长2.8%，占同期运输行业二氧化碳排放量增长的40%以上，占整个能源行业二氧化碳排放量增长的10%左右。全球公路货运车辆排放增长的90%以上来自包括中国（约25%）在内的新兴经济体，这一增长与它们在此期间对全球经济增长的贡献是同步的（国际能源署，2017）。

自2000年以来，大多数国家的公路货运车辆的二氧化碳排放量都有所增长，但其对总排放量增长的贡献因地区而异。

在工业化国家，公路货运车辆是造成与运输相关的排放增长的主要因素，并且在许多国家（但不是所有国家）与二氧化碳排放下降的大能源趋势背道而驰。

在美国（公路货运排放量增长了5000多万t二氧化碳），公路货运车辆排放量的增长超过了客运车辆排放量的下降。

美国公路货运车辆排放量的上升趋势与减少燃料燃烧产生的二氧化碳总排放量的努力形成鲜明对比，燃料燃烧产生的二氧化碳总排放量在同一时期减少了约6.5亿t。

在发展中国家和转型经济体中，由于需要推动经济增长和帮助人口脱贫，能源部门各部分的排放量普遍增加。

自2000年以来，在图4.6所示的国家或地区中，公路货运占公路运输二氧化碳排放量增长的40%，占燃料燃烧二氧化碳排放量总体增长的8%（国际能源署，2017）。

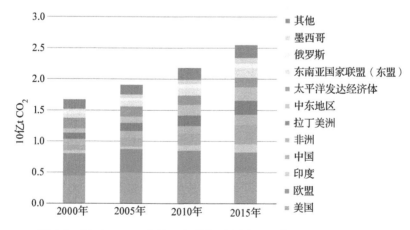

图4.6　2000—2015年按国家或地区划分的公路货运二氧化碳排放量

注：来源于IEA，2017。

2017 年 9 月，作为新产业政策战略的一部分，欧盟制定并推出了第三个欧盟移动出行计划，并完成了 2016 年低排放移动出行战略（欧盟委员会，2016）以及 2017 年 5 月和 11 月的欧洲移动出行计划（欧盟委员会，2018）启动的进程。

所有这些举措形成了一整套连贯的政策，涉及交通系统中许多相互关联的方面。

欧盟委员会 2018 年的计划摘要包括以下几点。

1）2020—2030 年新道路安全政策框架。与之配套的还有关于车辆和行人安全以及基础设施安全管理的两项立法倡议。

2）就互联和自动化交通进行交流，使欧洲成为自动和安全交通系统的世界领导者。

3）关于货车二氧化碳标准、空气动力学、轮胎标签和燃料价格比较的通用方法的立法倡议。

4）"电池战略行动计划"。这些措施重申了欧盟减少运输温室气体排放和履行《巴黎协定》承诺的目标（见第 6 章）。

5）简化跨欧洲核心交通网络（TEN-T）项目许可程序的立法倡议（欧盟委员会，2018）。

为此，欧盟委员会于 2017 年 11 月提出了新的轻型汽车二氧化碳标准，随后又首次提出了货车二氧化碳标准（欧洲议会，2019）。

与此同时，欧盟委员会还采取行动加强国内公路货运市场监管，以更好地保护驾驶员。所有这些举措加在一起，将在 2025 年之前为欧洲提供安全、清洁和有竞争力的交通，从而实现这些愿景。

"欧洲在行动"计划中与交通相关的一些重要活动可归纳如下。

1）通过道路收费和燃油税推行"使用者付费"和"污染者付费"原则。

2）改善公路运输市场的运行。

3）制定欧洲电子收费通用规范。

4）改进车厢设计——为电动动力系统留出空间。

4.4 欧洲低排放交通战略

与其他工业部门相比，欧洲的交通运输部门在减排方面一直处于落后地位。欧洲能源署的报告强调，2007年交通运输的排放量仍高于1990年，几乎占欧洲温室气体排放量的1/4（欧洲委员会等）。

公路运输是迄今为止最大的温室气体交通运输排放源，占2014年交通运输产生的所有温室气体排放量的70%以上（欧盟委员会等）。

随着全球向低碳、循环经济转变的开始，欧盟委员会于2016年7月通过了低排放交通战略，旨在确保欧洲保持竞争力，并能够应对日益增长的人员和货物的交通需求，如图4.7所示。

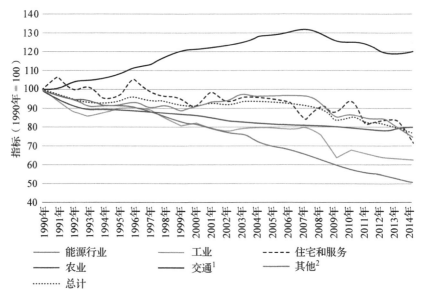

图4.7 1990—2014年按运输方式划分的运输产生的温室气体

注：1. 包括国际航空，但不包括国际海运。

2. 包括燃料、废弃物管理和间接二氧化碳排放的逸散性排放。

来源于EEA，2019。

图4.7中的"交通"曲线显示，欧盟内部交通运输二氧化碳排放量稳步下降，令人鼓舞。采用零排放和低排放车辆（ZLEV）必须成为欧洲应对排放挑

战的主要方式。很明显，到 2050 年，所有交通工具产生的温室气体排放必须比 1990 年减少 60%。理想的趋势应该是零排放，以防止气温上升 2℃ 或更高。必须优先减少对人类和动物健康有害的与运输相关的排放（欧盟委员会等）。

继 20 世纪 90 年代的"柴油狂飙"之后，业界认识到不仅需要解决二氧化碳排放问题，还需要解决污染物和氮氧化物排放水平过高的问题。氮氧化物是在燃烧过程中由空气中氮气和氧气的化学反应产生的，当燃烧在较高温度下发生时，氮氧化物更易产生。在大城市等机动车密度较高的地区，排放到大气中的氮氧化物空气污染水平可能非常高（Icopal Noxite 等）。

许多欧洲国家的政府已经采取了行动，在主要城市制定并实施了低排放和零排放区。这起到了促进应用零排放和低排放车辆的效果。

要在 2050 年前接近《巴黎协定》中规定的目标和义务，交通运输产生的温室气体排放量必须比 1990 年至少减少 60%，并坚定地走向零排放（欧盟委员会，2016）。

如图 4.8 所示，72.8% 的温室气体来自运输（见左侧饼图）。深入研究运输的各个环节后可以发现，公路运输显然是主要的排放源，占 73.4%（见右侧饼图）。

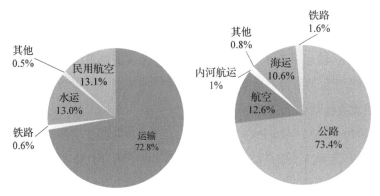

图 4.8　工业部门排放监测

注：来源于 EEA，2019。

欧盟支持低碳经济的战略将创造更多的就业机会和绿色技术企业的投资，其核心是改善城市拥堵状况、降低货运交通噪声水平、提高空气质量，并通过避免交通事故来保障公共安全。

这不仅需要关注智能交通管理系统和提供替代性能源加注基础设施的能源创新中心的发展，还需要国家和地方政府下定决心，重新思考如何制定城市更新计划。在城市中心禁止使用柴油的长途运输的时代，化石燃料货运与城市电动配送车辆的结合将是未来成功实现低碳交通生态系统的关键。

1. 减少重型车辆的二氧化碳排放

2019 年通过的首个欧盟范围内的重型车辆二氧化碳排放标准设定了 2025 年和 2030 年减少新货车平均排放量的目标。

1）货车、公交车和长途客车的二氧化碳排放量约占欧盟公路运输二氧化碳排放量的 1/4，约占欧盟总排放量的 6%。

2）从 2025 年起，制造商在指定年份内注册的所有新货车的平均二氧化碳排放量必须达到该年份的目标。从 2030 年起将开始实施更严格的目标（欧盟委员会，2019a）。

规定重型车辆二氧化碳排放标准的（EU）2019/1242 法规于 2019 年 8 月 14 日生效。该法规还包括一个机制，即以技术中立的方式激励零排放和低排放车辆的使用（欧盟委员会，2019）。

新的（EU）2019/1242 法规起到以下作用。

1）有助于实现欧盟在《巴黎协定》中的承诺。

2）降低运输运营商（主要是中小型企业）和消费者的燃料消耗成本。

3）有助于保持欧盟制造商和供应商的技术领先地位（欧盟委员会，2019a）。

预期效益包括以下几点。

1）2020—2030 年减少约 5400 万 t 二氧化碳排放。

2）2025 年购买的新货车在使用的前 5 年可节省约 2.5 万欧元，2030 年购买的新货车在使用的前 5 年可节省约 5.5 万欧元。

3）2020—2040 年，最多可节约 1.7 亿 t 石油。

4）增加国内生产总值，创造新的就业机会（欧盟委员会，2019）。

2. VECTO

VECTO 是欧盟委员会开发的新模拟工具，将用于确定车辆总质量超过

3500kg 的重型车辆（货车、公交车和长途客车）的二氧化碳排放量和燃料消耗量。

从 2019 年 1 月 1 日起，该工具将强制用于某些车辆类别下的新货车，以适用类型认证下的认证法规。

从 2019 年起，使用 VECTO 确定的二氧化碳排放和燃料消耗数据以及其他相关参数将受到监控，并向欧盟委员会报告，同时公开每辆新货车的相关数据（欧盟委员会，2019b）。

VECTO 是一个功能强大的工具，可帮助运营商和政府机构验证减排活动报告，以支持未来《巴黎协定》对政府活动进行审计所需的国家自主贡献（NDC）报告。

3. 二氧化碳目标水平

2025 年，新重型车辆的平均二氧化碳排放量必须比基准期（2019 年 7 月 1 日—2020 年 6 月 30 日）的平均排放量低 15%。预计利用市场上已有的技术可以完全实现减少 15% 的目标。

2030 年，平均排放量必须比基准期的平均排放量低 30%。作为（EU）2019/1242 法规审查的一部分，这一目标在 2022 年进行评估。针对重型货车的法规审查于 2022 年实施。

重型货车的二氧化碳排放量占重型车辆二氧化碳总排放量的 60%~70%，减少重型货车的二氧化碳排放量将是欧盟委员会的首要任务和工作重点（欧盟委员会，2019a）。

在 2022 年委员会审查之后，应考虑将评估范围扩大到其他车辆类型，如小型货车、公交车、长途客车和牵引车（欧盟委员会，2019a）。

4. 为支持欧盟低排放交通提供资金

没有适当的资金，上述战略就无法实现。欧盟委员会表示，2016 年欧洲结构与投资基金将为交通领域提供 700 亿欧元资金支持，其中 390 亿欧元用于支持向低排放交通方式转变，仅用于低碳和可持续城市交通的资金就占其中的

120 亿欧元（欧盟委员会，2016）。

欧盟委员会表示，在"地平线 2020"研究计划中，有 64 亿欧元可用于低碳交通项目。

5. 零排放和低排放车辆（ZLEV）的激励机制

1）零排放车辆（ZEV）是指尾气不排放二氧化碳的货车。

2）低排放车辆（LEV）是指技术允许的最大载质量超过 16t 的货车，其二氧化碳排放量低于 2019 年报告期内登记的同组所有车辆平均二氧化碳排放量的一半（欧盟委员会，2019a）。

为了激励零排放和低排放车辆的使用并奖励早期行动，欧盟委员会为那些能够证明在 2020—2030 年采用了零排放车辆或低排放车辆的制造商引入了积分制度。需要了解的关键信息是，如果生产的车辆不是低排放车辆或零排放车辆，或者没有为二氧化碳减排目标做出贡献，那么从 2025 年起，制造商将被处以每 $gCO_2/(t \cdot km)$ 4250 欧元的罚款。从 2030 年起，这一罚款将增加到每 $gCO_2/(t \cdot km)$ 6800 欧元。

所有主要的整车企业都将研究未能加快提供能够符合这些新环保法规的有效产品的计划所带来的潜在财务影响（欧盟委员会，2019a）。

4.5 英国清洁增长战略

英国在促进有效应对气候变化方面走在世界前列。早在讨论气候变化问题时，英国政府就发现了气候变化可能带来的安全和经济威胁。因此，英国制定了温室气体的五年限制，并将其命名为"碳预算"。这些"碳预算"写入了 2008 年的《气候变化法》。在该法案中，英国政府设定了 2050 年温室气体排放量比 1990 年减少至少 80% 的目标。"碳预算"方法已被联合国采纳，并纳入《巴黎协定》。

在发达国家中，英国是在经济增长的同时减少二氧化碳排放最成功的国家之一。自 1990 年以来，英国的排放量减少了 42%，而经济却增长了 66%[⊖]。
根据英国政府的"清洁增长战略"，英国在七国集团（G7）中处于领先地位，
其减排速度快于其他七国集团国家，同时，在国民收入增长方面也名列前茅，
如图 4.9 所示。

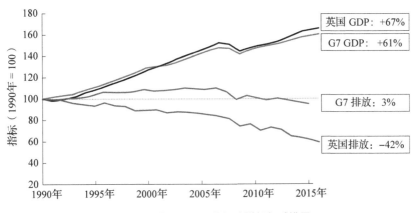

图 4.9 英国和 G7 的经济增长与减排量

注：来源于能源与气候情报中心（Energy and Climate Intelligence Unit），2020。

这一进展表明，英国已经超出第一次碳预算（2008—2012 年）中减排目
标的 1.5%，预计分别超出第二次和第三次碳预算（涵盖 2013—2022 年）中
减排目标的近 5% 和 4%[⊜]。在此期间，英国经济预计将增长 12%（英国商业、
能源和工业战略部，2018）。

2016 年，英国 47% 的电力来自低碳能源，这个水平约为 2010 年的两倍。
英国目前拥有世界上最大的海上风电装机容量（英国商业、能源和工业战略
部，2018）。

汽车发动机技术有助于将每千米排放量降低 16%，与 2011 年购买的新车
相比，2015 年购买的新车每年可为车主节省多达 200 英镑的燃油费。英格兰

⊖ 该数据截至 2018 年，到 2023 年，英国已实现较 1990 年排放量减少 50%，经济
　增长 80%。——译者注

⊜ 到 2023 年，英国已完成第二次和第三次碳预算目标，分别超额完成 8% 和
　13%。——译者注

的废弃物回收量也比 2000 年增加了近 4 倍（英国商业、能源和工业战略部，2018）。

这一进步得益于许多低碳技术成本的下降。在许多国家，太阳能和风能等可再生能源的成本与煤炭和天然气相当；如今的节能灯泡比 2010 年便宜 80% 以上；电动汽车电池组的成本在这段时间内下降了 70% 以上（英国商业、能源和工业战略部，2018）。

由于技术进步，新的高价值职业、企业和组织应运而生。同时，这也推动了英国经济中新兴的、技术创新的、高增长和高价值的"低碳"行业的发展。

1）在低碳企业及其供应链中提供有超过 43 万个工作岗位，员工遍布全国各地（英国商业、能源和工业战略部，2018）。

2）通过国内举措、气候外交和财政支持，英国在展示应对气候变化的国际领导力方面发挥了关键作用（英国商业、能源和工业战略部，2018）。

3）英国认识到气候变化不仅是一个环境问题，而是经济和政治问题。英国利用其世界领先的经济、科学技术，引导全球讨论气候变化，例如英国在 2006 年《斯特恩报告》中为气候行动提供了经济理由，这一行为具有里程碑意义（《斯特恩报告》，2006）。

4）英国还利用其影响力和资源帮助发展中国家实现清洁增长，正如英国商业、能源和工业战略部所说：迄今为止，我们的行动将在项目生命周期内减少近 5 亿 t 碳排放，这一数量超过法国全年的排放量。虽然我们没有将这些成果计入我们的国内目标，但我们可以为英国对全球气候行动的承诺所带来的积极影响感到自豪（英国商业、能源和工业战略部，2018）。

5）在欧洲，每 5 辆电动汽车中就有一辆是英国制造的（英国商业、能源和工业战略部，2018）。

1. 英国的机遇与挑战

英国在确保达成 2015 年《巴黎协定》（《联合国气候变化框架公约》，2015）方面发挥了核心作用，在该协定中，193 个国家（占全球经济活动的 90% 以上）首次达成了将全球气温升幅控制在 2℃ 以下的国家目标（英国商业、能源和工业战略部，2018）。

政府和企业未来几十年政策和决策的重点，都是使行动和投资都有益于履行《巴黎协定》，确保未来向清洁增长转变（英国商业、能源和工业战略部，2018）。

据估计，如果已签署《巴黎协定》的国家要实现其国家目标，在2015—2030年，仅全球能源行业就需要约13.5万亿美元的公共和私人投资（英国皇家政府，2017）。

特朗普政府于2019年11月正式通知联合国，他们将于12个月后退出《巴黎协定》。2020年11月美国总统大选的结果将左右该举措的实施。这一决定引起其他协议签署国的强烈谴责。其他签署国仍有强烈参与意愿，但由于美国是西方最大的经济体，人们担心美国削减预算会影响长期目标的实现以及影响国际合作。

英国完全有能力抓住这一经济机遇。在清洁增长方面的早期行动意味着英国已经建立了广泛的低碳产业，包括一些处于世界领先地位的行业（英国政府，2017）。

从2015年到2030年，英国低碳经济的年增长率约为11%，是其他经济体的4倍。到2030年，可实现600亿至1700亿英镑的商品和服务出口贸易额。这代表低碳经济在英国的工业战略中发挥核心作用，可在现有优势的基础上推动国内经济增长，提高收入效益（英国商业、能源和工业战略部，2018）。

当然，减少空气污染还有相当多的额外效益，比如更干净的空气带来更清洁的环境，从而改善公众健康，减轻国家医疗服务体系的压力，并协助经济发展。

迄今为止，英国已经在能源生产和废弃物管理领域中取得了进步。现在扩展低碳经济需要在其他产生温室气体的重要领域推进，包括交通、商业和工业。如果不在所有行业推广低碳经济，英国将很难实现其设定的碳预算。

2. 英国《工业战略绿皮书》

正如《工业战略绿皮书》所述，在采取一切减排行动的同时，必须确保英国经济保持竞争力，确保英国的能源是可负担的，这至关重要（英国政府，2017）。

2017 年 8 月，英国政府委托 Dieter Helm CBE 教授对能源成本进行独立审查并形成报告。该报告提出了实现政府碳排放目标的方法，并以最低的成本为工业和国内消费者提供保障；对"清洁增长战略"的进一步发展提出了建议，重点关注供应安全以及与低碳市场相关的能源政策法规（Helm，2017）。

能源市场改革计划（EMR）就是在这项研究的基础上产生的，政府对市场运作方式采取了更为直接的控制，并制定政策来加速绿色替代能源的应用。

因此，"RE100 计划"等倡议已成为像乐购这样的全球化公司的"催化剂"，促使它们 100% 使用可再生能源，以此作为管理和减少碳足迹的关键举措。

另一个迫在眉睫的挑战是，在政府履行对英国人民的承诺时，如何控制脱离欧盟所带来的影响。英国政府曾提出：脱离欧盟不会影响我们根据《2008 年气候变化法》做出的法定承诺。事实上，国内约束性减排的目标比欧盟法律规定的目标更加宏伟。英国与欧盟的未来关系以及我们参与欧盟排放交易体系等领域的长期形式有待确定（英国政府，2008）。

3."移动中的欧洲"

在 2017 年 9 月的"欧盟国情咨文"中，欧盟委员会主席容克在创新、数字化和去碳化方面提出了欧盟及其产业成为世界领导者的目标（欧盟委员会，2018）。

支持欧洲交通运输行业发展的主要事实和数据如下。

1）交通运输行业有 1100 万从业人员，占欧盟总就业人数的 5%。

2）公路运输占货运活动总量的 50%。

3）交通占家庭总支出的 13%。

4）从 2010 年到 2050 年，客运预计增长 42%，货运预计增长 62%。

在 2017 年 5 月和 11 月"移动中的欧洲"战略基础上，容克担任主席的欧盟委员会提出了第三套措施（也是最后一套措施），目的是让所有欧洲人都能从更安全的交通、更环保的车辆和更先进的技术解决方案中受益，同时提高欧盟工业的竞争力（《新移动》，2020）。

相关举措包括：未来道路安全整合政策，包括车辆和基础设施安全措施；有史以来首个重型车辆碳排放标准；欧洲电池开发和制造战略行动计划；互联和自动交通前瞻性战略（欧盟委员会，2018）。

通过第三次"移动中的欧洲"战略，欧盟委员会完成了其雄心勃勃的交通现代化议程——一个向清洁、有竞争力和互联交通的社会公平过渡的议程（欧盟委员会，2018）。

在这一系列政策措施中，有一项明显缺失，那就是报废哪些环保不达标的老旧车辆。

在英国，7.5~40t 的商用车辆超过 35 万辆。不幸的是，其中超过 60% 的车辆（21 万辆）低于欧 3 标准，超过 10% 的车辆还被登记为"非法上路"，即无法运行（汽车制造商和贸易商协会）。

这意味着如果英国 2/3 的商用车公司（运营车队）进入新规定的零排放区，将面临巨额罚款，在伦敦将是每天 100 英镑。这对于每一个商业经营者来说都是无法接受的。

不难想象，在欧洲大陆的其他地区，这些不受英国 O 许可证[⊖]法律限制的旧车受到的罚款将与英国一样高，甚至更高。这意味着金属回收行业有机会处理和回收超过 100 万辆汽车的可用部件，并在此过程中创造就业机会，这些就业机会可作为货运港口概念发展的一部分进行探索，第 5 章将对货运港口概念进行更详细的介绍。

在媒体报道中，许多现任欧盟委员都对"移动中的欧洲"战略目标表示赞赏，但在加速实现无碳交通政策的目标方面，缺乏针对老旧车辆的报废政策。

当英国脱欧过渡期于 2020 年 12 月 31 日结束时，英国政府应认真审查车辆报废问题，将其作为更新交通政策的一部分。

　⊖　O 许可证是在英国使用总质量超过 3.5t 的车辆用于有偿运输或出租必须持有的许可证。

4.6 小结

- 全球碳捕集与封存研究院的研究表明，自工业时代以来，释放到大气中的二氧化碳水平显著增加。除非我们采取措施降低这一水平，否则世界将继续经受气候变化的影响（全球碳捕集与封存研究院，2018）。

- 2019年，欧盟委员会首次提出重型车辆碳排放标准，从而完成了低排放交通系统的议程。这是重型车辆首次受到（EU）2019/1242法规的约束。

- "移动中的欧洲"一揽子计划（图4.10）形成了一整套连贯的政策，以解决交通系统中许多相互关联的问题。比如，欧盟委员会于2017年5月提议降低道路收费来奖励应用最环保的车辆（欧盟委员会，2018）。

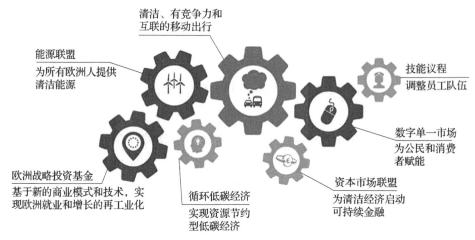

图4.10 "移动中的欧洲"

注：来源于UNFCCC，2015。

- 欧洲结构与投资基金为交通提供了700亿欧元，其中390亿欧元用于支持低排放交通，仅低碳和可持续城市交通就占120亿欧元。根据"地平线2020"研究计划，64亿欧元可用于低碳交通项目（欧盟委员会，2018）。

- 英国是最早认识到气候变化对经济和安全的威胁并采取行动的国家之

一。2008 年通过的《气候变化法》承诺，通过设定温室气体排放的五年限制（称为"碳预算"），到 2050 年，英国的温室气体排放量将比 1990 年降低至少 80%（英国政府，2008）。

- 英国是最早认识到气候变化不仅是一个环境问题，而且是一个经济和政治问题的国家之一，并利用其世界领先的经济、科学和技术来引导全球参与关于气候变化的讨论，例如，在 2006 年具有里程碑意义的《斯特恩报告》（Stern，2006）中提出了采取气候行动的经济原因。
- 要求运营商使用车辆能耗计算工具（VECTO）报告二氧化碳排放量，否则将面临巨额罚款（欧盟委员会，2019）。
- 欧洲应对交通部门减排挑战的办法是坚定地转向低排放交通。到 2050 年，交通部门的温室气体排放量必须比 1990 年减少至少 60%，并朝着零排放坚定前行。
- 政府关于欧 3 及以下排放标准车辆报废计划的遗漏是一个严重的判断错误，亟待重新考虑。

4.7　参考文献

BEIS（2018）Clean Growth Strategy. Retrieved from: https://www.gov.uk/government/publications/clean-growth-strategy/clean-growth-strategy-executive-summary（archived at https://perma.cc/T4RG-F7KN）

Carrington, D（2019）Tree planting 'has mind-blowing potential' to tackle climate crisis, *Guardian*. Retrieved from: https://www.theguardian.com/environment/2019/jul/04/planting-billions-trees-best-tackle-climate-crisis-scientists-canopy-emissions（archived at https://perma.cc/QHL4-TNZD）

Climate Central（2019）The 10 hottest global years on record. Retrieved from: https://www.climatecentral.org/gallery/graphics/the-10-hottest-global-years-on-record（archived at https://perma.cc/N2VV-P4VW）

EEA（2019）Greenhouse gas emissions from transport in Europe. Retrieved from: https://www.eea.europa.eu/data-and-maps/indicators/transport-emissions-of- greenhouse-gases/transport-emissions-of-greenhouse-gases-12（archived at https://perma.cc/XXP4-6MCR）

Energy and Climate Intelligence Unit（2020）Net zero: economy and jobs. Retrieved from: https://

eciu.net/analysis/briefings/net-zero/net-zero-economy-and-jobs（archived at https://perma. cc/7EQS-CA7J）

EPA（nd）Global Greenhouse Gas Emissions Data. Retrieved from: https://www.epa.gov/ ghgemissions/global-greenhouse-gas-emissions-data（archived at https://perma.cc/KHY5-V3YY）

European Commission（nd）Transport emissions. Retrieved from: https://ec.europa.eu/clima/ policies/transport_en（archived at https://perma.cc/4ZCS-GV87）

European Commission（2016）Commission publishes strategy for low-emission mobility. Retrieved from: https://ec.europa.eu/transport/themes/strategies/news/2016-07-20-decarbonisation_en（archived at https://perma.cc/LCP8-EH9C）

European Commission（2018）Europe on the Move. Retrieved from: https://ec.europa.eu/ commission/news/europe-move-2018-may-17_en（archived at https://perma.cc/2VT6-E8YW）

European Commission（2019a）Reducing CO_2 emissions from heavy duty vehicles. Retrieved from: https://ec.europa.eu/clima/policies/transport/vehicles/heavy_en（archived at https://perma. cc/N6RZ-WMUB）

European Commission（2019b）Vehicle energy consumption calculation tool - VECTO. Retrieved from: https://ec.europa.eu/clima/policies/transport/vehicles/vecto_en（archived at https://perma. cc/4WTV-VXJY）

European Parliament（2019）CO_2 emission standards for heavy-duty vehicles, European Parliament, Strasbourg

Global CCS Institute（2018a）Meeting the climate challenge with CCS. Retrieved from: https:// www.globalccsinstitute.com/why-ccs/meeting-the-climate-challenge/（archived at https://perma. cc/3QMX-4YPP）

Global CCS Institute（2018b）CCS is a climate change technology. Retrieved from: https://www. globalccsinstitute.com/why-ccs/what-is-ccs/（archived at https://perma.cc/86QE-YUTQ）

Helm, D（2017）Cost of energy review, *Gov. Uk*. Retrieved from: https://www.gov.uk/government/ publications/cost-of-energy-independent-review（archived at https://perma.cc/B78W-V9SH）

HM Government（2008）Climate Change Act 2008, HM Government, London

HM Government（2017a）*The Clean Growth Strategy*, HM Government, London

HM Government（2017b）Industrial strategy: building a Britain for the future. Retrieved from: https://www.gov.uk/government/publications/industrial-strategy-building-a-britain-fit-for-the-future（archived at https://perma.cc/M7MK-VHLE）

Icopal Noxite（nd）Nitrogen oxide（NOx）pollution. Retrieved from: http://www.icopal-noxite. co.uk/nox-problem/nox-pollution.aspx（archived at https://perma.cc/8DJ9-XPVE）

IEA（2017）*The Future of Trucks*, IEA, Paris. Retrieved from: https://www.iea.org/reports/ the-future-of-trucks（archived at https://perma.cc/7ZWA-ULSJ）

IPCC（2018）Global warming of 1.5℃. Retrieved from: https://www.ipcc.ch/sr15/（archived at https://perma.cc/J3SH-Y64M）

Lindsey, R（2020）Climate change: atmospheric carbon dioxide, *Climate.gov*. Retrieved from: https://www.climate.gov/news-features/understanding-climate/climate-change-atmospheric-carbon-dioxide（archived at https://perma.cc/MQM6-VD2T）

New Mobility（2018）EU undertakes third and final set of actions to modernise Europe's transport system. Retrieved from: https://www.newmobility.global/future-transportation/eu-undertakes-third-final-set-actions-modernise-europes-transport-system/（archived at https://perma.cc/6J3M-SEWG）

Ritchie, H and Roser, M（2017）Our World in Data: CO_2 and greenhouse gas emissions, University of Oxford. Retrieved from https: https://ourworldindata.org/co2-and-other-greenhouse-gas-emissions（archived at https://perma.cc/4VWX-A3VL）

SMMT（nd）Heavy goods vehicle registrations. Retrieved from: https://www.smmt.co.uk/vehicle-data/heavy-goods-vehicle-registrations/（archived at https://perma.cc/5FR3-WNZS）

Stern, N（2006）*The Economics of Climate Change: The Stern Review*

UNFCCC（2015）Report of the Conference of the Parties on its twenty-first session, held in Paris from 30 November to 13 December 2015, UNFCCC, Paris

第5章
基础设施的挑战和政府的作用

本章将向读者介绍以下内容。

- 清洁空气区和超低排放区。
- 货车与轿车的污染水平比较。
- 纯电动商用车与内燃机（ICE）的相关成本。
- "最后一英里"城市运输的挑战。
- 政府和私营单位在建立支持低排放区（LEZ）的相关基础设施活动中的作用。
- 城市物流中心（UCC）的影响。
- "货运质量合作伙伴关系"（FQP）和"货运港"。

5.1 欧洲和英国清洁空气区及合规情况

国际清洁交通理事会（International Council on Clean Transport）报告了一项基准研究，该研究显示了世界主要市场车辆的相对燃油经济性。欧洲致力于成为车辆燃油效率最高的汽车市场，日本则声称已经实现了这一目标。然而，在实现碳中和交通系统的竞赛中，燃油效率已被空气污染和其他环境问题所取代。今天，我们看到的是世界各地的城市都在设计和实施清洁空气区、零排放区或低排放区。

建立清洁空气区、零排放区或低排放区，并对违规行为进行重罚，是碳税征收管理的一个很好的例子，同时也是政府认真考虑对老旧货车实行报废政策的一个理由，类似于几年前对乘用车实行的报废政策。

2018 年，英国汽车制造商和贸易商协会（SMMT）的统计数据研究表明，英国超过 60% 的重型货车排放标准为欧 3 或以下级别。这一事实的影响是，超过 25 万辆注册货车如果冒险进入正在建立的低排放或清洁空气区，每天将被处以巨额罚款（英国汽车制造商和贸易商协会）。

1. 欧洲清洁空气区

2020 年，在欧洲大陆，我们看到对不符合环保标准的车辆越来越多地实施严格的禁令。德国科隆、斯图加特（奔驰和保时捷的故乡）等城市正在全市范围内实施禁令。

这一活动背后的空气质量法律诉讼是由一个名为德国环境行动（DUH）的组织发起的。该组织的活动资金主要来自中央和地区政府以及丰田公司的捐款。然而，在我们放弃柴油汽车之前，值得考虑一些关于柴油汽车的事实，很多人都认为柴油汽车是汽油汽车的良好替代品，而且还能带来税收优惠。

2015 年 9 月，欧洲开始强制使用欧 6 发动机车辆。采用欧 6 发动机的货车非常清洁，由于其柴油微粒过滤器具有过滤作用，在许多城市几乎可以充当微粒吸尘器。

国际清洁交通理事会（ICCT）2017 年 5 月报告称，现代柴油汽车产生的有毒空气污染比现代重型货车高出 10 倍。目前，欧 6 货车的氮氧化物排放量约为 210mg/km，不到欧 6 标准汽车（据报道约为 500mg/km）的一半（国际清洁交通理事会，2017）。

每升燃料氮氧化物排放量的大幅减少是反映实际运行情况的认证测试的结果。与欧 6 轿车相比，欧 6 货车在日常运行中的氮氧化物排放量不会明显高于其认证水平。柴油在运输业中仍然占有一席之地，而且在未来许多年中仍将如此。

对市场影响最大的将是石油公司和能源公用事业公司。根据英国石油公司（BP）的数据，2019 年全球每天消耗近 1 亿桶石油，如图 5.1 所示（英国石油公司，2019）。

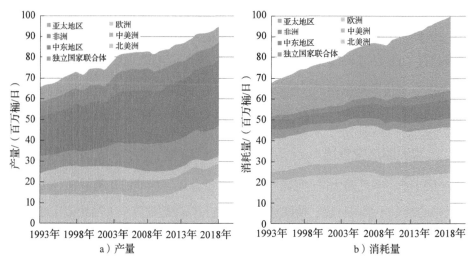

图 5.1 按地区划分的全球石油产量和消耗量

注：来源于 BP 公司，2019。

其中，包括汽运、航运在内的运输部门占 60%。其余部分由工业（25%）、住宅和商业地产（10%）以及电力（6%）消耗组成（国际能源署，2019）。

从 2000 年到 2024 年的 5 年中，石油将与煤炭和天然气一起继续主导能源的使用。石油仍将是全球能源系统的支柱。然而，据国际能源署预测，到 2030 年，全球商用车柴油每天的需求量将减少 300 万桶，相当于目前需求量的 40%（国际能源署，2017）。

在 2020 年至 2030 年的 10 年过渡期内，运输部门将开发和试用各种替代能源。将在天然气替代品（如压缩天然气和液化天然气）领域取得进展，同样，生物柴油和生物乙醇仍将是部分替代品。但这两种替代品都不会对石油的主导地位产生重大影响（国际能源署，2017）。

2. 汽车制造企业——未来汽车设计的发展

汽车制造企业必须对当前的动力总成平台进行改装，以便使用天然气产品，而能源分配供应商则必须对加注基础设施进行大量投资。请记住，19 世纪的工厂花了 50 年时间才从蒸汽动力转换为电力。

国际社会共同致力于通过低碳实现未来经济增长。中国计划到 2030 年将碳排放强度降低 65%，在同一时间内，印度打算用非化石燃料生产 40% 的能源（《气候行动追踪》）。

家庭购物、电子商务和送货上门物流的发展需要"零尾气排放"的"智能"送货车和轻型货车，从而加强了对可充电的纯电动汽车的需求。在城市中使用 BEV 非常有意义，因为它们的运行路程相对较短。

随着车辆设计的改变和对内燃机汽车所需零部件要求的提高，许多零部件将变得多余，如冷却液泵、垫片、橡胶软管、排气管、滤清器、变速器、发动机、活塞、制动器和离合器等，在有些情况下甚至包括车外后视镜。2018 年 10 月，梅赛德斯 – 奔驰成为第一家采用 "MirrorCams"（一种利用摄像头在车门液晶屏上显示后方视野的系统）取代传统车门外后视镜的货车制造商（Blakemore，2018）。

这些传统零部件的减少将对传统的一级和二级供应商产生巨大影响。这也是运营商在权衡柴油动力货车与 BEV 的成本时必须考虑的一部分。

5.2 货车的未来

2017 年，美国、欧洲和亚洲等主要市场的商用车销量约为 270 万辆。据估计，轻型商用车的销量是中型和重型货车的两倍。预测显示，到 2030 年，欧洲城市轻型货车的销量将达到总销量的 35%。在全球范围内，电动货车预计将占全球货车销量的 15%（IEA，2017 年）。

1. 电动汽车成本比较和应用率

McKinsey 在 2019 年预测，2025—2030 年，许多国家的电动汽车运行成本将与柴油动力汽车和部分柴油货车持平（McKinsey，2019）。

最具成本效益的领域是轻型货车领域，对于每天行驶里程少于 200km 的货车，可避免高昂的电池成本。物流快递、小型零售业配送人员及自营水管工、电工、建筑工人以及公用事业公司的维修和维护人员将在电动汽车上市后立即在使用环节看到明显的经济效益（McKinsey，2019）。

在欧洲，重型货车细分市场将是最后一个实现电动货车与当前柴油货车平价的市场。地域特点将决定在欧洲、中国和美国实现成本平价的不同时间（McKinsey，2019）。

在美国，柴油和电力的成本差异意味着美国在重型货车应用领域中采用电动货车的时间将晚于欧洲。在重型货车领域，中国将是最后一个采用电动货车的国家，因为中国有更便宜的内燃机产品（McKinsey，2019）。

总体而言，汽车运营商转向电动汽车的速度预计将快于购买电动乘用车的私人消费者。这主要出于以下两个原因。

1）与车主相比，商用车辆运营商更关注运营成本。他们拥有并运营多辆汽车，要想在行业中具有竞争力，就必须关注油耗、路线规划和驾驶员风格等细节。现在，这些都可以通过车载远程信息处理系统进行有效监控。在2019年进行的电动重型货车研究中显示，在燃料成本比较中，每行驶100km的柴油燃料成本约为43欧元，而同等电动汽车的燃料成本仅为5欧元（LDV，2020）。

2）电动货车的初始投资较高，运营商愿意并能够支付较高的前期成本。目前，2.5L柴油3.5t厢式货车的价格约为1.5万欧元，而电动版的价格为6万欧元。但燃料和维护成本的大幅降低抵消了这一差价，例如两者的燃料和维护成本分别为80欧元和5欧元。此外，与不符合标准的柴油汽车相比，电动汽车更容易进入越来越多的城市低排放区或清洁空气区（LDV，2020）。

毫无疑问，新技术需要慢慢适应。驾驶员最初可能会耗尽电力，因为他们可能不会遵守充电时间表，也不知道如何节约能源。整车企业需要培训货车驾驶员如何以最佳方式有效操作这些新的动力系统。

2. 政府与行业合作的重要性

然而，短期内真正的挑战是行业和政府合作制定和实施相关法规，这不仅是未来实现低碳的必要条件，而且还是建立更好的基础设施的前提，基于此可实现可盈利和可持续的物流配送供应链的发展。

3. 城市物流中心（UCC）的发展

在《绿色物流》一书中，作者 McKinnon、Browne、Piecyk 和 Whiteing 指

出，城市物流中心的主要作用是避免货运车辆向城市地区运送部分货物。为实现这一目标，可在城区内或城区附近提供设施，将交付的货物（用于零售、餐饮、办公、住宅或建筑等领域）集中在一起，然后由适当的车辆运送到目标区域，并提高车辆的利用率。UCC还可提供一系列其他增值物流和零售服务（McKinnon等，2015）。

关于城市物流的历史研究大多集中在转运中心，并侧重于以公共共享用户为基础的传统散装货物转运形式；关注的重点是小型车辆的使用及使用小型车辆进行城市配送。然而，由于汽车、物流和分销业务面临的挑战威胁着汽车制造和组装业务的未来，并影响各层级供应链，因此，重新审视我们的长途和城市货运系统的运行方式绝对是当务之急。

UCC的范围虽然在寻求经济和环境可交付成果的目标方面值得关注，但不足以交付所需的创新交通基础设施。在未来5~10年内，UCC将有机会发展成为相关的能源创新中心（EIH）；目前已有一些能源创新中心的实例，如伯明翰的泰斯利能源园。能源创新中心不仅符合城市的清洁空气和环境目标，而且有可能使棕地[⊖]重新焕发生机，并创造成千上万个必要的就业机会，以取代现有整车企业失去的工作岗位。

在达格纳姆、南安普顿、布里根德和斯温顿，福特和本田工人的遭遇有目共睹。利物浦、桑德兰和索利赫尔将是下一个目标，我们需要听取那些对于亚洲电池制造商的崛起和主导越来越有发言权的专家们的意见。

亚洲电池生产商将主导未来的汽车产业格局，在哪里生产电池，汽车和货车就将在哪里组装。

除非英国正视这一挑战，否则英国汽车行业将面临失去超过25万个直接工作岗位的威胁。政府的作用是充当行动协调者，将有关各方聚集在一起，提供所需的运输基础设施（法拉第研究所，2019）。

4. 货运质量合作伙伴关系

除了尝试通过城市物流中心改善城市货运外，货运协会（FTA）还于

⊖　棕地（Brown field）指被开发、使用或污染的土地。

1996 年发起了一项名为"货运质量合作伙伴关系"（FQP）的倡议。该计划汇集了行业、地方政府和地方环境利益团体，旨在实现以下目标（McKinnon 等，2015）。

1）确定各利益团体认为与货物进入城市的运输和交付有关的问题。

2）确定各利益群体在其能力范围内解决或缓解这些问题的措施。

3）确定最佳实践措施和原则，供地方政府和行业采取行动，以促进在城镇和城市中以环保、经济和高效的方式运送货物。

1996 年，"货运质量合作伙伴关系"计划在英国的阿伯丁、伯明翰、切斯特和南安普顿的城市中心进行了测试。结果表明，"货运质量合作伙伴关系"计划的作用是有效地成为当地决策者、企业、货运经营者、环保团体、当地社区和其他利益相关者合作解决与运输有关的具体问题的一种手段。"货运质量合作伙伴关系"提供了一个平台，以实现环保、经济、安全和高效运输。合作伙伴可以交流信息并启动城市货运项目。

根据货运协会的报告，自 2008 年以来，英国已制定了 120 多个"货运质量合作伙伴关系"，并成功实施了一系列城市货运项目，包括以下的项目。

1）为货运经营者和货车驾驶员制作专业地图。

2）改进道路标识。

3）在停靠站和服务站设置路边信息板和在线货车信息。

4）审查停车和路边装载执法制度。

"货运质量合作伙伴关系"倡议在提高各方之间的沟通和对话水平方面取得了一定的成功，但它能否实现从化石燃料主导的运输生态系统向替代燃料，特别是电动汽车所主导的生态系统过渡，仍有待观察。

5.3 迈向现代交通的基础设施

成立于 2001 年的领先独立智库机构 Localis 认为，在全球范围内成功实现空气清洁的共同点是实现基础设施的核心作用。通过提高现有基础设施的效率和建设急需的新基础设施，地方可以将居民和企业转移到排放较低的交通工具上，或减少出行需求（Localis，2019）。

2019年2月，一份题为《现代交通基础设施战略》的文件中，确定了一项在巴黎推出的计划，该计划重点关注如何更好地管理"最后一英里"城市运输挑战。这需要城市规划者与配送和物流运营商之间高度协作，其潜在的环境效益是巨大的。

巴黎项目需要在城市边缘建造配送终端。在城市边缘的棕地正在兴建物流中心。其中一个名为 Chapelle International 的项目正沿着巴黎北站铁路网开展，开发项目包括工业、办公和住宅空间。又比如，在法国的中心地带，一个具有前瞻性思维的地方政府希望通过有效的合作方式，利用靠近公路和铁路的公共土地，开发一个创新的轻型货运集散站。

在英国，有许多这样的例子，棕地有可能被用于实施类似的基础设施项目计划。

1. "货运港口"——交通基础设施新理念

试想一下，在英国政府清洁空气政策的推动下，基础设施政策能够将汽车制造厂重新规划为"货运港"。"货运港"将是"再生工业和配送中心"，位于清洁空气区的边缘。它们将包括电动汽车充电中心、老式内燃机商用车和货车回收中心、电池制造厂、电池储存中心、碳捕获储存厂，并将得到太阳能发电厂的支持。

位于斯温顿东北部的本田制造工厂占地约370英亩（约150公顷），2019年5月，本田宣布将于2021年关闭该工厂。该厂有可能被重新规划为太阳能发电厂或新的工业"货运枢纽"。这将避免把太阳能发电厂建在耕地上（Chapman，2019）。

英国最大的太阳能发电厂——兰德米德太阳能农场建在阿宾顿附近的牛津郡东汉尼市的低级农田上，占地125英亩（约50.6公顷），该地块以前用于牧羊。兰德米德太阳能农场的发电量为46MW（兆瓦），足以为14000个家庭供电。在本田厂区一半的土地上重建太阳能基础设施，支持上述物流、分销和制造业的发展，将是一个现实的选择（Vaughan，2014）。

在英格兰中部和北部的城市中，可能有 10~12 家汽车厂也面临着与本田相同工厂冗余的情况。或许它们可以成为重大建设投资的替代方案，如希思罗机场的第三条跑道（耗资约 24 亿英镑）或新的高速铁路 2（高速铁路 2，即 High Speed 2，是英国正在建设的高速铁路项目的名称，简称 HS2，预计耗资约 1000 亿英镑）（英国广播公司新闻［BBC News］，2020）。

1）HS2 是欧洲最大的基础设施项目。这条高速铁路将连接伦敦和伯明翰，通往曼彻斯特和利兹（BBC News，2020）。

2）英国工党政府于 2003 年 12 月首次讨论建设伦敦希思罗机场 3 号跑道。经过环保人士和游说者的多次抗议，该项目于 2018 年获得政府批准，计划于 2028—2029 年完工（Saraogi，2019）。

与英国在上述项目上的大规模基础设施投资相比，重新规划多余的汽车工厂将对创造就业和环境改善产生显著的积极作用，而所需成本仅为上述项目的一小部分。

在这样一个充满想象力的工业中心，可预见的是，市中心内由重型货车带来的空气污染将彻底降低。在这里，从事新创造的"绿色技术"相关工作的工人将乘坐由受补贴的电动客车提供的免费交通上班。在这里，零排放能源平台提供动力实现长途配送，以满足现代城市配送需求。

2. 能源创新中心

未来的公共 / 私营投资计划将从这种综合规划和思维中产生。来自伯明翰市议会的能源创新枢纽计划和泰斯利能源园就是进步的市议会正在开发的一个优秀案例。

案例研究

伯明翰泰斯利能源园

泰斯利能源园（Tyseley Energy Park，TEP）是能源创新中心的一部分，该中心汇集了一批以绿色技术为主导的企业，作用是支持清洁空气和低排放交通。

以下信息来自泰斯利能源园总体规划（泰斯利能源园，2019）。

1. 一期工程

泰斯利能源园一期项目投资 4700 万英镑建造了一座 10MW 废木料生物质发电厂（图 5.2）。该发电厂为 Webster and Horsfall 公司的生产运营以及 16 英亩（约 6.5 公顷）的租户提供可再生电力。

图 5.2　泰斯利能源园 10MW 生物质发电厂

这为在该地建立分散可控的分布式能源系统奠定了基础。生物质发电厂创造了 19 个就业机会，并减少 7.2 万 t 废木材的填埋。所产生的可持续电力相当于 1.7 万户当地家庭用电量。

2. 二期工程

泰斯利能源园二期工程建设了英国首个低碳和零碳加注站（图 5.3）。该加注站位于市中心和伯明翰机场之间，地理位置优越，为公共和商用车辆提供了一系列低排放的可持续燃料。

图 5.3　低碳和零碳加注站

注：来源于泰斯利能源园，2019。

加注站提供的燃料包括 ITM Power（总部设立在英国的储能和清洁燃料公司）的氢气、压缩天然气，以及减少排放的即用型生物柴油，如 Certas Energy 的壳牌 GTL 可持续燃料，还提供商用充电桩。

3. 三期工程

为使城市工业更加环保，第三期工程将利用与全市电网基础设施相连的清洁能源，开发下一代废弃物再处理技术。厂区内产生的电力将来自可再生能源，包括一期工程的生物质发电厂和三期工程的垃圾发电厂。

这些清洁能源将用于支持 Webster and Horsfall 集团制造业务的增长，实现其可持续发展目标并降低产品单价。

4. 四期工程

伯明翰大学创新中心将坐落于泰斯利能源园厂区四期。大楼的第一期将为围绕热能储存、战略要素和关键材料、氢和燃料电池以及热催化重整的研究设施提供空间（图 5.4）。

图 5.4　储能装置

注：来源于泰斯利能源园，2019。

该中心还将配置支持教学和业务发展的设施。后期发展项目包括企业孵化空间、技能学院和社区中心。该中心将帮助企业成功应对交通、能源和循环经济领域正在发生的变革。

5.4 城市规划和城市基础设施改造的重要性

清洁空气区、拥堵区和零排放区将禁止不符合要求的车辆进入城市，随着这些区域的加速建设和采用，毫无疑问，城市规划者将把注意力集中在如何通过有效的基础设施发展，以最佳方式改变城市交通。波士顿咨询公司在其关于"未来技术及其将如何改变交通"的报告中描述了按需交通将如何需要一个新的交通生态系统（波士顿咨询公司，2018）。

这将需要交通管理控制中心、接送枢纽（货运港）、专用自动驾驶车道、专用车辆及相关保险和金融服务，以及提供客户界面、路线和行程分配以及支付处理的技术平台。本地/区域运营占成本比例最大，有可能成为差异化竞争的关键。

能否实现零排放在很大程度上取决于城市是否积极塑造未来交通生态系统。要想取得成功，城市需要设计实施综合交通战略，通过相关合作伙伴关系打造未来的交通生态系统，积极管理交通和满足消费者需求，并确保公平、公正的竞争。这将包括确定公共交通机构和按需出行公司各自的定位。

城市必须优先投资建设充电点、专用 AV 车道和多式联运枢纽，确保提供所需的基础设施。这些变化要求城市找到新的方法来准确衡量通勤需求和交通模式。

5.5 小结

- 清洁空气区和超低排放区正在伦敦以外的城市出现，并将继续对违规车辆实施处罚，直至实现零排放。

- 在未来 10 年内，轻型和中型商用车领域的大多数纯电动汽车可以实现与柴油动力汽车同等成本。

- 城市"最后一英里"配送挑战需要城市规划者与配送和物流运营商之间的高度协同与合作。

- 城市集运中心和"货运质量合作伙伴关系"为创新运输解决方案指明

了方向。

- "货运港"给位于城市清洁空气区外围的创新型工业/商业园区创造了数千个零排放工作岗位，以取代多余的汽车工厂。
- 伯明翰市和巴黎是未来能源创新中心如何建立面向未来的相关交通基础设施生态系统的典范。

5.6 参考文献

BBC News（2020）HS2: When will the line open and how much will it cost? Retrieved from: https://www.bbc.co.uk/news/uk-16473296（archived at https://perma.cc/Y5FV-N3FS）

BCG（2018）By 2035, new mobility tech will drive 40% of auto industry profits. Retrieved from: https://www.bcg.com/d/press/11january2018-automotive-profit-pools-180934（archived at https://perma.cc/V7FR-LXZJ）

Blakemore, T（2018）New Mercedes Actros pioneers mirrorcams and more, *The Truck Expert*. Retrieved from: https://thetruckexpert.co.uk/new-mercedes-actros-pioneers-mirrorcams-and-more/（archived at https://perma.cc/C6XM-USJA）

BP Plc（2019）*BP Statistical Review of World Energy*, BP Plc, London

Chapman, B（2019）Honda to close Swindon plant by 2021 with loss of 3,500 jobs, *Independent*. Retrieved from: https://www.independent.co.uk/news/business/honda-swindon-manufacturing-plant-closure-jobs-employees-latest-a8911766.html（archived at https://perma.cc/79UC-5JPT）

Climate Action Tracker（nd）Country Tracker – China. Retrieved from: https://climateactiontracker.org/countries/china/（archived at https://perma.cc/VVT5-YMHL）

Faraday Institution（2019）*UK Electric Vehicle and Battery Production to 2040*, Faraday Institution, Cambridge

ICCT（2017）[Press release] European Union: Emissions of toxic nitrogen oxides by Euro 6 diesel passenger cars are more than double modern diesel trucks. Retrieved from: https://theicct.org/news/press-release-EU-NOx-emissions-HDV-LDV-comparison（archived at https://perma.cc/ET6X-JPH5）

IEA（2017）The Future of Trucks. Retrieved from: https://www.iea.org/reports/the-future-of-trucks（archived at https://perma.cc/LG8C-EBH8）

IEA（2019）Global Energy & CO_2 Status Report 2019. Retrieved from: https://www.iea.org/reports/global-energy-co2-status-report-2019（archived at https://perma.cc/2LSR-WXTK）

LDV（2020）LDV marketing, Sheffield

Localis（2019）A modern transport infrastructure strategy. Retrieved from: http://www.localis.

org.uk/research/modern-transport-infrastructure-strategy/（archived at https://perma.cc/NNT5-32B8）

McKinnon, A *et al*（2015）*Green Logistics: Improving the environmental sustainability of logistics*, Kogan Page, London

McKinsey（2019）Global Energy Perspective 2019: Reference Case. Retrieved from: https://www.mckinsey.com/industries/oil-and-gas/our-insights/global-energy-perspective-2019（archived at https://perma.cc/8QNE-YAK9）

Saraogi, V（2019）The Heathrow Airport expansion timeline: how far have we come? *Airport Technology*. Retrieved from: https://www.airport-technology.com/features/the-heathrow-airport-expansion-timeline/（archived at https://perma.cc/22QS-WLFN）

SMMT（nd）Heavy goods vehicle registrations. Retrieved from: https://www.smmt.co.uk/vehicle-data/heavy-goods-vehicle-registrations/（archived at https://perma.cc/LD27-UV8L）

Tyseley Energy Park（2019）Tyseley Energy Park Masterplan. Retrieved from: https://www.tyseleyenergy.co.uk/masterplan/（archived at https://perma.cc/69F3-EUSD）

Vaughan, A（2014）UK's biggest solar farm connects to national grid, *Guardian*. Retrieved from: https://www.theguardian.com/environment/2014/dec/19/uks-biggest-solar-farm-connects-to-national-grid（archived at https://perma.cc/F4ZB-9PM7）

第6章
全球电池市场的"冲击波"

本章将向读者介绍以下内容。

- 到 2030 年电池市场的价值。
- 全球现有千兆工厂的位置。
- 英国电池制造业的重要性。
- 汽车行业的就业危机。
- 稀土材料。
- 锂离子电池与固态电池。
- 成组电池组与定制电池组。

6.1 电池制造的战略重要性

各国政府都在寻求二氧化碳减排解决方案，致力于用电动汽车（EV）取代化石燃料汽车。许多汽车制造商也承诺停止生产和销售内燃机汽车。今天问题不再是这种转变是否会发生，而是未来大部分电动汽车将在哪里生产（法拉第研究所，2019）。

彭博新能源财经在 2019 年表示，2018 年售出超过 200 万辆电动汽车，而 2010 年仅有数千辆（该数字包括插电式混合动力汽车）。彭博新能源财经预测，2025 年乘用电动汽车销量将增至 1000 万辆，2030 年增至 2800 万辆，2040 年增至 5600 万辆。

这意味着到 2040 年，全球新销售的乘用车 57% 将由电力驱动，全球汽车保有量（包括营运车队）的30%将由电力驱动（彭博新能源财经，2019）。

　　彭博新能源财经预计到2040年，56%的新销售的轻型商用车和31%的新销售的中型商用车也将是电动的。用于长途运输的重型货车面临着不同的挑战，因为增加的电池重量会对续驶里程和有效载荷产生不利影响。由于充电时间延长，"周转时间"也会受到影响。预计天然气和氢燃料电池将在重型运输中发挥重要作用（彭博新能源财经，2019）。

　　由于电动汽车销量激增，市场对锂离子电池的需求也将相应增加（图6.1），这也将促进电池价格下降。中国将继续在电池生产能力方面保持领先地位，欧洲将成为第二大电池制造地区。

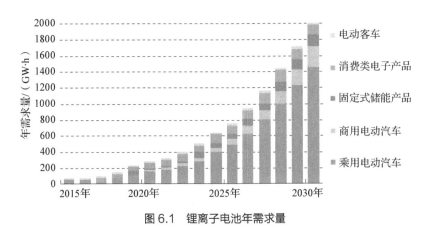

图6.1　锂离子电池年需求量

注：来源于彭博新能源财经（BloombergNEF），2019。

　　锂储量足以满足2020年前的需求。此后，随着对稀土材料需求的持续增长，钴和镍的开采量将不可避免地增加。目前正在开发的固态电池有望以更轻的重量或更高的能量密度提供更高的功率（可能是锂离子电池的两倍）。丰田、宝马、本田和现代等主要汽车制造商正通过与研发机构、电池材料制造公司和电池制造商合作，投资于技术开发。不过，基于固态电池的电动汽车预计完全商业化尚需时日。

　　目前，英国还没有电池千兆工厂，特斯拉决定在德国柏林建设其首个欧洲千兆工厂。马斯克在接受《汽车快报》采访时说，英国脱欧的不确定性使得在英国建造千兆工厂"风险太大"。此前，特斯拉首席执行官马斯克刚刚宣布将柏林选为该公司首个欧洲工厂的厂址（Asher Hamilton，2019）。

对于英国来说，这对汽车制造业的数十万个工作岗位以及相关的各级供应链构成了重大风险。

很明显，这条道路上还存在着巨大的障碍。

《Autocar》援引伯明翰大学商业经济学教授大卫·贝利（David Bailey）的话说："由于以下原因，我们面临着错失良机的严重危险。英国脱欧是个严重问题，而且我们在电动汽车的普及和基础设施建设方面也落后了。我们靠什么吸引公司在这里投资建设大型电池工厂？"（Autocar，2020）。

对英国未来的汽车和商用车制造至关重要的是电池的生产地点。汽车制造业的衰落和英国成为汽车进口国将对英国经济产生负面影响，并造成贸易逆差。

随着全球汽车行业对气候变化以及政府和监管机构的要求做出回应，政府和监管机构正在引入零排放区域，禁止在城市和市区环境中使用不符合要求的车辆。决定未来电动汽车生产地点的是电池生产的地点。

目前，电动汽车制造以及电池技术知识和生产能力主要集中在亚洲。

本章旨在详细介绍电动汽车电池制造领域的主要参与者、目前的市场价值以及 2050 年及以后的市场价值。

自 20 世纪 90 年代以来，我们看到其他行业也经历了命运的突变。1998 年 10 月，诺基亚是全球最畅销的手机品牌，年利润从 1995 年的 10 亿美元增至 1999 年的约 40 亿美元。然而，2007 年苹果公司推出了第一款智能手机——iPhone。到 2013 年，诺基亚的市值下降了 90% 以上，最终被微软收购。简而言之，诺基亚未能看到智能手机的出现和后续需求（Multiplier，2018）。

在电子音像市场上，Betamax 和 VHS 之间展开了一场"皇室战争"。索尼公司于 1975 年推出了 Betamax 卡式录像机格式，JVC 于 1978 年推出了 VHS 格式。尽管索尼拥有更好的视频和音频质量，但 VHS 凭借其更低的价格和更长的录制时间赢得了最初的竞争。索尼公司一直生产 Betamax 录像机直至

2002 年，而此时 VHS 也即将被 DVD 和数字录音机取代。

这些技术进步带来的结果是，像 Blockbuster Video 这样的实体零售店迅速衰落，而亚马逊作为市场领先的全球电子商务零售商异军突起。

据了解，锂离子电池技术是 2020 年电动汽车电池的领先技术，在推动乘用电动汽车的普及方面发挥了重要作用。锂离子电池的特点是能量密度高、充电保持能力强、维护要求低。然而，有迹象表明，这种主导地位在逐渐消失（Future Bridge，2019）。

在本章中，我们将继续探索下一代电池技术，以应对成本、重量、燃烧等方面的挑战。我们还要探讨更可持续和人性化的采购策略，这些策略对于购买稀土材料是必需的，而这些稀土材料将用于满足 2050 年及以后的大量需求。

目前许多从事汽车制造、供应链、物流、分销和运输行业相关工作的人员，自认为对电动汽车行业有所了解，但很难说出几家电动汽车电池供应商的名字。

电池技术起源于日本，随后在韩国得到进一步发展，但世界电动汽车电池生产中心正在向中国转移。中国的电池生产在全球生产中所占份额已经超过日本，其全球市场份额正逐步逼近 70%（Perkowski，2017）。

特斯拉与日本松下联合在美国内华达州成功创建了首个千兆工厂。韩国三星和 LG 化学也是参与者。现在，中国的比亚迪公司越来越被公认为世界上最大的电动汽车电池制造商。

除这些主要企业外，中国目前还有 140 多家电动汽车电池制造商，他们正在打造一个在未来 20 年内价值将飙升至 2400 亿欧元的市场（Perkowski，2017）。

6.2　了解混合动力汽车与内燃机汽车

要了解内燃机汽车向纯电动汽车的过渡，就必须对纯电动汽车和内燃机汽车产品之间的技术差异有一个基本的了解。

这些信息不仅能提高人们对新兴供应商前景变化的认识，还能让负责未来采购决策的人员了解如何为其所负责的运营领域做出最佳选择。

如今，购买传统的内燃机货车或轿车，除了需要了解车辆的剩余价值、日常维护以及总体拥有成本（一种统计学术语）因素外，还需要了解一些基本的汽车知识。在管理重型货车的运营时尤其如此。我们也可以探讨一下纯电动汽车需要考虑的因素。

1. 购买纯电动汽车

若要确定购买纯电动汽车所需的决策因素，需要对占汽车成本 40%~50% 并对其运行至关重要的部件，即动力电池系统有更多了解。

纯电动汽车主要购买决策因素如下。

1）能提供多长的续驶里程？

2）充电时间是多少？

3）动力总成配置是商品组件还是可以定制的？

4）在寒冷天气条件下，续驶里程会受到影响吗？

5）哪些附加选项会影响性能？例如座椅加热、车窗除霜、后视镜加热等。

这些都是纯电动汽车买家未来面临的关键决策因素。

2. 稀土材料——生产活动中心

汽车制造商正面临着打造最佳电动汽车动力总成的挑战。这一挑战也是材料采购方面的挑战，因为这一领域非常依赖稀土材料的供应。

未来，电池生产千兆工厂、研究实验室和初创企业将不断涌现，给传统汽车制造商带来冲击。

成功的企业可以将自己定位为 21 世纪的壳牌（Shell）或英国石油（BP），竞相打造一个价值万亿美元的产业。在详细了解全球新兴汽车和替代燃料产业发展之前，有必要了解主要地区市场的现状（国际能源署，2017）。

电池行业有以下三个区域活动中心。

1）亚洲，包括中国和印度。

2）欧洲。

3）美国。

6.3 新型重型货车的全球市场

在全球范围内，小型货车的销量是中型货车和重型货车销量总和的两倍多。在中型货车和重型货车之间，全球销售份额分布大致均匀，但在国家和地区层面存在很大差异。

2015 年，中型货车约占欧盟市场重型货车销量的 1/5；在美国，两者的比例为 1：1；在东南亚国家联盟（简称东盟）各成员国，中型货车和重型货车的销售份额约占总销量的 3/4。

由于国家和地区分类框架的差异，以及多式联运和重型联运在公路货运活动和能源使用中所占的份额最大，本节仅关注重型，即多式联运和重型联运货车的销售情况。

自 21 世纪初以来，全球重型货车注册量（包括新车销售和二手车进口）增长了约 60%，从 2000 年的 270 万辆增至 2015 年的近 440 万辆。

金融危机期间，重型货车的全球销量下降了 10%，但在随后的两年中又大幅反弹。事实上，在全球销量下降的同时，中国在 2009 年超过美国和欧盟，成为全球最大的重型货车销售市场。

1. 亚洲——中国

在中国，货车制造业的集中程度远不及美国和欧盟。2008—2009 年，中国的销量增长了 75%。随后几年，中国的市场份额继续快速增长；到 2015 年，中国占全球重型货车新车销量的 20%。

如图 6.2 所示，中国没有一家制造商的市场份额超过 12%。2000—2010 年，中型货车的份额迅速下降，大约从 50% 降至 15%。

图 6.2 中国重型货车销量

注：来源于 IEA，2017。

2. 印度

与其他市场相比，印度的行业整合更为明显。四家制造商占中型和重型货车销量的 95% 以上，如图 6.3 所示。塔塔在印度货车市场占据主导地位，康明斯发动机占重型货车发动机销量的 1/3 以上。

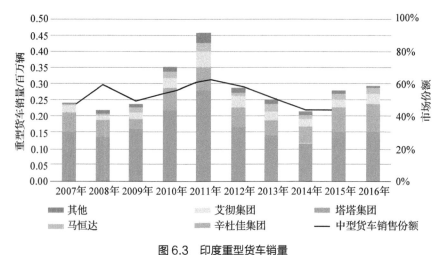

图 6.3 印度重型货车销量

注：来源于 IEA，2017。

3. 欧洲

在欧盟,新货车销量在 2008 年之前一直温和增长,之后暴跌 40% 以上;截至 2015 年,销量尚未恢复到 2000 年的水平。如图 6.4 所示,戴姆勒、大众、沃尔沃和雷诺 – 日产四家制造商占新货车销量的 60% 以上。德国是欧盟最大的新货车销售市场。自 1995 年以来,重型货车配备更大、更强劲发动机的趋势与美国非常相似。

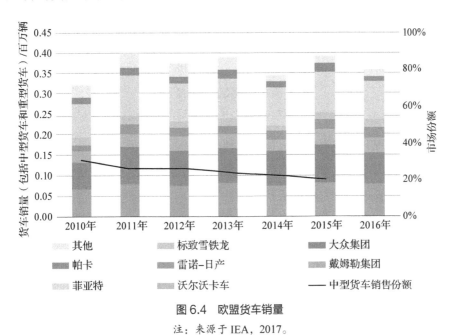

图 6.4 欧盟货车销量

注:来源于 IEA,2017。

4. 美国

美国新货车市场的整合程度甚至超过了欧盟。戴姆勒(Daimler)、帕卡(Paccar)和沃尔沃(Volvo)等许多制造商在美国和欧盟都有业务,但使用不同的品牌名称。在美国,戴姆勒使用 Freightliner 品牌名称,帕卡使用 Kenworth 和 Peterbilt 品牌名称,沃尔沃使用 Mack 品牌名称。这些制造商在美国和欧盟的市场份额相似,如图 6.5 所示。

全球市场由 10 家主要制造商主导,他们的未来将取决于他们通过如何管理来平衡以下关键经营活动。

图 6.5　美国货车销量

注：来源于 IEA，2017。

1）通过现有的内燃机产品保持盈利能力。

2）如何为电动汽车和替代燃料开发新的制造方法。

3）有效管理稀土材料的采购。

4）开发与低排放汽车制造相关的层级供应链。

5）为新车销售和售后服务开发新的商业模式。

6.4　贸易摩擦和关税有可能扼杀行业增长和合作

　　主要国家之间的贸易摩擦不利于稀土资源的全球分布以及克服贸易壁垒，并在发展中的电池市场获得可持续的竞争地位的努力。对本国关键产业的外部投资趋势将带来政治、社会和经济方面的紧张局势，在电池市场尤其如此，因为对电动汽车的需求增长迅速，而且中国在高增长的电池市场扮演主要角色。

　　即将到来的"电动革命"的另一面是，每在汽车上安装一个电池组，就减少一台内燃机的需求。虽然电动汽车的增长将催生一个庞大的全球电池产业，但它也将使全球在发动机和发动机零部件产能方面的大量投资变得过时，而在这一商业领域征收关税和贸易摩擦将加速其预期的衰退，并引发更多不必要的社会动荡（Perkowski，2017）。

无论如何定义，全球电动汽车行业似乎正处于一个拐点。事实上，大型证券公司瑞银集团认为，重大变革即将到来，并预测到2031年，不断增长的全球电动汽车数量将对汽油需求产生颠覆性影响（Perkowski，2017）。

最近，国际能源署指出，电动汽车的兴起将对石油生产造成影响，预测到2040年，能源的总体需求将每年增加1%，但由于电动汽车使用量的增加，原油需求将在2030年趋于稳定，比预测的提前10年（Sharma，2019）。

6.5　降低电池成本

从2015年到2020年，电池产业在降低成本和提高性能方面取得了很大进展。目前，锂离子电池的成本仅为过去的1/7，而且在全球最大的两个汽车市场——中国和美国，充电基础设施正在建设中（Perkowski，2017）。

锂离子电池的典型成本构成概况如图6.6所示。

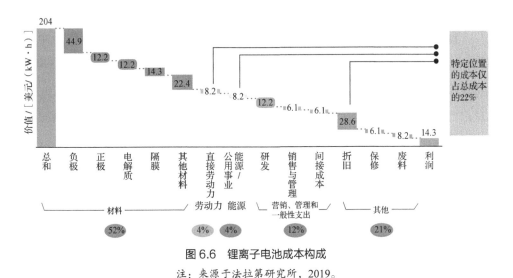

图6.6　锂离子电池成本构成

注：来源于法拉第研究所，2019。

2010年，锂离子电池的成本为750美元/（kW·h）。如今，通用汽车声称其雪佛兰Bolt的电池成本为145美元/（kW·h），处于行业领先地位。此外，通用汽车表示，其电池成本目标是到2022年降至100美元/（kW·h）（Perkowski，2017）。

2020年的电池价格是决定购买电动汽车的关键因素，也是证明从内燃机汽车转向电动汽车的理由。但与化石燃料汽车相比，续驶里程和充电时间也是购买电动汽车的关键因素。

然而，可以肯定的是，从 2020 年起，现有的锂离子电池平台将在价格、续驶能力、充电速度和安全性方面受到固态电池技术发展的挑战。这些电池将更小、更轻、更安全、充电速度更快、续驶能力更强。所有主要的汽车制造商都在关注这些发展，许多公司正在对从学术机构分离出来的技术初创公司进行战略投资，这些公司拥有开发出产品的知识产权，这些产品将与 2020 年上市的成熟锂离子产品竞争。

1. 美国与电动汽车电池市场发展

根据彭博新能源财经的数据，在过去 10 年中，锂离子电池的销量每翻一番，生产成本就会下降 18%。因此，像插电式混合动力汽车中常见的 20kW·h 容量的锂离子电池现在的价格为 3500 欧元，而 2010 年的价格为 2.3 万欧元（彭博新能源财经，2019）。

特斯拉公司在开发和生产电动汽车电池组方面一直处于领先地位，并于 2014 年与松下公司合作在内华达州开设了第一家千兆瓦时工厂。到 2025 年，特斯拉每年将生产 100 万辆电动汽车。自 2008 年第一辆特斯拉上路以来，特斯拉已开发出三代电池。特斯拉曾表示，增加特斯拉产品产量的"根本制约因素"是电池供应（O'Kane，2019）。

2. 定制电池组与成组电池组

埃隆·马斯克和他的工程师们专注于为最新的 Model 3 汽车提供电池动力总成套件，该套件采用镍钴铝电芯。通过设计新一代 2170 电池，特斯拉的目标是提供成本低于 100 美元 /（kW·h）的动力总成套件。80kW·h 的 2170 电池组将包含 4416 个单体电池，包装在 14 个模块中，重 1050lb（约 476.3kg）。特斯拉电池平台设计为成组模块，目的是提供标准电池组或增程选项（Ali，2018）。这与宝马和通用汽车选择的电池模块大相径庭，在需要维护时，成组电池组维护成本更高。

通用汽车还选择将电池生产外包给 LG 化学公司，而特斯拉的千兆工厂则是与松下合作的垂直一体化企业。

3. 稀土金属的关键采购因素

全球电动汽车制造商都知道稀土材料作为电池制造关键原材料的重要性。钴也是一种关键元素，在地壳中的含量为 0.003%，而锂的含量仅为 0.0017%，是钴含量的 1/50（Periodictable）。

根据美国地质调查局的最新数据，2018 年全球钴供应量有所增加，从上一年的 12 万 t 略增至 14 万 t（Barrera，2020）。

全球 60% 的钴产自刚果民主共和国，即刚果（金），2018 年的开采量为 90000t。刚果（金）生产的钴在世界供应中占主导地位，随着钴需求的不断增长，该国正在努力解决可能存在的侵犯人权和童工问题（Barrera，2020）。

俄罗斯开采的钴约占全球总量的 5%，2018 年产量为 5800t。古巴、澳大利亚和菲律宾各占 3.5%，2018 年产量约为 4700t，世界其他地区占全球储量的 32%（Barrera，2020）。《投资新闻》在 2018 年承认中国的钴产量仅占已开采钴产量的 2.2%（3100t），2018 年的产量仍保持不变。然而，根据美国地质调查局的数据，中国是世界领先的精炼钴生产国，也一直是美国进口钴的主要供应国。中国的大部分钴产量来自从刚果（金）进口的部分精炼钴。2019 年，中国还是世界领先的钴消费国，其消费量的 80% 以上用于充电电池行业（Barrera，2020）。

最大的锂生产国是澳大利亚、智利、阿根廷和中国。最大的锂进口国是中国、日本、韩国和美国。

2018 年，电池级碳酸锂的价格为 13 美元 /lb（1lb ≈ 0.45kg），而钴的价格为 38 美元 /lb（Statista）。

所有汽车制造商都在竞相开发减少对钴依赖的电池平台。遗憾的是，钴不是一种原生金属，因为它是镍和铜矿开采的副产品。全球近 2/3 的钴产自刚果（金），而中国通过收购采矿业务占据了主导地位。

据矿业报告估计，每年生产 14 万 t 钴，其中 50% 用于制造不可替代的工业产品，如飞机零部件、风力涡轮机螺旋桨和燃气轮机（Barrera，2020）。

中国的钴产量占全球钴产量的 50%，达 7 万 t，其中 80% 用于电池生产（Barrera，2020）。

美国现在面临的主要挑战是需要做好以下两件事。

1）提高在美国开采稀土资源和生产钴的能力。

2）找到锂离子电池的替代品，如固态锌 – 空气电池。

遗憾的是，美国目前只有一个稀土矿在运营，位于加利福尼亚州，没有提炼能力。山口稀土矿（Mountain Pass Rare Earth Mine，MPREM）由 JHL 资本集团所有，拥有约 200 名员工，其生产的"稀土精矿"100% 出售给中国（Scheyder，2019）。

具有讽刺意味的是，山口稀土矿一直依赖中国加工稀土资源，这加剧了美国的担忧。2020 年，山口稀土矿计划成为 2015 年以来美国第一家提炼稀土资源的公司，以减少美国对中国的依赖。

考虑到固态电池发展给锂离子电池技术带来的竞争压力，开发北极圈内的稀土资源非常具有现实意义。据英国《金融时报》2019 年 8 月报道，美国有意从丹麦手中收购格陵兰岛，因为岛上盛产稀土资源。据估计，格陵兰岛有 38.5t 的稀土资源，占世界储量的 1/3，即 120~140t（Dempsey，2019）。

固态电池科学与锂离子电池截然不同，它不需要液态电解质，对钴的需求也有所减少。作为锂离子电池的发明者，美国诺贝尔奖得主约翰·古迪纳夫（John Goodenough）教授推动了固态电池技术的发展，并认为这些发展为从更稳定的市场中进行符合道德的采购提供了机会。

固态电池产品所需的替代材料锌和镍可从北极圈内美国控制的采矿场获得。Red Dog Operations 是世界上最大的锌矿之一，位于阿拉斯加西北部北极圈以北约 170km 处。如果固态电池技术取代了锂离子电池技术，必将改变中美两国在运输车辆电气化的稀土资源供应竞争中的力量平衡（Teck，2020）。

6.6 欧洲电动汽车市场发展

2019 年 1 月，据英国路透社报道，德国教育与研究部部长 Anja Karliczek

表示，电池技术是一个"事关存亡的问题"。她并不是在煽动恐慌，而是在强调德国汽车工业在未来保持竞争优势所需要的东西（Nienaber，2019）。

Anja Karliczek 说，她所在的部门将投资 5 亿欧元（5.68 亿美元）支持现有的和下一代电动汽车电池技术研究。"德国汽车工业不应该依赖亚洲供应商。"Karliczek 在柏林的一次商业会议上说，"这不仅是一个独立的问题，也是一个保持德国经济竞争力的问题"（Nienaber，2019）。

大众、宝马和梅赛德斯占据了德国 1/7 的工作岗位、1/5 的出口额和 1/3 的科研支出，但这些内燃机时代的巨头正面临着新的挑战（Rathi，2019）。

全球都在寻求使城市更加清洁和减少碳排放，以应对气候变化，因此转向了电力驱动的电动汽车。据预测，到 2025 年，英国将有 50 亿英镑的市场机会，整个欧洲将有 500 亿英镑的市场机会（法拉第研究所，2019）。

目前，英国只有一家电池工厂，由日产汽车所有，于 2010 年开业，年生产能力为 2GW·h，如图 6.7 所示。这仅占欧洲预测产能发展的 1.5%，使英国被甩在了后面。波兰、瑞典和匈牙利的千兆瓦时工厂预计到 2025 年年产量将达到 130GW·h（法拉第研究所，2019）。

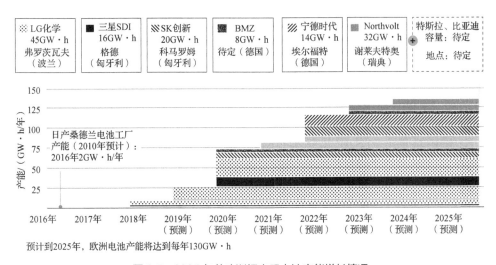

图 6.7　2025 年前欧洲锂离子电池产能增长情况

注：来源于法拉第研究所，2019。

1. 宝马与宁德时代强强联手

2018 年，德国生产了 500 多万辆汽车（超过了除中国、美国和日本之外的所有国家），却没有电池千兆工厂（Rathi，2019）。

2019 年 7 月，该国首个千兆工厂开始动工，将生产电池供应宝马公司。该工厂由全球最大的锂离子电池制造商宁德时代（CATL）负责建设。在德国引以为豪的汽车工业中心，这家至关重要的新企业并非本土企业。这家当时成立 8 年的企业估值 290 亿美元，是一家中国企业（《绿色汽车大会》，2020）。

宁德时代于 2018 年 6 月上市，这家总部位于福建省宁德市的公司的投资者希望它能与韩国 LG 化学和日本松下一较高下。但创始人曾毓群表示，他的目标并不是与其他电池制造商竞争，他的目标是挑战内燃机行业本身（Global Casino，2019）。

早期宁德时代在生产美国授权的用于智能手机的锂聚合物电池方面取得了成功，之后，宁德时代被邀请为北京奥运会电动公交车示范车队提供锂离子电池。中国城市的雾霾问题推动了电动乘用车和公交车的推广计划，并为中国交通的电气化奠定了基础。

2012 年，宁德时代拆分了电动汽车电池业务，此后最大限度地利用了政府补贴，并与更多的电动汽车制造商达成协议，为其提供电池，成为最大的电池供应商（Global Casino，2019）。

2. 欧洲电池市场发展

德国宣布了一项 10 亿欧元的电动汽车电池生产联邦支持计划。波兰和匈牙利设立了经济特区，为电动汽车电池生产提供税收减免。法拉第研究所（Faraday Institution）指出，欧洲排名前五的电池制造商在 2018 年宣布了以下重大投资计划（法拉第研究所，2018）。

1）LG 化学：波兰弗罗茨瓦夫 45GW·h 工厂。

2）三星：匈牙利格德 16GW·h 工厂。

3）宁德时代：德国埃尔福特 14GW·h 发电厂。

4）瑞典 Northvolt 公司已将其计划中的 32GW·h 电池生产厂选址在谢莱夫特奥。到 2023 年，投资总额预计将接近 40 亿欧元（法拉第研究所，2019）。

5）到 2025 年，电池总产能将增至 130GW·h（法拉第研究所，2019）。

3. 英国汽车行业的威胁

英国是欧洲第四大汽车制造商，在电动汽车电芯和封装生产方面拥有 10 年经验，因此应该能够很好地满足未来电动汽车的需求（图 6.8）（法拉第研究所，2019）。

根据图 6.8 中的三种情景，到 2040 年，英国和欧盟对英国生产的电池的需求可能达到每年 60~200GW·h。据预测，全球年增长率为 1.3%，而该模型预测英国的需求增长率为 1.1%，较为保守（法拉第研究所，2019）。

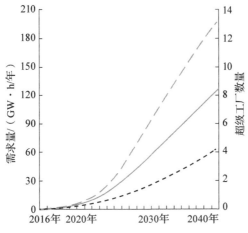

图 6.8　英国未来的电池需求

注：来源于法拉第研究所，2019。

除非英国采取紧急行动，增加 2010 年首次在桑德兰 AESC 工厂进行的投资，否则目前英国汽车制造和供应链中的 20 多万个工作岗位将面临明显的威胁（法拉第研究所，2019）。

为了在 2040 年前通过提升英国电池制造能力实现成功转型，需要投资 50 亿~180 亿英镑，如图 6.9 所示（法拉第研究所，2019）。

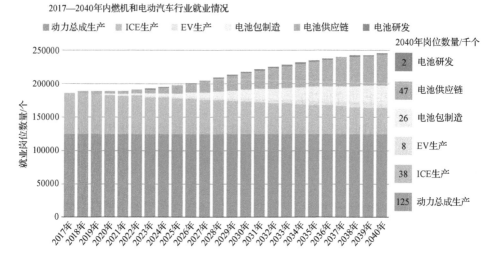

图 6.9　英国就业面临的威胁

注：来源于法拉第研究所，2019。

影响未来制造业选址决策的其他复杂因素将受到英国退出欧盟决定的影响。

随着 2018 年"零碳之路战略"的推出，英国政府为英国电动汽车的销售制定了雄心勃勃的目标。该战略设定的目标是，到 2030 年，至少 50%~70% 的新车销售将采用超低排放技术。此外，电动汽车电池制造现已成为战略重点（运输部，2018）。

电池制造工厂的建设将在很大程度上取决于全球电池制造商是否愿意在英国投资。电池千兆工厂一般需要 5~7 年的时间才能达到满负荷运转，因此，现在就需要决定这些工厂的选址，以满足 21 世纪 20 年代中期电动汽车生产的需求。

未来千兆工厂选址决策的一个关键因素是，英国政府必须提供与德国和中国政府相匹配的财政和行政激励措施，以吸引这些投资，并确保英国汽车制造和供应链中成千上万个工作岗位的未来。

如果做不到这一点，英国经济可能会遭受自 2008 年金融危机和 20 世纪 70 年代石油危机以来最大的冲击波。英国和欧盟在名为"移动中的欧洲"的倡议下制定了一系列提案（欧盟委员会，2018），提案将高度关注下一代汽车产品的电池和电池领域技术与人才技能的发展。下一节将介绍提案的详细内容。

6.7 电池战略行动计划（欧盟委员会，2018）

1. 政策背景

能够全面管理电池价值链是保持欧洲汽车行业竞争优势的关键要求。为实现这一目标，欧盟委员会于 2017 年 10 月推出了"欧洲电池联盟（EBA）"。包括制造商、银行和欧盟成员国在内的主要利益相关方参与了 EBA 的发展。

欧盟要实现成为电池行业主要参与者的目标，将是一项巨大但值得尝试的挑战，需要快速决策、快速投资和紧急行动。这项事业的成功可确保到 2025 年，欧盟拥有 10~20 个千兆工厂，欧洲电池市场价值约为 2500 亿英镑，将满足欧洲内部对电池的需求。

通过实施这一战略，欧盟委员会计划在关键制造业中发展竞争优势，提供更多的就业机会和更清洁、更环保的环境。

欧盟委员会的这一战略将涉及从材料采购和加工，到电芯和电池组设计、开发和制造的整个价值链（图 6.10）。它还将涵盖这些电池的全生命周期，包括回收和最终处置。

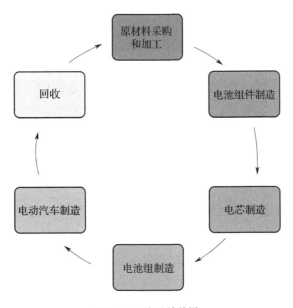

图 6.10　电池价值链

注：来源于欧盟委员会，2018。

更具体地说，欧盟委员会的目标如下。

1）确保从欧盟以外资源丰富的国家获得原材料，扩大欧洲市场原材料来源，并通过电池循环经济获得二次原材料。

2）支持欧洲电池生产规模化，在欧洲形成具有竞争力的完整价值链；将主要的行业参与者以及国家和地区当局聚集在一起；与成员国和欧洲投资银行合作，支持在整个电池价值链中涉及重要跨境业务和可持续性方面的创新生产项目。

3）欧盟通过加大对电池先进领域（如锂离子）和颠覆性（如固态）技术的研究和创新支持力度，增强行业领导力。这将对价值链的所有步骤（先进材料、新化学物质、制造工艺、电池管理系统、回收利用、商业模式创新）提供支持，与工业生态系统紧密结合，并有助于加速创新成果的部署和产业化。

4）培养和加强一支在电池价值链的各个环节具有高技能的劳动力队伍，以便缩小欧盟和成员国之间的行动技能差距，提供充分的培训、再培训和技能提升，可使欧洲吸引电池开发和生产领域的世界级专家。

5）利用可再生能源，可支持欧盟电池制造行业的长期生存。制定明确的目标，确保安全、均衡的电池长期生产。如果在2025—2030年成功开发出固态电池，就能减少对钴的需求，并可能从更理想的市场获得替代材料。

6）确保与更广泛的扶持和监管框架（清洁能源战略、机动性一揽子计划、欧盟贸易政策等）保持一致，以支持电池和储能的部署（欧盟委员会，2018）。

2. 战略行动领域

确保原材料可持续供应。

继2012年制定欧洲创新伙伴关系（EIP）之后，欧盟明确了以下电池战略（欧盟委员会，2018）。

1）从全球市场可持续地采购原材料。

2）国内原材料可持续生产。

3）保证资源效率和二次原材料供应。

2017 年 9 月，欧盟委员会通过了新的欧盟工业政策战略，其中强调了原材料，尤其是关键原材料对所有工业价值链的竞争力和欧盟经济的重要性（欧盟委员会，2018）。

生产锂离子电池需要许多原材料，但这些材料在欧盟成员国境内几乎不存在。这些原材料包括锂、钴、镍、锰、石墨、硅、铜和铝。钴的供应尤其有限，全球供应量的 50% 来自刚果（金），而该国的人权保障令人担忧（Statista）。

欧盟必须从欧盟以外地区获得这些原材料。

2010—2017 年电池组价格变化情况如图 6.11 所示。

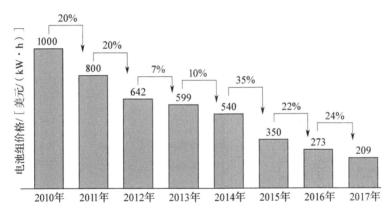

图 6.11　2010—2017 年电池组价格变化情况

注：来源于彭博新能源财经，2019。

（1）支持覆盖电池价值链不同环节的欧洲项目

"欧洲电池联盟"正在快速发展。随着旨在发展电池制造和相关生态系统的工业财团或合作伙伴关系的建立，该项目已经取得了具体进展。为了保持欧盟在汽车制造和创新方面的世界领先地位，需要采取行动迅速提高欧洲的电池生产能力，欧洲已开展相关行动（欧盟委员会，2018）。

（2）使英国处于电池技术和零排放汽车设计与制造的最前沿

从 2020 年到 2030 年，汽车行业的变化将超过前 100 年。随着行业的需求转向超低排放汽车，科技正在改变这个行业的面貌并提供新的商机。

新环境需要新思维,我们希望与该行业合作,提供新思路。我们已在《汽车行业协议》中阐述了我们的雄心壮志。该协议建立在政府与汽车行业长期合作的基础上,由汽车委员会促成,共同致力于汽车行业零排放。

它还将为互联和自动驾驶汽车创造一个世界领先的测试环境,并提高英国供应商的竞争力,使其与欧洲最好的供应商相媲美。

（3）英国各地超低排放技术发展情况

图 6.12 和表 6.1 详细列出了英国积极开发零 / 低排放交通电池技术和支持服务的公司的位置、活动和投资水平。这些信息包含在英国政府的"清洁空气工业白皮书"中（交通部,2018）。

图 6.12 英国电池生产商的所在地

注:来源于英国交通部,2018。

表 6.1　英国电动汽车和电池制造活动

公司名称	投资情况	地点
Alexander Dennis Ltd.	Alexander Dennis 为全球市场开发了一系列低排放和零排放公交车。除了他们自己超过 3000 万英镑的投资外，苏格兰企业还向该公司提供了 730 万英镑的资金用于设计和制造低碳汽车，并创造了 100 个新的就业机会	拉伯特，斯特灵郡
Entek International Ltd.	已宣布投资 1000 万英镑用于汽车行业的新一代电池隔膜。它是英国唯一一家此类制造商，目前在其 Camperdown 工业园区基地拥有约 130 名员工，在全球拥有约 305 名员工	纽卡斯尔，泰恩 – 威尔郡
日产	日产已在桑德兰投资生产下一代日产聆风（LEAF），该公司还为 LEAF 和 eNV200 生产电动货车电池	桑德兰，泰恩 – 威尔郡
Paneltex	3.5~11t 货车制造商，包括冷藏车和温控车，其具有高达 150mile（约 241.4km）的零排放续驶里程	赫尔，北亨伯赛德郡
Magnomatics Ltd.	磁性齿轮制造商，与 Romax Technology 和长安英国联合生产下一代高效混合动力系统，由 OLEV 和 Innovate UK 提供 3800 万英镑的资助	谢菲尔德，南约克郡
电动方程式赛车	电动方程式赛车的运营总部位于多宁顿公园，为参加 ABB FIA 电动方程式赛车锦标赛的车队、制造商和供应商提供办公场所	多宁顿公园，莱斯特郡
HORIBA MIRA	位于 MIRA 技术园区，这是一个全球公认的交通研发机构，也是欧洲最大的交通技术园区	努尼顿，沃里克郡
伦敦电动汽车公司（LEVC）	LEVC 已在考文垂投资 3.25 亿英镑建立一个专门的电动汽车制造厂，这将创造 1000 个新的就业机会。该公司的第一款产品——增程式电动出租车，目前正在销售中	考文垂，西米德兰兹郡
Equipmake Ltd.	Equipmake 为生产 Hipercar 的英国跑车公司 Ariel 提供电驱动技术。他们还在开发一种低成本的电动客车传动系统，以使电动客车能够被广泛地使用	赫特尔，诺福克郡
梅赛德斯 – 奔驰	梅赛德斯 – 奔驰将于 2019 年进入电动方程式锦标赛，并将在位于北安普顿附近的 Brixworth 基地为新型电动赛车生产电动传动系统	北安普顿，北安普敦郡

（续）

公司名称	投资情况	地点
康明斯	康明斯承诺在 2019 年年底推出领先的全电动动力总成，该系统用于康明斯的公交车和送货车，该系统采用康明斯开发的电池组。这是康明斯为成为商用车市场电气化动力领域的领导者而进行的 3.8 亿英镑全球投资的一部分	米尔顿凯恩斯，白金汉郡
Tevva	该公司的总部位于切姆斯福德，为 UPS、Kuehne+Nagel 等快递公司生产 7.5~14t 的增程式电动货车	切姆斯福德，埃塞克斯郡
福特	福特 Dunton 技术中心是一个全球领先的商用车和动力系统开发中心。电动动力系统在减少二氧化碳排放和改善空气质量方面发挥着越来越大的作用，福特正在伦敦试验的插电式混合动力 Transit 小客车证明了这一点	伊丽莎白女王奥林匹克公园，伦敦
宝马	电动 MINI 将从 2019 年起在牛津郡附近的考利市生产，目前该厂有约 4500 名员工	考利市，牛津郡
Yasa	总部位于牛津郡的电机制造商，正在不断发展壮大	基德灵顿，牛津郡
Arrival	2017 年 8 月，英国皇家邮政宣布与 Arrival 签订协议，试用 9 辆电动汽车，总质量分别为 3t、5t、6t 和 7t。制造工厂将设在班伯里，是英国第一家纯电动货车制造工厂	基德灵顿，牛津郡
底特律电气	投资 3.04 亿英镑建设位于利明顿温泉的工厂，用于制造电动跑车和 SUV，创造了 120 个新的工程岗位和 100 个新的制造岗位	皇家利明顿温泉，沃里克郡
捷豹路虎（a）	捷豹路虎投资 1.5 亿英镑在华威大学建立了国家汽车创新中心（NAIC）。该中心拥有约 1000 名科学家、工程师、学者、技术人员和支持人员，致力于未来汽车技术的研究，包括电动汽车、碳减排、智能网联汽车	考文垂，西米德兰兹郡
捷豹路虎（b）	该公司位于坎诺克的制造中心，致力于减少排放和轻量化研究，拥有约 1400 名员工	坎诺克，斯塔福德郡
丰田	2016 年 2 月，丰田投资 580 万英镑在迪赛德生产混合动力电动总成，创造了 400 个就业岗位	迪赛德，克卢伊德郡

（续）

公司名称	投资情况	地点
INEX	INEX 成立于 2002 年，生产创新的微米 / 纳米技术和芯片系统	纽卡斯尔，泰恩 – 威尔郡
迈凯伦	迈凯伦汽车公司正在建设一个耗资 5000 万英镑的卓越中心，用于创新和制造轻质材料。该中心将创造约 200 个直接就业机会，重点开发先进的复合材料技术	谢菲尔德，南约克郡
Wrightbus Ltd.	总部位于北爱尔兰的公司，设计和制造纯电动和燃料电池电动客车	巴利梅纳，安特里姆郡

注：来源于英国交通部，2018。

（4）可持续和符合道德要求的采购计划

可持续和符合道德要求的采购计划促使新创企业寻找机会，以缓解关键矿产的压力。

由比尔·盖茨（Bill Gates）领导的"突破能源风险投资公司"最近对硅谷的一家新创企业 Kobold 进行 10 亿英镑的投资，该公司希望利用人工智能系统寻找劳动法和环境法比刚果（金）更为严格的蕴含钴资源的地区（Breakthrough Energy）。

Deep Green 是一家加拿大初创公司，致力于从海底开采电池金属。该公司认为，在海平面以下 4000m 处，与陆地开采相关的环境风险会大大降低。预计，这种勘探方式将使陆上开采变得多余（Jamasmie，2019）。

6.8 新一代电池技术和趋势

由于存在过热的可能性，锂离子电池组需要保护电路，以确保其在安全的工作温度范围内。锂离子电池组还存在老化问题，储存条件会对其可用性产生重大影响，而且目前为一辆中型汽车提供动力的成本比内燃机还要高。

最重要的突破或许是固态电池。锂离子电池与固态电池的主要区别在于，锂离子电池使用液态电解质，而固态电池使用固态电解质。据称，固态电池更安全，对钴的需求量更少，一次充电可提供 400kW·h 的电量和 500mile（约 800km）的续驶里程，充电速度也明显快于锂离子电池。福特、现代和宝马都在研究固态电池技术（法拉第研究所，2019）。

6.9　小结

- 未来汽车和商用车制造的关键在于电池的生产地点。如果不在英国建设千兆工厂，英国汽车行业将面临丢失 20 多万个工作岗位的风险。
- 电动汽车制造、电池技术和生产能力集中在亚洲。
- 预计到 2030 年，电动汽车电池市场的价值将超过 2500 亿美元。
- 到 2040 年，预计需要新建 60 座千兆工厂，以满足每年超过 4000 万辆电动汽车的生产需求。
- 2019 年 7 月，德国第一座千兆工厂开工建设，将生产的电池供应宝马公司。该工厂由全球最大的锂离子电池制造商中国宁德时代公司建造。
- 在未来 10~20 年内，稀土材料的采购将成为汽车制造商的关键核心竞争力。
- 固态电池技术将与当前的锂离子电池竞争，成为电池生产的主导技术。
- 2020—2025 年，中国将在全球电动汽车和轻型商用车销售中占据重要份额。中国将主导电动汽车电池开发所需的稀土材料供应链。

6.10　参考文献

Ali, I（2018）Battery expert: Tesla Model 3 has 'most advanced large scale lithium battery ever produced', *Evannex*. Retrieved from: https://evannex.com/blogs/news/tesla-s-battery-pack-is-both-mysterious-and-alluring-work-in-progress（archived at https://perma.cc/ZZU3-8SFG）

Asher Hamilton, I（2019）Elon Musk says the UK lost out on Tesla's new Gigafactory because of Brexit, *Business Insider*. Retrieved from: https://www.businessinsider.com/elon-musk-blames-brexit-no-tesla-gigafactory-in-uk-2019-11?r=US&IR=T（archived at https://perma.cc/46AM-

WAFR ）

Autocar（2020）Analysis: Why the UK needs a battery gigafactory – and fast. Retrieved from: https://www.autocar.co.uk/car-news/industry/analysis-why-uk-needs-battery-gigafactory-and-fast（archived at https://perma.cc/JG2N-R3GQ ）

Barrera, P（2020）Top cobalt production by country, *Investing News*. Retrieved from: https://investingnews.com/daily/resource-investing/battery-metals-investing/cobalt-investing/top-cobalt-producing-countries-congo-china-canada-russia-australia/（archived at https://perma.cc/A3BZ-EWA3 ）

BloombergNEF（2019）Electric Vehicle Outlook 2019. Retrieved from: https://about.bnef.com/electric-vehicle-outlook/（archived at https://perma.cc/6GXR-QPKH ）

Breakthrough Energy（nd）Advancing the landscape of clean energy innovation. Retrieved from: https://www.b-t.energy/research/（archived at https://perma.cc/2AES-6YAM ）

Dempsey, H（2019）US enticed by Greenland's rare earth resources, *Financial Times*. Retrieved from: https://www.ft.com/content/f418bb86-bdb2-11e9-89e2-41e555e96722（archived at https://perma.cc/ZP5H-3YQQ ）

Department for Transport（2018）*Clean Air Industrial White Paper*, Department for Transport, London

European Commission（2018）*Europe on the Move*, European Commission, Brussels

Faraday Institution（2019）*UK Electric Vehicle and Battery Production to 2040*, Faraday Institution, Cambridge

Future Bridge（nd）Solid-State Batteries. Retrieved from: https://www.futurebridge.com/blog/solid-state-batteries/（archived at https://perma.cc/7Z86-B8QK ）

Global Casino（2019）CATL. Retrieved from: https://www.facebook.com/globalcasinoguide/posts/catlthe-entrance-of-catls-headquarters-in-ningde-chinawhen-contemporary-amperex-/2149289192029631/（archived at https://perma.cc/5N2S-R7RR ）

Green Car Congress（2019）CATL starts construction of Li-ion factory in Germany; 14 GWh by 2022. Retrieved from: https://www.greencarcongress.com/2019/10/20191018-catl.html（archived at https://perma.cc/Y2NT-ZNPQ ）

IEA（2017）The Future of Trucks. Retrieved from: https://www.iea.org/reports/the-future-of-trucks（archived at https://perma.cc/7ZWA-ULSJ ）

Jamasmie, C（2019）DeepGreen closer to ocean mining battery metals after Swiss cash injection, *Mining [DOT] COM*. Retrieved from: https://www.mining.com/deepgreen-closer-mining-battery-metals-sea-150m-injection/（archived at https://perma.cc/2ZLJ-NYSP ）

Multiplier（2018）Why did Nokia fail and what can you learn from it? Retrieved from: https://medium.com/multiplier-magazine/why-did-nokia-fail-81110d981787（archived at https://perma.cc/8SL4-PPZE ）

Nienaber, M（2019）Germany to fund research facility for EV battery technology, *Reuters UK*. Retrieved from: https://uk.reuters.com/article/us-germany-batteries/germany-to-fund-research-facility-for-ev-battery-technology-idUKKCN1PH1NT（archived at https://perma.cc/SD2A-NYTX）

O'Kane, S（2019）Tesla still isn't getting enough batteries from Panasonic, *The Verge*. Retrieved from: https://www.theverge.com/2019/4/11/18305976/tesla-panasonic-gigafactory-batteries-model-3（archived at https://perma.cc/6VTL-LC2P）

Periodictable（nd）Abundance in Earth's crust of the elements. Retrieved from: https://periodictable.com/Properties/A/CrustAbundance.an.html（archived at https://perma.cc/FWQ8-72VP）

Perkowski, J（2017）EV batteries: a $240 billion industry in the making that China wants to take charge of, *Forbes*. Retrieved from: https://www.forbes.com/sites/jackperkowski/2017/08/03/ev-batteries-a-240-billion-industry-in-the-making/#734bfe503f08（archived at https://perma.cc/HU64-L4HZ）

Rathi, A（2019）The complete guide to the battery revolution, *Quartz*. Retrieved from: //qz.com/1582811/the-complete-guide-to-the-battery-revolution/（archived at https://perma.cc/PY4K-43BG）

Scheyder, E（2019）California rare earths miner races to refine amid U.S.-China trade row, *Reuters*. Retrieved from: https://www.reuters.com/article/us-usa-rareearths-mpmaterials/california-rare-earths-miner-races-to-refine-amid-u-s-china-trade-row-idUSKCN1VD2D3（archived at https://perma.cc/4BGK-QDT5）

Sharma, G（2019）Are electric vehicles really about to plateau oil demand? *Forbes*. Retrieved from: https://www.forbes.com/sites/gauravsharma/2019/11/25/are-electric-vehicles-really-about-to-plateau-oil-demand/#4c762a033b13（archived at https://perma.cc/64Z3-FELA）

Statista（nd）Average lithium carbonate price from 2010 to 2019（in U.S. dollars per metric ton）. Retrieved from: https://www.statista.com/statistics/606350/battery-grade-lithium-carbonate-price/（archived at https://perma.cc/VT4H-AYDF）

Teck（nd）Red Dog. Retrieved from: https://www.teck.com/operations/united-states/operations/red-dog/（archived at https://perma.cc/4YGM-L4A4）

The Road to
Zero Emissions

第 7 章
全球能源系统与电动汽车的影响

本章将向读者介绍以下内容。

- 电动汽车用电需求对电网的影响。
- 充电基础设施的全球市场发展和投资计划。
- 充电基础设施的使用、成本和投资。
- 与电动汽车充电相关的成本。
- 拥有电动汽车的成本效益。
- 拥有电动汽车的税收优惠。
- 用于帮助定位于公共充电接口的智能充电和充电应用程序的可用性。

7.1　电动汽车能源需求对电网的影响

在 2015 年"柴油门"丑闻和全球变暖引发的焦虑之后，人们对电动汽车的生产和销售产生了极大的兴趣。

这引发了人们对国家电网未来的潜在需求以及现有电力生产能力能否满足需求的担忧。麦肯锡未来交通中心发布的一份研究报告详细阐述了一些关键事实和预测，如图 7.1 所示（Engel 等，2018）。

汽车电气化的需求促使人们更加关注发电能力将受到何种影响。

麦肯锡预测，到 2030 年，全球对电动汽车的需求将增至 1.2 亿辆。同时，电动汽车目前在美国和欧洲的市场份额仅为 2%，但麦肯锡预计，到 2030 年，美国的市场份额将达到 18%，欧洲将达到 30%（Engel 等，2018）。

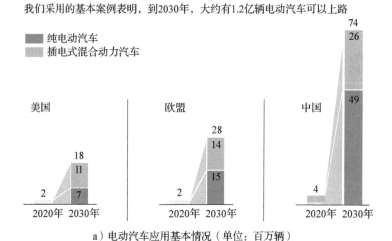

a）电动汽车应用基本情况（单位：百万辆）

b）电动汽车销量占总销量的百分比

图 7.1　采用电动汽车的基本情况

注：来源于 Engel 等（麦肯锡公司，麦肯锡分析），2018。

此外，麦肯锡的研究表明，在美国，插电式混合动力汽车的普及率将远远高于纯电动汽车。在中国，电动汽车的销量预计将从目前的 4% 大幅增长到 2030 年 74% 的市场份额。与美国和欧洲不同，中国的纯电动汽车预计将占据 50% 的市场份额，插电式混合动力汽车市场份额将达到 26%（Engel 等，2018）。

1. 电动汽车对国家电网的能源需求

麦肯锡最近的一项研究分析证明，任何电力需求的增加都不需要国家电网提供大容量；详情请参见其相关洞察报告，该报告探讨了电动汽车对全球能源系统的潜在影响（Engel 等，2018）。

由于电动汽车销量的快速增长，能源需求预计将从 2020 年的 180 亿 kW·h

增加到 2030 年的 2800 亿 kW·h，增长 15 倍（图 7.2）。所需的大部分新增发电能力将来自可再生能源，包括风能、波浪能、太阳能和一些燃气发电。虽然全球每年 2800 亿 kW·h 的需求量看似巨大，但它仅占美国全年电力需求量的 8% 左右（Engel 等，2018）。

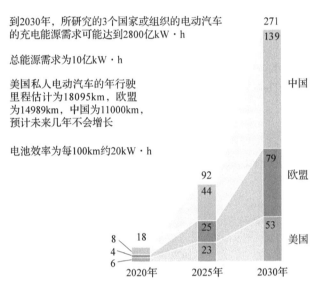

到2030年，所研究的3个国家或组织的电动汽车的充电能源需求可能达到2800亿kW·h

总能源需求为10亿kW·h

美国私人电动汽车的年行驶里程估计为18095km，欧盟为14989km，中国为11000km，预计未来几年不会增长

电池效率为每100km约20kW·h

图 7.2　研究的 3 个国家或组织的电动汽车充电能源需求情况

注：来源于 Engel 等（麦肯锡公司，麦肯锡分析），2018。

麦肯锡预计，到 2050 年，50% 的电力需求将来自可再生能源。随着许多跨国公司加入 RE100（100% 使用可再生能源）计划，可再生能源将在未来发挥更加重要的作用。

作为麦肯锡能源洞察研究的一部分，我们对如何产生需求进行了分析，图 7.3 详细说明了需求将如何受到多种因素的影响。

以下因素将影响充电形式选择。

1）带有车库的住宅与没有停车位的城市高层公寓之间的差别。

2）驾驶者选择何种出行方式，例如依靠家庭充电的短途出行，定期上下班出行与超出电动汽车续驶能力、需要在公共场所充电的长途出行。

3）混合动力汽车和纯电动汽车产品之间的能量容量特性差异。

a）以公共场所为中心的充电场景下的能源需求［电量（kW·h）需求占比］①

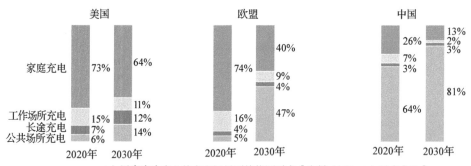

b）以家庭为中心的充电场景下的能源需求［电量（kW·h）需求占比］

图 7.3　不同国家或组织的电动汽车充电方案情况

注：来源于 Engel 等（麦肯锡公司，麦肯锡分析），2018。
①由于四舍五入，数字总和可能不是 100%。

4）与交流电 1 级和 2 级 ⊖ 相关的成本以及充电速度，例如与使用"快速直流充电"基础设施相比充电时间更长。

麦肯锡关于电动汽车充电基础设施能源需求的研究显示了以下趋势。

1）在美国，电动汽车用户很可能在 70%~80% 的时间里依靠家庭充电。这主要是由于独户住宅的车库可容纳充电器。

2）在欧洲，汽车用户最初的选择主要是家庭充电，但随着 2025—2030 年电动汽车应用率的提高，用户能够使用到更快的公共充电设施，以及使用网络应用程序获取公共充电设施的性能和可用性，到 2030 年，电动汽车车主转

⊖　交流电充电器在美国等国家有两种级别，1 级为低速充电，2 级比 1 级充电速度快，但仍慢于快速直流充电。

向公共充电的比例将从 4% 提高到近 50%。

3）中国与美国和欧洲截然不同。在中国，2020 年，居住在人口密集地区的用户在 60% 的时间内依靠快速直流公共充电设施，据预测，到 2030 年，这一比例将超过 80%（Engel 等，2018）。

2. 充电技术对电动汽车能源需求的影响

目前，电动汽车车主有多种充电方式选择。有三种公认的充电方式，分别是使用交流和直流充电基础设施，以及未来还有可能使用的无线充电功能（图 7.4）。

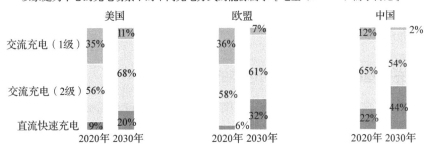

图 7.4　按充电方式分类的能源需求情况

注：1. 来源于 Engel 等（麦肯锡公司，麦肯锡分析），2018。
　　2. 由于四舍五入，数字总和可能不是 100%。

现有充电方式之间的差异详述如下。

1）交流充电（称为 1 级或 2 级充电）。

交流电（AC）通过安装在车辆上的逆变器转换为直流电（DC），然后按 1 级和 2 级充电方式为车辆蓄电池充电。1 级和 2 级充电特点如下。

①1 级（120V）充电主要应用于美国。

②2 级（240V）充电主要应用于欧洲。

③1 级和 2 级充电往往适合夜间充电的家庭和工作场所。

④麦肯锡预计，到 2030 年，1 级和 2 级将提供 60%~80% 的充电能力。

2）3 级直接充电或直流快速充电（DCFC）。

在 3 级充电应用中，来自电网的交流电在到达车辆之前被转换为直流电，不需要车辆安装逆变器。这种充电方式特点如下。

①直流快速充电的功率为 25~350kW。

②直流快速充电桩最适合公共场所快速充电，例如在服务区、加油站或公共停车场。

③由于电动汽车的普及，中国对公共场所充电的需求将会增加，因此，直流快速充电有望在中国得到普及。

7.2 电动汽车车主充电成本

电动汽车充电的关键问题是，在使用率仍然较低的情况下，谁来为发展公共场所充电提供必要的资金？

1. 充电基础设施的发展和可能的投资成本

如图 7.5 所示，麦肯锡预测，中国、欧洲和美国可能需要 4000 万个充电桩；在 2020—2030 年，这些基础设施将需要约 500 亿美元的资金。

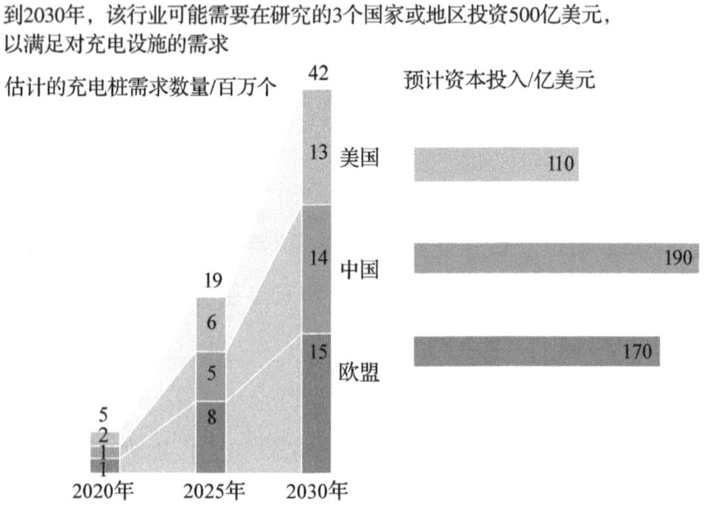

图 7.5　充电能力方面的投资需求

注：1. 来源于 Engel 等（麦肯锡公司，麦肯锡分析），2018。
2. 由于四舍五入，数字相加可能不等于总数。

1）到 2030 年，美国需要将充电能力提高到 2000 万个充电桩，投资约 100 亿美元。

2）到 2030 年，欧盟将需要 2500 万个充电桩，投资约 150 亿美元。

3）中国需要 2000 万个充电桩，投资约 200 亿美元。

随着电动汽车需求的增加，预计电池的成本也会下降。为了提供所需的电池，千兆工厂的数量将会增加，而且随着内燃机汽车向电动汽车的过渡，预计会出现新的"绿色技术"企业。

这些新兴企业有望打破汽车行业的现状。全球 10 家主要汽车制造商将被迫在化石燃料汽车的短期投资与日益增长的电动汽车需求之间取得平衡，并在创新的新零部件技术、分销方法和不断变化的售后服务要求方面进行大量投资。

未来，汽车行业竞争者需要放弃既有的"汽车特许经营"销售和服务模式，建立新的直接垂直整合的工厂到市场的平台。第 11 章将进一步讨论传统汽车商业模式变革。

缺乏充电基础设施是阻碍潜在电动汽车购买者购买的重要因素，也是目前阻碍电动汽车早日普及的主要原因。获得充电服务可以缓解人们通常所说的续驶里程焦虑——担心没有足够的续驶能力到达目的地。特斯拉在充电站方面投入巨资，2019 年在全球拥有 13000 个直流电快速充电"超级充电站"。2019 年 2 月，摩根士丹利表示，特斯拉可能已经建立了一条"竞争护城河"，极大减轻了竞争对手的威胁。这些"超级充电站"可在 1h 内为大多数特斯拉汽车蓄电池完成充电（Sheetz，2019）。

与特斯拉类似，投资电动汽车充电基础设施也为汽车制造商提供了盈利机会，还可以抵消现有售后市场收入的预期下滑。麦肯锡估计，电动汽车维修和维护（R&M）量将比内燃机汽车目前的水平低 50%（Engel 等，2018）。

麦肯锡指出，了解当地对充电服务的具体需求是现有汽车制造商生存和未来盈利的关键。快速适应和重塑将是进行有效的定向投资或创建战略合资企业、匹配需求和供应以及实现快速投资回报的关键。

2. 电动汽车在家充电成本

一辆装有 $60kW \cdot h$ 蓄电池的典型电动汽车（特斯拉）充电一次可行驶约 $200 \sim 300$ mile。在家充一次电约需 8.40 英镑，因此，每英里的充电成本约为 4 便士。相比之下，按照 2020 年柴油价格计算，同等里程的内燃机汽车每英里的成本为 15 便士（Pod-Point，2020）。

3. 在工作场所充电

工作场所充电设施全天免费开放，许多公司提供这类充电设施。有些公司会选择按时间收费，以鼓励员工共用充电设施。另一些公司则在一定时间内为员工提供免费充电，到达时间后可能会收取小额费用，以鼓励员工离开充电设施（Pod-Point，2020）。各国政府可通过减免车辆购买和工作场所充电的电动汽车的税收来提高充电基础设施的利用率，以帮助实现国家二氧化碳减排目标。

4. 公共场所的充电设施

作为提高客户满意度和忠诚度计划的一部分，许多超市都会在客户逗留期间提供免费使用的充电桩。

5. 快速充电站

快速充电站通常设在高速公路服务区，30min 续驶 100mile 的充电时间通常收费 6.50 英镑。

7.3 英国电动汽车的财政义务和税收优惠

2019 年 1 月，英国共有 26.5 万辆电动乘用车和 8700 辆电动货车。电动汽车约占英国汽车注册量的 3%~4%。与此同时，只有约 30000 个充电点，即每 10 辆车共用一个充电点，完全不能满足充电需求（Lilly，2019）。

英国汽车制造商和贸易商协会公布的注册统计数据显示，自 2014 年以来，英国的电动汽车销量急剧上升。2014 年上半年，每月电动汽车注册量仅有约 500 辆，而到 2019 年，年平均注册量已超过 7 万辆（SMMT，2020）。

与传统汽油汽车或柴油汽车相比，电动汽车在最初购买时享受税收激励政策，并在下游节省维护费用，这些都促进了英国电动汽车的销售。由于电动汽车和插电式混合动力汽车的二氧化碳排放量为零或远低于 100g/km，因此，所有车型的车辆消费税税级（VED 税级）均为零，税率为标准税率。

1. 英国公司汽车税

与所有汽车税一样，公司汽车税基于其排放量，适用的实物福利（BIK）税将由公司汽车税计算决定，根据目前的计算结果为电动汽车设定的税率为 7%，但将在下一财政年度增加 2%（Pod-Point，2020）。

2. 电动汽车资本津贴

2020 年，电动汽车第一年可享受 100% 的减税。与车辆 18% 的标准税收减免相比，这意味着公司拥有的电动汽车在 4 年内可获得 1000~3000 英镑的成本效益，相当于电动汽车落地价格的 10% 左右（注意：此优惠不适用于租赁车辆。Accounting Web，2018）。

3. 英国电动汽车的其他优势

除上述益处外，拥有电动汽车还能带来更多经济上的益处（英国政府，2019）。

1）伦敦拥堵费：电动汽车驾驶者每天可节省 11.50 英镑。

2）维护成本：能源成本可低至每英里 3 便士，因此，每年行驶 1 万 mile 可节省约 800 英镑。

3）国家保险费：公司用车的国家保险缴款是基于官方的二氧化碳排放数据的，提供电动汽车的雇主只需支付较低的国家保险费。

4）电动汽车政府补助：货车可获得 8000 英镑的政府补助，轿车可获得

4500 英镑的政府补助。

4. 英国政府为电动汽车充电基础设施提供支持

英国政府已为 10 万户家庭提供了 500 英镑的家用充电设施补助金，并将在未来的房地产开发中设置电动汽车充电点。使用家用充电桩的充电成本可低至每英里 4 便士，仅为柴油或汽油同等燃料成本的 1/3（英国政府，2019）。

除了家用充电设备外，大多数充电桩都是智能设备，这意味着它们具备 Wi-Fi 功能，可以管理充电以获得最便宜的电力，并可以通过手机上的应用程序获得有关能源消耗的详细信息。电力需求随时间的变化如图 7.6 所示。

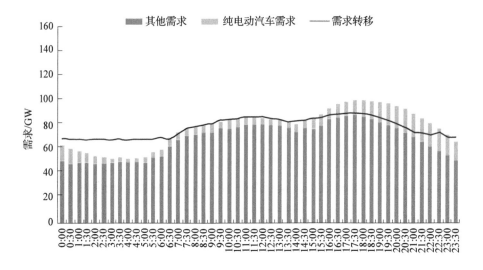

图 7.6　电力需求随时间变化

注：来源于英国政府，由英国商业、能源和工业战略部建模，2019。

7.4　小结

- 麦肯锡的分析表明，电动汽车的预计增长在近中期内不会导致电网总电力需求的大幅增长，从而限制了在此期间对新发电能力的需求。
- 虽然电动汽车销售的增长不太可能导致电力总需求的大幅增加，但它

可能会重塑电力负荷曲线。最明显的影响将是晚间高峰负荷的增加，
因为人们下班回家或完成一天的工作后会进行充电。

- 除了高峰负荷的增加，公共快速充电站高度不稳定并带有尖峰的负荷曲线也需要额外的系统平衡。
- 随着电池成本的快速下降，利用储能来平滑负荷曲线将变得越来越受关注。
- 试点研究表明，电动汽车车主非常愿意选择智能协调充电。
- 许多雇主将在工作场所安装充电设施，并提供全天免费使用。
- 预计上路电动汽车数量将增加，这给电力公司带来了挑战。
- 英国正在逐渐普及电动汽车，2019 年登记的纯电动汽车和插电式混合动力汽车超过 7 万辆。
- 中国将成为全球公认的电动汽车领导者，预计到 2030 年，电动汽车数量将从 400 万辆增长到 7400 万辆。
- 欧洲的电动汽车数量将从 2020 年的 200 万辆增长到 2030 年的 2800 万辆。
- 在美国，电动汽车数量将从 2020 年的 200 万辆增长到 2030 年的 1800 万辆。
- 在中国，纯电动汽车将占总销量的大头，而在美国和欧洲，混合动力电动汽车的销量将高于纯电动汽车。

7.5 参考文献

Accounting Web（2018）Electric car for work – 100% capital allowance? Retrieved from: https://www.accountingweb.co.uk/any-answers/electric-car-for-work-100-capital-allowance（archived at https://perma.cc/SQ6K-UD88）

Engel, H *et al*（2018）Charging ahead: Electric-vehicle infrastructure demand, *McKinsey*. Retrieved from: https://www.mckinsey.com/industries/automotive-and-assembly/our-insights/charging-ahead-electric-vehicle-infrastructure-demand（archived at https://perma.cc/4TPJ-PV4L）

Lilly, C (2019) Electric car market statistics, *Next Greencar*. Retrieved from: https://www.nextgreencar.com/electric-cars/statistics/ (archived at https://perma.cc/U4WD-3PCF)

Pod-Point (2020) Cost of charging an electric car. Retrieved from: https://pod-point.com/guides/driver/cost-of-charging-electric-car (archived at https://perma.cc/8DCU-ZWPL)

Sheetz, M (2019) Tesla's charging stations are a massive 'competitive moat,' Morgan Stanley says, *CNBC*. Retrieved from: https://www.cnbc.com/2019/02/12/morgan-stanley-tesla-charging-station-network-competitive-moat.html (archived at https://perma.cc/UWD8-P5FR)

SMMT (2020) Electric vehicle and alternatively fuelled vehicle registrations. Retrieved from: https://www.smmt.co.uk/vehicle-data/evs-and-afvs-registrations/ (archived at https://perma.cc/YV3P-SRQH)

UK Government (2019a) Electric car chargepoints to be installed in all future homes in world first. Retrieved from: https://www.gov.uk/government/news/electric-car-chargepoints-to-be-installed-in-all-future-homes-in-world-first (archived at https://perma.cc/XHE7-JTPA)

UK Government (2019b) Electric vehicle smart charging. Retrieved from: https://www.gov.uk/government/consultations/electric-vehicle-smart-charging (archived at https://perma.cc/3YME-7N8L)

第 8 章
电动汽车发展与全球十大
商用车制造商

本章将向读者介绍以下内容。

- 目前全球货车和客车市场的规模。
- 现有的 10 家主要商用车制造商及其替代燃料解决方案。
- 美国、欧洲和亚洲中型和重型货车及客车的行业预测和发展趋势。
- 主要商用车制造商在全球市场面临的威胁和机遇。

8.1 世界货车和客车市场

2005—2018 年，全球商用车销量约为 2600 万辆（OICA）。2018 年生产了约 200 万辆商用车（ACEA，2019）。

全球每年销售 200 万辆货车，排名前十位的制造商占全球货车销售量的 90%。全球十大货车制造商通常拥有多个品牌，因为自 20 世纪 70 年代以来，它们进行了大量并购。不过，现在的趋势是，并购公司随着时间的推移逐渐解散所收购的品牌，并将所收购的资产和技术吸收到自己的组织架构中。

国际货币基金组织预测，2020 年全球经济将增长约 3.4%。与此同时，全球商用车市场规模预计将以 4.3% 的复合增长率继续增长，图 8.1 证明了这一点。这是一个不断增长的巨大市场并持续增加对石油的需求。英国石油公司在其《BP 世界能源展望》2019 版中指出，尽管 2000—2040 年天然气、电力和生物燃料的使用量不断增加，但运输车辆的燃料需求仍将以石油为主（英国石油公司，2019）。

全球中型/重型货车和客车的产量正在上升。对于欧洲，预计每年增长约1%
2016—2022年按国家和地区和复合年增长率划分的货车和客车的年产量①（以千为单位）

图 8.1　世界部分国家和地区中型和重型货车产量

注：来源于罗兰贝格，2018。
①适用于中型 / 重型货车和客车（>8t）;
②包括俄罗斯 / 独立国家联合体和土耳其（数据来源于 IHS）。

2018 年世界货车和客车市场状况如下。

1）每年售出 200 万辆新货车（ACEA，2019）。

2）每年售出 200 万辆二手货车（国际能源署，2017）。

3）货车平均占全球货车和客车产量的 84%。

4）中国的货车和客车产量占全球产量的 42%。

5）欧洲占全球产量的 21%，亚太地区（日本、韩国和印度）占 20%，北美占 13%。

8.2 2019年全球十大货车制造商

在20世纪，全球约有200个商用车品牌。仅英国就有20多个商用车品牌，欧洲有45个。全球化竞争、不断增长的研发成本和日益严格的立法导致了大规模的整合。尽管市场上仍有一些小众企业，但目前全球仅有10家主要的货车制造商，每家制造商都直接控制着其他品牌（《商用汽车》，2013）。

世界货车行业的大部分市场都被10家货车制造公司所控制，竞争非常激烈。这些顶级公司之所以拥有巨大的市场份额，根本原因在于行业的复杂性。

从表面上看，货车行业很简单：设计、制造和销售一辆货车，以最低的价格将重量为1t的特定产品运出1km。然而，货车业务并不像看上去那么简单，客户的不同需求意味着必须提供大量不同的车型。在瞬息万变的市场中，要满足客户的需求，需要大量的资本投资、资源和基础设施，这在很大程度上受到立法、客户需求、信息技术和系统发展的影响（Zafar，2017）。

以下的分析中介绍的10家公司正在开发新的动力总成解决方案，以满足不断加强的立法要求、降低排放容差和碳足迹要求。

分析提供了这些公司在以下方面的信息。

1）2018年销售的货车数量以及公司的相对规模。

2）除传统燃料发动机之外的替代燃料发展情况。

截至发稿时（2020年），全球十大商用车辆制造商及其2018年的产量如下。

1）戴姆勒卡车公司（Daimler Truck AG），包括梅赛德斯–奔驰（Mercedes-Benz）、福莱纳（Freightliner）和三菱扶桑（Mitsubishi Fuso）：415018辆。

2）塔塔汽车公司：388396辆。

3）东风汽车公司：369100辆。

4）纳威司达公司：313600辆。

5）沃尔沃（包括雷诺）：300000辆。

6）日野卡车：171800辆。

7）PACCAR Inc（包括DAF）：158900辆。

8）依维柯：134300 辆。

9）曼恩：83200 辆。

10）斯堪尼亚：81350 辆。

未来制造商面临的挑战包括：替代燃料汽车将采用何种商业模式，以及对既有供应链和延伸企业可能产生的颠覆性影响。

1. 戴姆勒卡车股份公司

前身为梅赛德斯 - 奔驰卡车和客车公司，包括福莱纳、三菱扶桑和西星公司。

戴姆勒股份公司于 2019 年 11 月建立了新的公司架构。戴姆勒卡车股份公司现在是一个新的全球组织，母公司的一个新分支负责电动交通产品。电动交通集团（EMG）将专注于所有品牌和部门，制定电动组件和整车战略，并开发标准化的全球电动架构，类似于戴姆勒卡车公司的传统发动机和驱动组件全球平台战略。EMG 覆盖全球范围，员工遍布公司全球开发网络的各个地点（戴姆勒卡车，2018）。

（1）梅赛德斯 - 奔驰

梅赛德斯 - 奔驰（Mercedes-Benz，MB）和"三叉星"的乘用车和面包车产品享誉全球。梅赛德斯 - 奔驰提供轻型、中型和重型货车，并在欧洲广泛销售。

MB 首次公布的重型商用零排放汽车（ZEV）采用了电池技术而非替代燃料。MB 的母公司——戴姆勒卡车公司于 2018 年成立了电动交通部门，专注于电动货车（戴姆勒卡车公司，2018）。

在 2016 年德国汉诺威国际汽车展（IAA 2016）上，梅赛德斯 - 奔驰成为全球首家展出重型电动货车的汽车制造商。

2018 年，梅赛德斯 - 奔驰推出了 eActros 车型（图 8.2），主攻短途配送市场。主营业务是径向配送，如食品、燃料、酿酒、建筑和工业产品，通常这些任务由柴油动力车辆执行。eActros 的续驶里程目标为 200km，总质量范围为 18~25t。传统柴油 Actros 的底盘框架可配置电池电动动力系统（梅赛德斯 - 奔驰）。

图 8.2　梅赛德斯 – 奔驰 eActros

注：来源于戴姆勒卡车，2018。

（2）福莱纳和西星

福莱纳卡车和西星（Western Star）是戴姆勒卡车在美国的品牌。福莱纳在美国生产从 5 级（中型货车）到 8 级（牵引拖车铰接式货车）的货车，以满足广泛的商用车应用需求。加拿大 Western Star 主要生产重型货车，用于长途运输和特殊用途。

福莱纳和西星是戴姆勒卡车北美公司（DTNA）的成员。1981 年，戴姆勒 – 奔驰公司从 Consolidated Freightways 收购了福莱纳。在接下来的十年中，该公司的汽车销量增长了 1 倍多。凭借其丰富的技术资源，戴姆勒 – 奔驰帮助福莱纳在 1992 年成为北美重型货车市场的佼佼者。2008 年，福莱纳成为戴姆勒卡车北美公司，但仍在销售福莱纳品牌的货车（戴姆勒卡车北美公司）。

戴姆勒卡车与客车管理董事会成员马丁·道姆（Martin Daum）在 2018 年表示：

我们的目标是在电动货车和客车领域占据领先地位。我们很早就开始研究电动货车，并立志在该行业的每个相关领域树立标杆。通过建立新的全球电动交通集团，我们可以最大限度地发挥在这一战略性关键技术上的投资效益。这将使我们能够在电池系统、充电系统或能源管理方面为客户提供最佳解决方案。

戴姆勒卡车公司宣布，2018 年和 2019 年的研发投资将超过 25 亿欧元，其中超过 5 亿欧元将用于电气化、网联化和自动化（戴姆勒卡车公司，2018）。

2019 年 8 月，在名为"资本市场与技术日"的美国投资者和媒体活动上，戴姆勒卡车公司展示了其美国子公司福莱纳在俄勒冈州波特兰制造的两款新型全电动货车。

这两款车为 eCascadia，一款用于长途运营的重型电动货车（总质量大于 15t），以及 Freightliner eM2 106 的全电动版本，用于满足中型货车（9~12t）市场需求（图 8.3）。

图 8.3　Freightliner eCascadia 和 eM2

注：来源于戴姆勒卡车，2018。

电动货车的驱动桥是采埃孚 AVE 130，已在混合动力低地板客车上得到验证。11 个电池组分布在底架周围，两个电机安装在后轴轮毂上。液冷装置可产生 125 kW 的功率和 48 N·m 的转矩。其驱动性能可与柴油车媲美，这一点已在 EVO 客车上得到验证。

这支由 10 辆车组成的"创新车队"服务于德国和瑞士的客户，包括 Dascher、Edeka、Hermes、Ludwig Meyer 和 TBS Rhein Necker。

凭借 eFreightliners 和梅赛德斯 - 奔驰 eActros 两款车型，戴姆勒卡车公司已经建立了强大的纯电动商用车组合（戴姆勒卡车公司，2018）。

（3）三菱扶桑卡车客车公司

戴姆勒卡车公司还拥有位于日本的三菱扶桑卡车客车公司（MFTBC），该公司生产总质量 7.5t 级别的轻型货车。

2017 年 9 月，戴姆勒卡车公司在纽约发布了 FUSO eCanter（图 8.4），成为首家推出电动货车的主流制造商。这是世界上第一辆批量生产的纯电动 4 级货车。首批量产车型已交付给美国、欧洲和日本的客户。

图 8.4　FUSO eCanter 环保型混合动力货车

注：来源于戴姆勒卡车，2018。

FUSO eCanter 旨在为车队运营商提供零排放、低噪声的市内配送方式，帮助解决城市环境中日益严重的噪声和污染问题。FUSO eCanter 总质量 7.2t，续驶里程超过 60mile（约 96.6km）。该车的电动动力系统包含 6 个 420V 梅赛德斯 – 奔驰锂离子电池组，总容量为 82.8kW·h。

2. 塔塔汽车

塔塔汽车和印度石油公司目前正在对塔塔氢燃料电池客车进行测试。氢燃料电池发动机只产生作为副产品的水和热量（Singh，2018）。

2018 年 3 月，印度宣布对有史以来第一辆氢燃料电池客车进行试验（图8.5），以更好地确认这种新型清洁交通解决方案的长期效率和耐用性。这辆客车在印度石油公司研发中心的印度首个氢气分配设施中加注燃料（Singh，2018）。

图 8.5　塔塔氢燃料电池客车
注：来源于塔塔汽车。

氢燃料电池技术的效率约为传统内燃机的 3 倍。氢燃料电池的工作原理与电池类似，但不需要充电。

塔塔汽车公司尚未公开宣布任何电动商用车的开发计划，他们目前的重点似乎是开发电动乘用车。

3. 东风汽车

东风汽车成立于 1969 年，总部位于中国湖北省武汉市，是中国最大的汽车集团之一，总资产达 2402 亿人民币（约 246 亿英镑），拥有 17.6 万名员工。东风汽车公司介绍道：

东风汽车公司的主营业务涵盖商用车、乘用车、新能源汽车、发动机、汽车零部件及其他汽车相关业务，业务规模超过 380 万辆，其中商用车年产量约 37 万辆（东风汽车公司）。

中国是世界上最大的货车市场，也是电动乘用车领跑者。

东风汽车公司目前在中国提供三种纯电动货车，总质量从 2280kg 到 7100kg 不等（东风汽车公司）。东风电动货车如图 8.6 所示。

图 8.6 东风电动货车

注：来源于东风汽车图库。

4. 纳威司达

纳威司达是一家领先的商用货车、客车、军用车辆和发动机制造商，总部位于美国伊利诺伊州利索市。该公司主要在美国运营，其销售的汽车品牌为International。

2019 年，纳威司达在北美商用车展上推出了中型 International eMV 货车的纯电动版原型车（图 8.7）。正式生产的 eMV 车型于 2021 年投放市场。

图 8.7 纳威司达 eMV 纯电动重型原型货车

注：来源于 HDT Trucking info（David Cullen）。

eMV 原型车采用全电力驱动系统和"高度俯冲"的空气动力学前端，取消了传统 MV 车型的康明斯柴油发动机（Kane，2019）。

Inside EVs 对 eMV 的规格、续驶里程和起源做了如下介绍（Kane，2019）：

eMV 基于当前生产的 MV 系列。eMV 由峰值功率超过 474kW（约 645.5 马力）的电机驱动。原型车的连续输出功率为 300kW，即超过 400 马力。

该车设计有多种电池容量可供选择，从 107kW·h 到 321kW·h 不等。纳威司达公司表示："在典型的取货和送货周期中，客户使用 321kW·h 电池的货车应能在一次充电后行驶 250mile。"

eMV 的开发部分采用了纳威司达的战略合作伙伴、总部位于德国的传拓集团（大众卡车、曼恩卡车和斯堪尼亚卡车的母公司）开发的技术。

5. 沃尔沃卡车

沃尔沃卡车公司总部位于瑞典哥德堡，是世界上最大的重型货车品牌之一。其生产的 95% 以上的货车总质量超过 16t。沃尔沃生产的车辆畅销全球 130 多个国家。沃尔沃集团拥有沃尔沃卡车和雷诺卡车。

沃尔沃也投资了电动概念汽车。2018 年春季，沃尔沃卡车推出了两款纯电动货车车型——沃尔沃 FL 电动货车和沃尔沃 FE 电动货车（图 8.8）。这两款货车主要用于城市内的运输作业，如配送和垃圾收集。

图 8.8　沃尔沃电动货车

注：来源于沃尔沃货车。

沃尔沃 FL 电动货车的设计总质量最高可达 16t。沃尔沃 FE Electric 可满足总质量高达 27t 的重型作业需求。沃尔沃 FL Electric 配备了最大额定功率130kW 的电机。沃尔沃 FE Electric 配备了双电机,最大额定功率为 370kW,连续输出功率为 260kW。

(1)雷诺卡车

雷诺卡车是一家法国商用货车和军用车辆制造商,公司总部位于里昂附近的圣普里斯特。雷诺卡车最初隶属于雷诺汽车公司,自 2001 年起归瑞典跨国制造公司沃尔沃集团所有。

雷诺公司在混合动力和电动版商用车方面进行了投资。一款 16t 级窄驾驶室 D 系列货车和一款 26t 级 6×2 宽驾驶室版本货车的电机功率范围为57~300kW(图 8.9)。

图 8.9 雷诺纯电动汽车

注:来源于雷诺公司图库。

雷诺重点关注 200km 续驶里程的车辆。他们的研究表明,几乎 80% 车辆的行驶里程在 100~150km,往返于专用仓库,因为在那里设有充电基础设施。

与斯堪尼亚、曼恩和梅赛德斯一样,雷诺也投资零售配送业务的实际应用试验,其中涉及奢侈品供应商娇兰(Guerlain)和法国里昂的海鲜批发商德兰奇(Delanchy)。

最近的试验结果将证明电动货车与柴油货车相比成本更低。

（2）雷诺 Kangoo 厢式货车

雷诺 Kangoo 厢式货车与日产合资，独立于雷诺货车部门。

主要特点：全电动动力系统、零排放、106mile 续驶里程。

Kangoo ZE（图 8.10）是该品牌推出的一款简单的小型厢式货车，其内燃机动力传动系统已被淘汰，取而代之的是功率为 44kW（相当于约 60 马力）的电机。在空间方面，选择 Kangoo ZE 的买家不会比选择柴油版的买家损失任何东西，它可提供完全相同的 3~3.5m³ 载重空间和 650kg 有效载荷，驱动电机的电池组不会占用任何载重空间。

图 8.10　全电动版雷诺厢式货车

注：来源于雷诺公司图库。

ZE 还将提供两种 Maxi 乘员厢式货车版本，一种是五座厢式货车，另一种是基本型厢式货车。

Kangoo ZE 的官方时速为 81mile/h（约 130.4km/h），当然这在英国道路上已经足够，0—62mile/h（约 99.8km/h）加速时间为 20.3s，比采用传统发动机的同类车型慢 6s 多。

在整个驾驶过程中，仪表盘上的一个续驶里程显示屏引人注目。雷诺官方称，Kangoo 的续驶里程为 106mile（约 170.6km），这对于许多使用此类车辆的公司来说，足以满足一天的工作需求。

ZE 空车充电需要 6~8h。

不建议插入三相插座充电（这种方式需要 11h 或更长时间充满）。用户需要一个特定的插座，英国天然气公司是雷诺首选的安装合作伙伴。

6. 日野汽车有限公司

日野汽车（Hino Motors）有限公司，通常简称为日野，是一家商用车和柴油发动机日本制造商，总部位于日本东京日野市。日野汽车是丰田集团在亚洲中型和重型柴油货车市场的代表企业。

与许多其他货车制造商不同，日野投资于插电式混合动力技术。

日野和大众已同意深化在电动货车方面的合作，试图在技术上追赶戴姆勒等竞争对手，在城市交通方面获得物流公司的青睐（《日经亚洲评论》，2018）。

货车制造商日野、大众卡车和客车部门传拓集团（Traton Group）之间的合作协议，是两家企业在共同商定的更广泛合作关系下的首个举措（《日经亚洲评论》，2018）。

日野明确表示，对于希望减少碳足迹的物流运营商而言，电动汽车非常重要，日野还计划在 2020 年推出电动货车。从现阶段看来，这些产品主要针对亚洲市场，如新加坡，还针对澳大利亚市场。为了提高可持续性，日野改进了柴油混合动力系统、离合器、加速踏板等的设计（日野）。

除此之外，所有日野 300 系列混合动力货车（图 8.11）的混合动力传动系统都使用镍氢电池。目前，世界上大多数混合动力汽车都使用镍氢电池，在全球范围内，已有 300 多万辆混合动力汽车采用了与丰田集团相同的电池技术。

图 8.11　日野 300 系列混合动力货车

注：来源于日野全球网站。

143

日野的镍氢电池具有以下优点。

1）即使在大电流应用中，也能保证可靠性、安全性和耐用性。

2）耐过度充电。

3）低成本。

4）使用寿命长，无需维护。

7. PACCAR 公司

PACCAR 公司包括肯沃斯卡车公司、彼得比尔特汽车公司和 DAF 卡车公司。

PACCAR 是一家生产轻型、中型和重型货车的全球性运输技术公司，总部位于美国华盛顿州贝尔维尤市。肯沃斯（Kenworth）、彼得比尔特（Peterbilt）和 DAF 品牌由 PACCAR 拥有和进行产品销售。PACCAR 还设计和制造先进的柴油发动机，提供金融服务和信息技术，并分销与其主营业务相关的货车零部件（PACCAR）。

PACCAR 在纯电动汽车和氢燃料电池电动汽车技术方面进行了投资。在美国内华达州拉斯维加斯举行的 2019 年国际消费类电子产品展览会（CES 2019）上，该公司展出了三款零排放车辆：纯电动彼得比尔特 579EV 型、纯电动彼得比尔特 220EV 型，以及与丰田合作开发的氢燃料电池电动汽车肯沃斯 T680 型。PACCAR 指出："这些货车专为满足客户一系列需求而设计，包括公路货物运输、港口作业和城市配送"（PACCAR）。

PACCAR Inc 首席执行官罗恩·阿姆斯特朗（Ron Armstrong）在 2019 年 1 月举行的美国货车经销商展上表示，货车行业正朝着更清洁、更节能的方向发展，将采用越来越先进的自动驾驶技术来协助驾驶员（Clevinger，2019）。

阿姆斯特朗对来自全国各地的货车经销商说："未来的行业充满活力，技术加快了变革的步伐。现在，我们比以往任何时候都更需要创新来保持相关性。"（Clevinger，2019）。

DAF 卡车公司（DAF Trucks NV）是一家运输技术公司，也是欧洲主要的商用车制造商之一。DAF 是 PACCAR 公司的全资子公司。PACCAR 还设计和制造先进的柴油发动机，提供金融服务和信息技术，并分销满足其产品售后市场需求的货车零部件。

DAF 在零排放汽车（ZEV）市场的首批产品是 LF 和 CF 混合动力货车（图 8.12）和纯电动汽车。2020 年，DAF 在比利时、德国和荷兰测试产品，并于 2019 年与荷兰超市 Jumbo 合作推出了全 BEV CF 4×2。该车配有 170kW·h 的电池组和 210kW 的电动机，40t 时续驶里程为 100km，充电时间为 90min。

图 8.12　DAF CF 混合动力货车

注：来源于 DAF 卡车公司图库。

8. 凯斯纽荷兰工业公司（原凯斯纽荷兰公司）

凯斯纽荷兰工业公司（CNH Industrial）基于其各种业务，设计、生产和销售农业和建筑设备、货车、商用车、客车和特种车辆，以及广泛的动力总成应用产品组合，成为生产性资产设备领域的全球领导者。CNH Industrial 的业务遍及全球所有主要市场，并通过合资等方式扩大其在高增长市场中的影响力。公司在 180 个国家拥有 66 家制造工厂和 54 个研发中心，员工超过 64000 人。

CNH International 拥有 12 个主要品牌，包括依维柯（IVECO）和马基斯（Magirus），产品涵盖商用车、农用拖拉机、联合收割机、货车和客车，以及公路、越野和船用车辆的动力总成。

9. 依维柯

依维柯工业车辆公司是一家意大利运输设备制造商，总部位于意大利都灵。依维柯设计和制造轻型、中型和重型商用车，每年在全球生产约 15 万辆商用车。

依维柯在 2020 年之前主要致力于其厢式货车系列，几年前就推出了电动形式的依维柯 Daily（图 8.13）。依维柯多年来一直为其货车提供多种动力，最近又更新了 Daily Electric 和 Natural Power CNG 厢式货车。Daily Electric 可用于 3.5t 级或 5.0t 级底盘。

图 8.13 依维柯 Daily

注：来源于依维柯公司图库。

以下信息摘自《Van Fleet World》（Gilkes，2017）。

1）与大多数竞争对手不同，依维柯继续使用氯化镍钠电池，声称这种电池受温度和天气条件的影响较小，100% 可回收，并具有 110W·h/kg 的高能量密度。

2）根据操作质量和底盘长度，货车可配备一个、两个或三个电池组，续驶里程分别为 44mile（约 70.8km）、95mile（约 152.9km）或 125mile（约 201.2km）。

3）Daily Electric 面临的最大问题是成本。单电池厢式货车的价格约为 6

万英镑，双电池版本约为 8 万英镑，三电池版本约为 10 万英镑。

2020 年，英国政府为总质量为 3.5t 的车辆提供高达 20% 的插电式混合动力补助金，最高可达 8000 英镑。对于总质量超过 3.5t 的车辆，补助金将增加到最高 20000 英镑（英国政府，2020）。

英国政府还在研究将汽车驾照持有者的替代燃料厢式货车总质量从 3.5t 提高到 4.25t 的解决方案，这将使厢式货车增加 350~400kg 的有效载荷，从而使其更具可行性。

预计在 2017 年，该车型每年可节省 4000 英镑的柴油费用，而由于不需要支付伦敦拥堵费，还可再节省 3000 英镑。据估计，依维柯的投资回报期为 6 年，6 年后车辆的成本将保持不变（Gilkes，2017）。

10. 大众汽车集团和传拓 SE

大众汽车集团由来自 7 个欧洲国家的 12 个品牌组成：大众乘用车、奥迪、西亚特、斯柯达、宾利、布加迪、兰博基尼、保时捷、杜卡迪、大众商用车、斯堪尼亚和曼恩。斯堪尼亚和曼恩是传拓 SE 旗下的品牌。

传拓 SE 是大众汽车股份公司的子公司，也是全球领先的商用车制造商，旗下拥有曼恩、斯堪尼亚、大众 Caminhões e Ônibus 和 RIO 品牌。2018 年，传拓集团旗下品牌共售出约 23.3 万辆汽车。

11. 曼恩卡车与客车

曼恩卡车与客车（MAN Truck and Bus）是欧洲领先的商用车辆制造商和运输解决方案提供商之一，年收入约为 134 亿欧元（2019 年）。公司产品包括厢式货车、货车、客车 / 长途客车、柴油和燃气发动机，并提供与客运和货运相关的服务。

在 2018 年 9 月的汉诺威国际车展上，曼恩展出了 Cite Refuge Collection Vehicle（图 8.14），这是一款采用低入口驾驶室的纯电动汽车。此外，曼恩还在奥地利参与了与物流联盟（可持续物流理事会）的各种合资试验，该物流联盟由多家大型运输和物流供应商以及维也纳自然科学大学组成。

图 8.14 曼恩 Cite Refuge Collection Vehicle
注：来源于曼恩公司图库。

与该车辆相关的具体情况如下（保时捷新闻室，2018）。

试验车是为评估而制造的，采用 6×2 底盘，装有冷藏集装箱，目前正与几家超市客户合作运营。

TGS 4×2 18t 半挂车"演示车型"也在试运行，该装置安装了 250kW 的电机，为后轴提供驱动力。驾驶员可通过仪表板上的显示屏随时了解动力电池的充电水平。货车动力电池布置在驾驶室下方和前轴上方柴油发动机通常所在的位置。

2018 年，曼恩还与保时捷制造公司合作试用了一辆总质量为 32t 的 eTGM。这辆货车在物流合作伙伴 LGI 的内卡河畔弗莱贝格仓库和位于斯图加特祖文豪森的保时捷制造中心之间运行。

车辆用于运输保时捷电动 SUV Taycan 生产所需的零部件。目的是在两地之间每天 5 次、每次 19km 的行程中，每年减少 30t 的二氧化碳排放量。

MAN eTGM 是一款载质量为 32t 的 18.360$^\ominus$ 4×2 电动汽车，其有效载荷和路缘质量与柴油版相同。该设备由锂离子电池组提供动力，电池容量为 149kW·h，续驶里程为 130km。

公司计划从 2019 年第三季度开始，在英国和欧洲大陆运营一支由 50 辆

$\ominus$ 18.360 为车辆型号，表示车辆总质量为 18t，最大功率为 360 马力（约 265kW）。

eTGM 组成的车队，并建立一个重要运营信息数据库，为电动货车部件配置的前瞻性开发和适用于不同行程类型的动力总成设计提供指导。

12. 斯堪尼亚

斯堪尼亚的历史可以追溯到 1891 年，自 1912 年以来，其总部一直位于瑞典南部靠近斯德哥尔摩的 Södertälje，公司每年生产约 80000 辆货车和客车（斯堪尼亚）。

在 2018 年的国际车展上，斯堪尼亚还推出了一款欧 6 插电式混合动力货车（图 8.15），即 P 320，该车既可以采用纯电力驱动，也可以使用可再生能源——脂肪酸甲酯（FAME）或加氢处理植物油（HVO）生物燃料（斯堪尼亚，2018）。

图 8.15　斯堪尼亚插电式混合动力货车

注：来源于斯堪尼亚公司图库。

新型混合动力货车由斯堪尼亚 DC09 发动机提供动力，这是一款可使用氢化植物油或柴油的直列五缸发动机，与一台可产生 130kW（约 177 马力）功率和 1050N·m 转矩的电机并联工作。"锂离子充电电池的能量窗口设定为 7.4kW·h，以确保电池的长使用寿命。由于转向和制动供气采用电动辅助装置，货车可以在完全电动的模式下行驶，不需要内燃机的任何支持"（斯堪尼亚，2018）。

斯堪尼亚的混合动力车型于 2018 年 11 月上市，插电式混合动力车型则于 2019 年上市（斯堪尼亚，2018）。

2018 年 9 月，斯堪尼亚货车城市产品经理 Jesper Brauer 表示：

锂离子技术仍然是经过验证的最佳解决方案。就像我们以前的混合动力货车一样，混合动力 / 插电式混合动力货车主要利用再生制动捕捉动能进行充电。我们的目的是以自动零尾气排放（ZTE）模式驾驶货车，这意味着只要电池中有能量，就会始终使用电机驱动，并以较低的速度行驶。使用自动 ZTE 模式可实现尽可能低的油耗，因为它将在对节油有利的情况下切断内燃机的动力（斯堪尼亚，2018）。

8.3 商用车行业预测

大多数未来 10 年的行业预测都认为，电动商用车的大部分增长将来自轻型商用车（LCV）领域。这对依维柯和雷诺来说是件好事，因为它们已将自己定位为这一领域的先行者。

不过，福特、大众、曼恩和梅赛德斯都大量投资了轻型商用车产品，预计到 2020 年都将投入量产。

除了公交车和长途客车市场外，中型和重型货车市场的发展将在 21 世纪 20 年代的晚些时候到来。

目前，欧洲、美国和亚洲的各种研究报告都预测，到 2030 年，全球商用车销量的 40% 将来自厢式货车和低速货车。

由于总拥有成本（TCO）无法与以化石燃料为燃料的车型相提并论，而且在考虑氢气或其他替代能源时缺乏充电和加注基础设施，中型和重型商用车辆可能仍将依赖柴油。

对气候变化的关注以及环境法规的出台，使得提高燃油效率和减少排放的承诺达到了新的高度。目前正在开发新的发动机，以符合美国环境保护署于 2012 年制定的氮氧化物（NO_x）和颗粒物排放限制。最大的挑战仍然是监管差异，有些地区的限制比其他地区更严格。替代动力总成技术（天然气、混合动力或燃料电池）的使用正变得越来越普遍。持续的空气污染，尤其是大城市的空气污染，最终可能导致重型货车禁行。普华永道指出："一种可能的解决方案是制造更轻型的车辆；另一种是提高不同尺寸货车之间的互操作性，例如，使用可从重型车换到轻型车上的迷你集装箱。"（PWC Strategy&，2014）。

基础设施、车辆所有权，甚至货车驾驶员的特征都在发生变化，这些趋势表明需要开发与之相匹配的新型货车。普华永道建议：

长途货车越来越成为驾驶员及其家人的生活空间，因此需要配备适当的设备。随着数字技术的普及，中型和重型货车的熟练驾驶员短缺，因此需要提供驾驶员支持（PWC Strategy&，2014）。

全球影响商业环境的主要趋势涉及社会、技术、经济、环境和政治（STEEP）。尽管这些趋势在全球范围内非常相似，但它们对不同地区的影响不同。在这种情况下，每个行业参与者都有自己的潜在成功之路。为了根据自己的出发点和选择的目的地制定有效的战略，必须考虑以下五大因素（PWC Strategy&，2014）。

1）不断变化的商业环境（全球趋势）。

2）各国对货车的潜在需求（销售和市场）。

3）货车车主和运营商的需求和偏好（客户和产品）。

4）运营中的机会（生产和制造）。

5）环境问题、安全性能和互联网连接（创新）。

8.4　小结

- 全世界每年销售大约 200 万辆货车。排名前 10 位的制造商占全球货车销量的 90%。正如您从全球商用车排行榜中看到的，大多数货车制造商都拥有多个品牌。

- 大多数未来 10 年的行业预测是，电动商用车的增长将主要来自低速货车领域。

- 不过，福特、大众、曼恩和梅赛德斯都对轻型车产品进行了大量投资。
- 除了公交车和长途客车市场外，中型和重型汽车市场的发展将在 21 世纪 20 年代到来。
- 根据目前的估计，到 2030 年，全球商用车销量的 40% 将来自厢式货车和轻型商用车。
- 中型和重型车辆可能仍将依赖柴油，因为电动汽车无法体现总拥有成本优势，而且在考虑氢或其他替代能源时，缺乏充电或燃料加注基础设施。

8.5 参考文献

ACEA（2019）World commercial vehicle production. Retrieved from: https://www.acea.be/statistics/article/world-commercial-vehicle-production（archived at https://perma.cc/58TJ-7BNA）

BP Plc（2019）*BP Statistical Review of World Energy*, BP Plc, London

Clevinger, S（2019）Paccar CEO outlines path toward zero-emission trucks, automated driving, *Transport Topics*. Retrieved from: https://www.ttnews.com/articles/paccar-ceo-outlines-path-toward-zero-emission-trucks-automated-driving（archived at https://perma.cc/3FE3-7QWG）

Commercial Motor（2013）Decade of change in the 1970s European truck manufacturers. Retrieved from: http://archive.commercialmotor.com/article/7th-march-2013/29/el-ecade-of-change-in-the-1970s-european-truck-man（archived at https://perma.cc/74BU-ANX5）

Daimler Trucks（2018）Daimler Trucks sets up global E-Mobility Group and presents two new electric trucks for the U.S. market. Retrieved from: https://media.daimler.com/marsMediaSite/en/instance/ko/Daimler-Trucks-sets-up-global-E-Mobility-Group-and-presents-two-new-electric-trucks-for-the-US-market.xhtml?oid=40507299（archived at https://perma.cc/ZG33-MRKS）

Daimler Trucks North America（nd）Defined by Innovation. Retrieved from: https://daimler-trucksnorthamerica.com/company/history/（archived at https://perma.cc/KX7N-H94E）

Dongfeng Motor Corporation（nd）About Us. Retrieved from: http://www.dongfeng-global.com/index.php/aboutus/overview.html（archived at https://perma.cc/7J3Q-YM5R）

Gilkes, D（2017）Road Test: Iveco Daily Electric, *Van Fleet World*. Retrieved from: https://vanfleetworld.co.uk/road-test-iveco-daily-electric/（archived at https://perma.cc/LCP4-SL2U）

Hino（nd）The Hino Hybrid System. Retrieved from: https://www.hino.com.au/300/hybrid/

features/（archived at https://perma.cc/T2T6-9C5Y）

IEA（2017）*The Future of Trucks*, IEA, Paris

Kane, M（2019）Navistar launches new business for electrification, *Inside EVs*. Retrieved from: https://insideevs.com/news/379726/navistar-launches-new-business-electrification/（archived at https://perma.cc/L6EA-WMBF）

Mercedes-Benz（nd）Innovation fleet in practical trial. Retrieved from: https://www.mercedes-benz.com/en/vehicles/trucks/eactros-heavy-duty-electric-truck/（archived at https://perma.cc/C3LK-WL5H）

Nikkei Asia Review（2018）Hino-VW alliance seeks to gain ground on electric trucks. Retrieved from: https://asia.nikkei.com/Business/Business-deals/Hino-VW-alliance-seeks-to-gain-ground-on-electric-trucks（archived at https://perma.cc/GB97-W5DL）

OICA（nd）OICA sales statistics. Retrieved from: http://www.oica.net/category/sales-statistics/（archived at https://perma.cc/RUY4-5TW5）

PACCAR（nd）Get to know Paccar. Retrieved from: https://www.paccar.com/about-us/get-to-know-paccar/（archived at https://perma.cc/DW9S-AZCW）

Porsche Newsroom（2018）Porsche uses electric truck. Retrieved from: https://newsroom.porsche.com/en/sustainability/porsche-etruck-man-etgm-fully-electric-zuffenhausen-16611.html（archived at https://perma.cc/P5YT-KRU3）

PWC Strategy&（2014）The truck industry in 2020: How to move in moving markets. Retrieved from: https://www.strategyand.pwc.com/gx/en/insights/2011-2014/truck-industry-2020.html（archived at https://perma.cc/F7BJ-3EBG）

Roland Berger（2018）Trends in the truck & trailer market, Roland Berger, Aachen

Scania（nd）Scania Annual Reports. Retrieved from: https://www.scania.com/group/en/section/investor-relations/financial-reports/annual-reports/（archived at https://perma.cc/9GSY-7SJE）

Scania（2018）Versatile hybrid trucks for urban applications. Retrieved from: https://www.scania.com/uk/en/home/experience-scania/news-and-events/news/2018/09/hybrid-truck-for-urban.html（archived at https://perma.cc/CB26-7YDU）

Singh, A（2018）India's first-ever hydrogen fuel cell powered bus by Tata Motors is here! Made in India bus emits only water, *Financial Express*. Retrieved from: https://www.financialexpress.com/auto/car-news/tata-motors-indianoil-corporation-flag-off-countrys-first-hydrogen-fuel-cell-powered-bus/1096895/（archived at https://perma.cc/39JC-22VV）

UK Government（2020）Low-emission vehicles eligible for a plug-in grant. Retrieved from: https://www.gov.uk/plug-in-car-van-grants（archived at https://perma. cc/63QY-PHNG）

Zafar, S（2017）Top 10 truck manufacturing companies in the world, *all4truck.com*. Retrieved from: https://all4truck.com/blog/2017/12/06/top-10-truck-manufacturing-companies/（archived at https://perma.cc/4PVH-YGWU）

第 9 章
电动汽车市场的新生力量

本章将向读者介绍以下内容。

- 新生力量对电动汽车市场的威胁。
- 未来汽车工业的中心。
- 电动汽车和总拥有成本规划。
- 用于不同商用车的替代能源。
- 替代燃料的未来续驶效率。
- 与汽车制造商建立新的供应链关系。
- 未来底盘开发的合作研发。

9.1 开发柴油发动机替代动力源的竞争

奥伦·哈拉里说："电灯泡的诞生并不是因为蜡烛的改进。"

目前所有主要货车制造商都对"相当于蜡烛的能源"进行了大量的投资，同时都迫切希望开发出一种"电灯泡"，使他们能够在世界各大城市运营，避免越来越多的经济损失。

除了希望采取符合道德规范的环境战略来应对气候变化的挑战外，我们还看到了对清洁车辆的更大需求，运营商也越来越意识到不遵守城市法规进入清洁空气区将受到的处罚。

然而，配送和物流运营商需要仔细研究当前汽车制造商所能提供的产品。

早期采用电动货车的主要障碍如下。

1）初始价格，电动货车的价格比柴油发动机货车的同类产品高出数万美元。

2）对电动货车技术的可靠性持怀疑态度，充电系统的成本和可用性也不确定。

未来在满足车队需求时，主要考虑的问题是电池的能量密度，以及了解容量与尺寸和质量的关系。充电时间、续驶能力和有效载荷将是未来决策的重点。

即使不考虑相关政府奖励，如果将电动货车在整个使用生命期间节省的燃料和维护费用考虑在内，电动货车仍有很好的商业竞争力。

对于许多短途运输、定期返回仓库、使用加油/充电基础设施的城市配送业务而言，电动汽车将主导未来的物流格局；对于长途运输而言，这需要一套不同的计算方法。

在英国、美国、欧洲和中国，我们看到出现了许多创新型低排放商用车辆供应商，他们提供的不仅仅是传统的改装套件或特殊车辆属性。本章的主要部分将详细介绍这些新生力量及其所能提供的服务。

9.2　英国

1. Electra 商用车

Electra 业务得到了英国最大的车队管理公司之一 NRG Fleet Services 的支持并与之共同拥有，该公司的董事长为 Sid Sadique。NRG 为客户提供全天候的支持和保障，该公司完全了解如何在 7 年或更长时间的合同期内保证车辆的正常使用。这是 Electra 的支柱服务，其中包括全面的维护和备用车辆支持、合同租用和租赁、维修车间，以及遍布英国的流动工程师支持。此外，NRG 的客户正是需要 Electra 产品的客户，即城市中心运营商。

Electra 公司的角色是合作者，他们成功地与领先的货车制造商达成了供应"滑翔机套件"底盘装置的协议。这些底盘平台是戴姆勒、依维柯等公司为 Electra 公司专门制造的，使 Electra 公司能够利用其定制的电动汽车技术，先于其他公司向客户交付车辆。

快速技术交付是制造商之间的一次成功合作，这些制造商正忙于开发更多品种的产品。Electra 是一家专业合作商，利用汽车制造商的平台，能够为希望快速采用新技术的客户提供解决方案。

NRG 是 Electra 的专业车队管理合作伙伴，通过 NRG，Electra 拥有一个全国性网络来支持其产品（Electra 商用车，2020）。

这也使 Electra 成为少数几个能够全方位了解商用车运营领域的潜在第三方合作伙伴之一。

Electra 成为电动汽车服务领先提供商的理由可归纳如下。

1）道路运输行业目前主要由小型初创公司、急需资金的实验性公司和技术展示公司提供服务。

2）其他企业缺乏真正的物流和配送行业经验，无法为全天候运输行业提供支持。

3）货车制造商无法提供系统和工厂工程设计。

4）货车制造商正在寻找技术合作伙伴和供应商来提供电动汽车支持。

5）传统上，电动汽车技术将需要很长一段时间才能在货车和轿车中升级。

6）现在供不应求！

Electra 现在就可以向业界供货。Electra 已成功改装了一辆梅赛德斯 – 奔驰 Econic 垃圾车（图 9.1）。这是一款三轴 26t 产品，车身配置为压实机和垃圾箱升降机。

（1）城市垃圾车 Electra RCV 的主要特点

电池容量为 200 kW·h。

驱动电机最大功率为 350 马力（约 257.4kW；峰值）。

驱动电机峰值转矩为 3400N·m。

电能再生系统——预计在混合城市循环中的能量回收率为 12%~16%。

图9.1 Electra 垃圾车

注：来源于 Electra 商用车，2020。

"Geesink"车身长 22m，带电动动力输出装置（PTO）。

"Terberg Omnidel"分体式垃圾箱升降机。

预计每班行驶 100~150km，历时 9h。

与总质量 26t 的柴油动力货车相比，有效载荷减少 400kg。

两轴和三轴货车可减重 1000kg。

（2）电动汽车的总拥有成本（TCO）模型

燃料使用量越大，日常使用时间越长，电动汽车的成本就越高。

化石燃料的价格仍将呈上升趋势。

即使设立惩罚性法规和税收政策，碳减排压力仍将存在。

世界各地的主要城镇和城市都将提出清洁空气的要求。

天然气和氢气等替代能源的供应基础设施有限。

电力供应充足，价格合理。

（3）Electra 运营"每日成本"研究

Electra 在六个地点分析了 Electra RCV 在各种条件下的运行情况、里程数和垃圾箱升降次数。每天所需的电力/能源平均成本从 13 英镑到 18 英镑不等，与每天约 100 英镑的柴油等效成本相比毫不逊色（表9.1）。

表 9.1　Electra RCV 在不同地点的运行成本

项目	平均每天					
	利兹	蒂赛德	曼彻斯特	谢菲尔德	格拉斯哥（贸易）	伦敦
轮班时间	6.75	9	7.17	7	6.31	7.31
吨位	19.65	18	15.99	21	6.53	8.16
垃圾箱升降次数	907	1158	1100	1055	392	1138
里程	80	76	66	55	58	35
电池利用率 / kW	181	181	140	161	136	134
电池容量使用（%）	91	91	70	81	68	67
电力成本 / 英镑	18.10	18.13	14.00	16.10	13.60	13.44

注：来源于 Electra 商用车，2020。

最初开展的项目是深入研究关键运行要求，以确定电气化版本确切的能源需求。这就需要对路线规划、行程时间、气候和道路条件、驾驶员行为和设备使用情况进行详细分析，以便与柴油汽车进行直接比较。

Electra 团队进行了详细的总拥有成本研究，以比较每英里成本和确定电池大小所需的能量需求，从而确定电动垃圾车的质量和有效载荷。

他们估计，对于"城市垃圾车"而言，每千瓦时可行驶 0.9mile，以此为基础计算电池规格，以满足此类作业的续驶里程要求。他们为垃圾车运营商制定了极具竞争力的日成本。它们符合未来所有"清洁空气或低排放和零排放区"的要求，噪声低，最重要的是，它们将大大降低燃料管理和使用期内的维护成本。

目前，Electra 可能是英国电动中型和重型货车产品开发领域最有实力的新进入者。他们不仅拥有发展有效的汽车制造商合作伙伴关系的工程资质，还拥有管理运营车队和商业方面的专业知识，并提供包括能源补充、支付和总体拥有成本规划与管理在内的全方位支持服务。

在成为领先电动汽车生产商或汽车制造商一级供应商的竞争中，他们绝对是"值得关注的对象"。

2. Arrival

Arrival 是一家俄罗斯投资的电动汽车制造商，其位于牛津郡班伯里的新工厂可在 4h 内制造出一辆货车，年产量达 50000 辆。

Arrival 通过电机、逆变器、电池组和车身总成的专利满足了 80% 的零部件需求，并将以与柴油汽车同等的成本销售初级产品（图 9.2）。该公司还将致力于成为其他制造商的主要一级供应商。

图 9.2　Arrival 电动汽车

注：来源于 Arrival 图库。

该公司目前拥有约 300 名员工，其中 150 名专注于软件开发。50% 的软件工程师来自俄罗斯电信行业，他们在网络方面拥有深厚的专业知识，并越来越多地使用人工智能软件将产品和服务连接到分布式社区，为 Arrival 及其扩展企业关系提供一系列数字增值服务。Arrival 将成为值得现有货车制造商关注的未来一级供应商。

2020 年 1 月，现代汽车和起亚汽车宣布向 Arrival 投资 7500 万英镑。《商业与创新》杂志写道：

这项投资标志着双方合作的开始，以共同加快商用电动汽车在全球的普及。现代和起亚将利用 Arrival 的关键技术，帮助它们实现最近宣布的开发移动出行服务和实现车队电气化的目标（《商业与创新杂志》，2020）。

3. Paneltex

2007 年，位于约克郡赫尔市的 Paneltex 开启了一个车身和集成系统设计项目，以开发电动货车，为最终转向替代燃料汽车做准备。

然而，当时还没有可行的技术来满足 5~11t 总质量货车的要求。于是，Paneltex 制造了自己的试验车辆，并与五十铃直接合作，成功开发出了产品。

此后，他们花了数年时间完善和改进概念和设计。在此期间，全国许多地方的车队客户都使用了试验和示范车辆。

最新系列的 Paneltex 电动货车（图 9.3）以五十铃底盘驾驶室为基础，目前的总质量为 7.5t，未来的开发项目计划在更高和更低的质量范围内进行（Paneltex）。

图 9.3　Paneltex 五十铃电动货车

注：来源于 Paneltex，2020。

其亮点包括续驶里程达 240km、尾气零排放以及每英里更低的运行成本。这些车辆为类似的传统柴油发动机车辆提供了真正的替代选择（Paneltex）。

4. Tevva

Tevva 是一家主攻电动汽车的公司，总部位于埃塞克斯郡的切姆斯福德。其技术涵盖电池系统开发、远程信息处理、电力电子、软件、范围扩展和平台集成（Tevva）。

Tevva 的产品范围广泛，具有以下特征。

1）既是电动汽车制造商，又是电池组的工业制造商。这些专业技术使他们能够开发定制电动汽车电池和电池管理解决方案，其设计考虑到了电池的使用寿命。

2）能够提供"以客户为中心"的电池解决方案。电池成本是电动汽车最昂贵的投入之一，因此，需要合理确定电池存储能量的多少，而优化电量则是关键所在。

3）自主设计和制造的电池系统。Tevva 电池从一开始就是为商用车辆设计和开发的（Tevva）。

2020 年，Tevva 可以提供总质量 10t 的刚性货车（图 9.4）为期 7 年的租赁服务，包括维修和保养，月租金为 1900 英镑。相比之下，柴油汽车的月租金为 1450 英镑。电动货车不仅可以节省超低排放清洁空气区的拥堵费，还可以节省每月 600 英镑的燃料成本。

图 9.4　Tevva 电动货车

注：来源于 Tevva，2020。

2018 年，Tevva 通过汽车零部件制造商 Bharat Forge 从印度获得了 1000 万英镑的投资，并将未来重点聚焦于长期安全性、长期耐用性的研发，以及控制关键成本方面（Hindu Business Line，2018）。

Tevva 的电气和机械工程团队联合推出了行业领先的电池组（Tevva）。

Tevva 的四项核心技术如下。

1）Tevva Power ™。

2）Tevva Drive ™。

3）Tevva Link ™。

4）Tevva ReX ™（可选）（Tevva）。

9.3 荷兰

荷兰 EMOSS 是一家专业货车改装商和制造商，也是未来所有类型电池组、电机和底盘开发的一级供应商。EMOSS 致力于成为"电动汽车一站式商店"。

他们于 1998 年在农业设备领域起步，随后转向小规模电动市政车辆开发。他们在这一领域的经验使他们参与了特斯拉跑车的原始技术开发。

EMOSS 目前专注于开发 7~7.5t 的货车和客车的电传动系统套件和动力组件。位于英格兰西北部埃尔斯米尔港的 Astra Vehicle Technologies 是其安装合作伙伴。EMOSS 以 DAF 底盘为基础的电动货车如图 9.5 所示。

图 9.5　以 DAF 底盘为基础的 EMOSS 电动货车

注：来源于 EMOSS 网上图库。

短期内 EMOSS 需要开发的最重要领域是垃圾车市场，因为大多数商机都依赖于满足严格的环保要求，在许多情况下，符合零排放目标要求的车辆才会被考虑作为议会和机场运营的采购选择。

此外，EMOSS 在罐装配送方面与 Calor Gas 开展合作，并对比了柴油汽车与 BEV 的总体拥有成本，柴油汽车每 100km 的成本约为 44 欧元，电动汽车约为 5 欧元（EMOSS，2020）。

EMOSS 在其业务声明中非常明确地指出了以下几点。

1）产品成本。在许多情况下，电传动系统的额外成本可能比基本产品的成本高出 6 万 ~27.5 万英镑不等。

2）与 DAF 和 MAN 在 18t 级刚性货车方面合作。

需要了解 EMOSS 电动汽车的初始购买成本。同等内燃机货车的价格约为 70000 欧元，而 EMOSS 货车的价格约为 150000 欧元。投资回报将通过降低总拥有成本来实现（EMOSS，2020）。

与英国的 Arrival 一样，EMOSS 绝对是未来值得关注的一级供应商。

9.4 美国

1. 特斯拉汽车公司：货车部门和 Yandell Truckaway

自 1945 年以来，Yandell Truckaway 一直为北加州葡萄酒业提供服务。Yandell 以前沿技术和高效环保的运营为荣。Yandell Truckaway 将特斯拉 Semi 货车纳入车队，表明他们致力于成为支持成功向零排放运输过渡竞争中的领导者，而非追随者（图 9.6）。特斯拉设计的货车（图 9.7）配备了四个源自特斯拉 Model 3 的电机，使重型货车在不搭载拖车的情况下能在 5s 内从 0mile/h 加速到 60mile/h（约 96.6km/h）。特斯拉 Semi 最初宣布于 2019 年投产，不过现在已经调整为 2020 年。推迟生产的原因之一据推测为提供 600mile（约 965.6km）续驶里程的纯电动动力系统的开发能力不足（Teslarati，2019）。

图 9.6　2019 年由 Yandell Truckaway 运营的特斯拉 Semi 车队

注：来源于 Teslarati，2019。

图 9.7　特斯拉半挂车——艺术家眼中的 8 级 18 轮汽车

注：来源于 Tesla 图库。

　　Yandell 未来的零排放运输经验将在很大程度上取决于充电基础设施的成功建设和应用。Yandell 计划投资建设一座配备太阳能电池板的专用建筑，为充电基础设施提供必要的电力。电动物料搬运设备也将接入充电基础设施。

2. 尼古拉汽车

　　尼古拉汽车公司总部位于亚利桑那州凤凰城，是美国一家厢式货车和 8 级货车制造商，该公司采用零排放氢燃料电池动力系统，与一家挪威能源公司合作实施创新燃料供应战略，并与美国莱德卡车公司（Ryder Trucks USA）签订了全国范围的维修协议。该公司的 8 级牵引车组如图 9.8 所示。

图 9.8　尼古拉 8 级牵引车组

注：来源于 Nikola 汽车公司，2020。

尼古拉公司将直接面向所有终端用户销售，并提供 1000000mile 的免费燃料。通过与能源伙伴合作，他们将在全国范围内建设并运营 350 个氢燃料站（Lambert，2016）。

1）氢燃料电池技术在长途重型货车运营方面尚处于起步阶段，主要原因不仅在于缺乏加气基础设施，而且还在于氢的价格。目前氢的价格约为每千克 15 美元，氢燃料电池货车需要在氢价格低于每千克 3 美元时才能与现有的柴油汽车的总拥有成本水平相竞争。

2）氢燃料将是最优秀的车辆零碳能源，但成本和可用性将是其在短期内成为主流替代能源的关键障碍。

3. Rivian 和亚马逊

Rivian 是一家美国汽车制造商和汽车技术公司，该公司成立于 2009 年，致力于开发与可持续交通相关的车辆、产品及其服务。

Rivian 在美国密歇根州普利茅斯、加利福尼亚州圣何塞、加利福尼亚州欧文、伊利诺伊州诺默尔，以及英国设有工厂。2017 年，Rivian 宣布正在一个平台上制造电动运动型多用途汽车和皮卡，公司高管称，该平台可进行改装以用于未来车辆的制造，也可由其他公司进行改装适配。

2019 年 2 月，在这家初创公司刚刚推出纯电动 R1T 皮卡（图 9.9）和 R1S

SUV 时，亚马逊宣布对该公司进行 7 亿美元的投资。亚马逊计划在未来 10 年内向 Rivian 购买 10 万辆汽车。

图 9.9　Rivian R1T 皮卡

注：来源于 Rivian 图库。

2019 年 4 月，该公司宣布福特也将投资 5 亿美元，并与其合作开发一种全新的电池组，进而为福特未来的电动汽车或轿车提供动力。

亚马逊还希望，这笔订单能刺激其他公司以及像 Rivian 这样的有类似想法的初创企业为减少碳排放做出贡献。

目前，人们对 Rivian 的纯电动送货车知之甚少，但我们知道的是，Rivian 为其实用型 R1T 皮卡提供了三种电池组：容量分别为 105 kW·h、135 kW·h 和 180 kW·h。我们认为 135 kW·h 的电池组和最大的 180 kW·h 电池组更适合纯电动送货车的需求。

Rivian R1T 单次充满电的最大续驶里程从 230mile 到 400mile 不等，最高速度可达 125mile/h，从静止到 60mile/h 加速只需 3~4.9s，这取决于采用的电池组。

9.5　亚洲

1. 松下

近年来，电池研究方向发生了巨大变化。曾经在日本举行的电池研讨会上，近一半的演讲都是关于燃料电池和锂离子电池正极材料的。但自 2012 年以来，这些主题已被锂离子电池的下列三种替代平台所取代。

1）锂空气电池。

2）固态电池。

3）非锂电池。

虽然松下一直被认为是世界领先的锂离子电池供应商之一，但它并没有忽视续驶里程和安全性问题，这仍然是影响电动汽车普及率的关键因素。中国大连松下锂离子电池工厂如图 9.10 所示。

图 9.10　中国大连松下锂离子电池工厂

注：来源于松下新闻报导。

松下公司总裁 Kazuhiro Tsuga 认为，能量密度和安全性之间仍然存在权衡。虽然有可能将目前的能量密度水平提高 20%~30%，但固态电池技术有可能实现改进，从而实现更长的续驶里程、更安全的产品（不易燃烧）以及更轻、更便宜的电池。虽然可能还需要 5 年才能实现，但世界上最大的汽车制造商——丰田公司目前正将注意力集中在固态电池技术的开发上。

我们的目标是使产品每升能够产生 800~1000W·h 的能量，以支持一次充电续驶 500km。目前，许多电池工程专家认为，锂离子电池的能量密度已接近极限，2020 年后将不会有太大改进。因此，在未来 5~10 年内（2020—2030 年），固态电池作为锂离子电池竞争对手的可能性非常大。

当前在这些关于锂离子电池技术的局限性和固态电池替代技术的潜力的讨论中，令人感兴趣的是，锂离子电池的发明人、2019 年获得诺贝尔化学奖获得者奥斯汀得克萨斯大学教授 John Goodenough，也倡导发展固态电池。

目前锂离子电池的缺点是液态电解质被认为是一种潜在的火灾隐患，容易燃烧。这是因为存在一种被称为枝晶的因素，枝晶本质上是锂的小线状颗粒，随着时间的推移在电池内部生长，它们会刺穿阴极导致电池短路。特斯拉汽车和三星手机都曾发生过此类事件而登上报纸头版报道。

目前，一些新兴电池制造商一直在努力解决这一问题，并开发出新的固态电池方案，通过加入锌和镍等金属来解决这一问题，因为这些金属挥发性较低。这些金属在美国、中国、澳大利亚和秘鲁都有大量供应。

固态电池技术的发展将是未来低碳和零碳交通发展的关键因素。目前，钴是锂离子电池制造中不可或缺的原料，但钴的来源地多为世界上最不稳定的地区，其环境条件也不利于符合道德规范和可持续供应链的发展（法拉第研究所）。

大众、宝马、丰田、本田、日产和现代目前都在探索与各种电池技术专家合作，以期在 2025 年中期推出固态电池平台。

2. 比亚迪汽车

作为电池技术的先驱，比亚迪成立于 1995 年，其使命是通过创建一个完整的清洁能源生态系统来改变世界，从而减少全球对石油的依赖。比亚迪的创新产品在多个领域处于领先地位，包括纯电动汽车、客车、中型和重型货车及叉车、"云轨"单轨系统、太阳能发电和储能系统以及消费电子产品（比亚迪美国公司）。比亚迪的纯电动货车产品如图 9.11 所示。

比亚迪北美公司总部位于洛杉矶市中心，在加利福尼亚州兰开斯特有一个占地 55.6 万 ft^2（约 5.2 公顷）的大客车生产厂。比亚迪在美国有 800 多名员工（比亚迪美国公司）。

比亚迪连续 4 年（2015—2018 年）蝉联全球电动汽车销量第一，其新能源汽车足迹遍布全球 50 多个国家和地区的 300 多个城市。2018 年，比亚迪全

图 9.11　比亚迪纯电动货车

注：来源于比亚迪图片。

球新能源汽车销量超过 24.78 万辆，目前在全球投入使用的纯电动客车超过 5 万辆。比亚迪在全球拥有超过 31000 名工程师，其目标是，通过不断创新，让世界变得更美好。

比亚迪技术的核心是电池。作为全球最大的充电电池制造商之一，比亚迪开发的电池应用广泛，从手机、便携式计算机到大型并网储能系统，无所不包。比亚迪无毒的磷酸铁锂电池化学成分使该种电池成为当今市场上最安全的选择。

比亚迪在香港和深圳证券交易所上市。沃伦·巴菲特（Warren Buffett）的伯克希尔·哈撒韦公司（Berkshire Hathaway）是其最大的单一股东，占股 8.25%。

9.6　与成熟汽车制造商建立合作伙伴关系

1. Electra

Electra 团队在与成熟的汽车制造商合作方面卓有成效。在与梅赛德斯－奔驰公司合作项目之初，他们就在捐赠"滑翔机套件"装置的谈判中取得了重大突破。基于"滑翔机套件"装置，Electra 能够更快地开发出商业上可行的原型装置。

他们在保密协议中就如何通过梅赛德斯－奔驰 CAN BUS 平台获取车辆制

造数据和实现车辆连接达成一致，并最终建立了合作关系，从而能够订购工厂编码产品，并在 5 天内交付完整的改装设备。Electra 还成为电动动力总成以下关键部件的认可外包合作伙伴。

1）驱动电机。

2）逆变器。

3）封闭式电池包。

Electra 还建立了支持电池回收的"电池护照计划"。

电池单体封装在一个坚固的钢箱中，通过一个支架系统安全地固定在车辆底盘上。这再次证明了 Electra 在发展与汽车制造商的关系方面所付出的努力，并为 Electra 及其客户节省了宝贵的时间并带来了商业利益。

Electra 已经成功地与包括梅赛德斯 – 奔驰、依维柯、DAF 和丹尼斯在内的几家主要汽车制造商合作，开发低入口垃圾车、道路清扫车和其他市政车辆产品，在此过程中，Electra 不仅注重管理与汽车制造商工程和关键设计人员的关系，还在关键电动动力总成部件的符合道德规范的采购方面取得了重大进展。

Electra 还将因其电池可回收利用的特性成为市场的颠覆者。Electra 产品的一个独特之处是提供"电池护照"概念，该概念旨在捕捉每个电池单体的独特"DNA"，它不仅是预测未来车辆价值的重要工具，也是预测电池在初始车辆运行期满后的可用性的重要工具。Electra 公司已经开始展望未来的电池回收和潜在的静态储能用途。他们与一家创新的新型能源管理企业 Energi Mine Ltd. 建立了合作关系，这是一家领先的技术公司，该公司利用区块链和人工智能来改变消费者管理电力消耗的方式（Electra 商用车，2020）。

该系统在其战略中使用加密货币，允许消费者和公司使用数字货币支付电费。电动汽车及其电力使用和管理是未来的一项挑战，而 Energi Mine 正站在这项技术的前沿，利用其丰富的电力管理经验提供充电基础设施和支付系统。

2. 大众汽车和宝马与电池技术合作伙伴达成合作协议

大众汽车集团正在为下一阶段的长续驶里程电动汽车使用的动力电池铺

平道路，并于 2018 年成为斯坦福拆分公司 QuantumScape Corporation 最大汽车的企业股东（大众汽车，2018）。

此外，大众汽车公司与 Northvolt AB 成立了一家股比 1 : 1 的合资企业，于 2019 年建立了一家锂离子电池工厂。大众汽车在这家新成立的合资企业中开展合作，旨在实现固态电池的工业化生产，长期目标之一是到 2025 年建立固态电池生产线（大众集团，2019）。

2017 年 12 月，宝马与 Solid Power 合作，共同开发固态电池，用于宝马未来的电动汽车车型。该公司成立于 2012 年，是科罗拉多大学博尔德分校在固态电池技术研究基础上拆分出来的。该公司计划将其技术商业化，不仅用于电池驱动的电动汽车，还用于便携式电子产品、飞机和卫星（McDonald，2017）。

9.7 小结

- 在美国、欧洲和亚洲，新进入市场的企业正在威胁着已确立市场地位的汽车制造商。
- 小型、灵活、创新的初创企业将主导轻型和中型货车原型车的开发，并对寻求收购目标的汽车制造商产生吸引力。
- 早期采用电动货车的主要障碍是初始价格，电动货车的价格可能比使用柴油发动机的同类货车高出数万英镑，市场对电动货车技术的可靠性持怀疑态度，以及对充电系统的成本和可用性的不确定性。
- 即使不考虑大多数电动货车购买者所享受的政府优惠政策，如果将货车使用寿命内节省的燃料和维护费用考虑在内，电动货车仍有很好的商业价值。
- 对于许多短途运输、定期返回仓库和使用加油 / 充电基础设施的城市配送业务，电动汽车将主导未来的物流格局；对于长途运输，则需要进行不同的计算。

- 公路运输业目前主要由小型初创公司、急需资金的实验性公司和技术
  展示公司提供服务。
- 货车制造商正在寻找技术合作伙伴和供应商，为电动汽车提供支持。
  大众、宝马、丰田和本田已与从成熟学术机构分离出来的创新电池技
  术合作伙伴建立了有效的合资协议。
- 诺贝尔奖获得者、锂离子电池发明者约翰·古迪纳夫也在倡导开发固态
  电池，这种电池未来将与锂离子电池竞争，并将改变稀土材料的可持
  续和符合道德规范的采购的发展动态。

9.8 参考文献

Business & Innovation Magazine（2020）Banbury electric vehicle unicorn arrival receives £75 million investment from Hyundai and Kia. Retrieved from: https://www.businessinnovationmag. co.uk/banbury-electric-vehicle-unicorn-arrival-receives-75-million-investment-from-hyundai-and-kia/（archived at https://perma.cc/UES3-KTUA）

BYD USA（nd）The official sponsor of mother nature. Retrieved from https://en.byd.com/about/（archived at https://perma.cc/P9P9-2AWD）

Electra Commercial Vehicles（2020）Electra Commercial Vehicles. Retrieved from https://www.electracommercialvehicles.com/（archived at https://perma.cc/2ZLZ-S2V4）

EMOSS（2020）Electric vehicles for every purpose. Retrieved from: http://www.emoss.nl/en（archived at https://perma.cc/9VRF-88ND）

Faraday Institution（nd）Solid State Batteries. Retrieved from: https://faraday.ac.uk/research/beyond-lithium-ion/solid-state-batteries/（archived at https://perma.cc/WC6A-2NAC）

Hindu Business Line（2018）Bharat Forge invests £10 m in UK-based Tevva Motors. Retrieved from: https://www.thehindubusinessline.com/news/bharat-forge-invests-10-m-in-uk-based-tevva-motors/article24146154.ece（archived at https://perma.cc/CD5P-XX77）

Lambert, F（2016）Nikola Motor unveils electric truck concept with up to 1,200 miles of range, *Electrek*. Retrieved from: https://electrek.co/2016/05/12/nikola-motor-electric-truck-concept/（archived at https://perma.cc/V8FX-UXTZ）

McDonald, L（2017）BMW & Solid Power to jointly develop solid-state batteries for electric vehicles, *Clean Technica*. Retrieved from: https://cleantechnica.com/2017/12/18/bmw-solid-power-jointly-develop-solid-state-batteries-electric-vehicles/（archived at https://perma.cc/DUV5-X7YF）

Nikola Motor Company（2020）Nikola Motor Company Images. https://nikolamotor.com/
（archived at https://perma.cc/24DV-F5Q2）

Paneltex（nd）Paneltex electric trucks and zero-emission vehicles. Retrieved from: https://www.
paneltex.co.uk/service/electric-vehicles/（archived at https://perma.cc/Y99F-2LLH）

Teslarati（2019）Tesla Semi to kick off Yandell Truckaway's transition to an all-electric fleet,
Teslarati. Retrieved from: https://www.teslarati.com/tesla-semi-yandell-truckaway-all-electric-
transition/（archived at https://perma.cc/Z2NE-BL2C）

Tevva（nd）Retrieved from: https://tevva.com/tevva-technologies/（archived at https://perma.
cc/295P-YXAK）

Volkswagen（2018）Volkswagen partners with QuantumScape to secure access to solid-state
battery technology. Retrieved from: https://www.volkswagenag.com/en/news/2018/06/
volkswagen-partners-with-quantumscape-.html（archived at https://perma.cc/X985-HG8N）

VW Group（2019）Volkswagen and Northvolt form joint venture for battery production. Retrieved
from: https://www.volkswagen-newsroom.com/en/press- releases/volkswagen-and-northvolt-
form-joint-venture-for-battery-production-5316（archived at https://perma.cc/4PYQ-ZUZF）

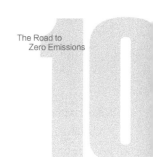

第 10 章

用于货车和运输工具的柴油和电力替代燃料

本章将向读者介绍以下内容。

- 气候变化和立法对新产品开发的影响。

- 尝试设计替代动力总成及其部件的主要一级供应商。

- 当前全球道路运输能源。

- 采用替代燃料动力系统（特别是氢燃料电池）的障碍。

- 替代燃料要获得市场认可所面临的成本挑战。

- 氢是重型货车未来的燃料吗？

10.1 气候变化推动产品变革

货车制造商正在气候变化问题上走钢丝，除非在 18 个月内收回成本，否则货车运营商不会投资这项技术。这一严格的措施，凸显了在气候问题的核心领域中对于经济与环境之间的平衡。

公路货运排放占总排放量的 7%，随着货运量的增长，货车运输所占的份额也将扩大。所有柴油发动机制造商都致力于减少重型货车的温室气体排放，但许多制造商都将一些创新搁置一旁，因为货车客户不会为此买单。

几乎所有关于电动汽车在长途公路运输中的可行性分析报告都认为，电动重型货车的增长有限，因为重型电动货车的电池质量和体积较大，会降低有效载荷并限制续驶里程。征收碳税或制定更严格的排放标准可以促使运营商在低排放技术上投入更多资金。不过，与欧洲相比，美国似乎不太可能出现这种变化，因为我们看到特朗普政府大力削减了对汽车行业的环保法规。

气候变化是全球公众、政治领导层和企业共同关注的重大问题。要采取行动解决这一问题，需要能够在零排放基础上运行的产品，而替代燃料已被认为是成功实现低排放的途径。

然而，受成本影响，目前电动汽车的价格比内燃机汽车高出很多，而加快采用零排放和低排放产品的一个关键因素将是政府采取的过渡期补贴。

中国已经充分证明，补贴可以产生重大影响，并已成为电动汽车生产和销售大幅增长的催化剂。

在为交通电气化和太阳能提供国家补贴和支持方面，欧洲和美国都落后于中国。

在没有政府补贴的情况下，可再生能源和依赖这种能源形式的产品将很难在市场上占据一席之地。

10.2 公路货运车辆的能源使用和排放

在全球范围内，公路货运的能源消耗在过去 15 年间增长了 50% 以上，从 2000 年的约 23EJ（艾焦）增至 2015 年的 36EJ。如今，公路货运占运输相关能源需求总量的 32%，占该行业最终能源的 97% 以上。

这使得公路货运成为全球石油需求增长的重要贡献者。自 2000 年以来，公路货运车辆的石油使用量增长了近 600 万桶 / 天，到 2015 年接近 1700 万桶 / 天，占同期全球石油需求净增长的 35% 以上（国际能源署，2017）。

在所有能源部门中，公路货运是柴油的主要用户。在该行业使用的所有石油产品中，84%（1400 万桶 / 天）是柴油燃料，这意味着全球柴油需求的一半左右来自公路货运。自 2000 年以来，全球柴油需求的净增长中，仅公路货运就占了 80%。

10.3 公路运输中的石油需求（国际能源署，2017）

汽油在公路货运中的作用要小得多，而且主要局限于轻型商用车辆，公路货运车辆中约 2/3 的汽油使用量与这一细分市场有关。公路货运车辆的汽油需求量为 260 万桶 / 天，占全球汽车汽油需求量的 13%。2015 年全球石油消费情况如图 10.1 所示。

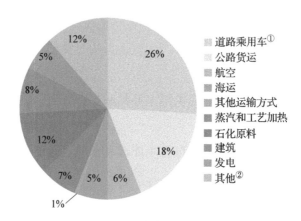

图 10.1　2015 年全球石油消费情况

注：1. 来源于 IEA，2017。

2. 百分比表示 2015 年石油消费占比。

① 此处的乘用车包括公交车以及两轮和三轮机动车。

② 包括农业、交通设施和其他非能源用途（主要是沥青和润滑剂）。

随着货车吨位的增大，汽油用量在公路货运石油需求中所占的份额也在减小。对于重型货车来说，由于燃料的能量密度较高以及柴油发动机在重型应用中的效率较高，几乎所有使用的油品都以柴油为基础。美国是公路货运用油量最大的市场，公路货运每天消耗约 330 万桶油基燃料，约占全球总量的 1/5。美国公路货运用油中约有 73% 是柴油。

在加拿大、墨西哥和美国，汽油所占的比例均超过 1/4，与大多数欧洲和亚洲工业化国家相比（这些国家的汽油所占比例从不到 1% 到日本的 23% 不等），美国汽油所占的比例成碾压态势，这反映出该国拥有庞大的轻型商用车队。欧盟的柴油用量约为 210 万桶 / 天（占全球总量的 13%），商用车用油几乎全部为柴油。

中国的石油需求量为 210 万桶 / 天，与欧盟基本持平，但其中约 10% 为汽油。自 2000 年以来，印度的公路货运石油需求是所有国家中增长最快的，增长了 3 倍多，印度和中东的公路运输用油量增加了 2 倍。2015 年，拉丁美洲和中东地区的石油消费量分别约为 140 万桶 / 天，其中约 90% 和 85% 为柴油（《印度商业线报》，2018）。

在非洲、东盟国家和巴西，公路货运用油量自 2000 年以来增加了 1 倍多。巴西目前的消费总量约为 70 万桶 / 天（约 95% 为柴油），而印度则为 80 万桶 / 天（几乎全部为柴油）（Hindu Business Line，2018）。

迄今为止，替代燃料在为公路货运车辆提供能源方面发挥的作用很小。

10.4　减少未来石油需求的增长（国际能源署，2017）

减少未来公路货运车辆对石油需求的增长是一项具有挑战性但可行的任务，机遇主要来自以下三个方面。

1. 公路货运运营和物流的系统性改进

以下技术进步可以减少公路货运货车运输活动的增长，提高货车在公路上的运营效率。

1）利用全球定位系统（GPS）技术，在货车发动机管理系统中嵌入现代远程软件，优化货车路线，以满足时间紧迫的交货任务。

2）通过驾驶员培训和使用车载实时反馈装置，可改善驾驶员的行为，这些装置可监测车辆上的许多道路行驶性能特征，如监测使用巡航控制情况，紧急制动情况，监测过长怠速时间以跟踪货车燃油经济性，以及一系列提高车辆利用率和降低维护成本的措施。

3）开发基于互联网的"开放源码"系统，可以更好地整合供应链数据，改善回程物流等，从而减少返回基地的空拖车数量，完全改变公路货运运营。

4）2020 年，服务于这一领域的物流系统和服务的发展呈现爆炸式增长，

第 12 章详细介绍了进入这一领域相关案例。

2. 车辆增效技术

许多车辆增效技术能通过节省燃料在几年内收回较高的购置成本。

1）对于现有货车，空气动力改造可降低风阻系数，从而减少道路行驶负荷；低滚动阻力轮胎可立即提高燃油经济性。

2）对于新货车，还存在减少空转和提高车辆效率的其他技术，如使用轻质材料和改进货车发动机、变速器和传动系统。

3）其中一些技术的投资回收期比运营商在购买新货车时所考虑的要长。

3. 替代燃料

使用替代燃料和替代燃料货车有助于实现主要的能源和环境政策目标。

1）公路货运燃料供应多样化，有助于减少二氧化碳和空气污染物排放。

2）天然气、生物燃料、电力和氢气是石油的主要替代品，但它们对政策目标的贡献程度不同。

（1）作为替代燃料来源的生物燃料

生物燃料并非新事物。早在 100 多年前，鲁道夫·迪塞尔就开发了使用生物燃料的发动机，作为使用柴油燃料发动机的替代品。

如今，生物燃料占公路货运最终能源使用量的 2.2%，所占比例与它们所替代的石油基燃料大致相当：生物柴油占 1.6%，乙醇占 0.6%，生物甲烷不到 0.01%。

美国和巴西是世界上最大的燃料乙醇生产国，两国占全球公路货运车辆燃料乙醇消费量的 80% 以上。

与乙醇相比，生物柴油在更多国家被用作公路货运燃料，在东盟国家、巴西、中国、欧盟、印度和美国使用生物柴油最为普遍。天然气为货车运输提供其余 1.2% 的能源，这主要用于双燃料货车，但也包括一小部分使用压缩天然气和液化天然气发动机的货车，但这一比例还在不断增加。图 10.2 显示了全球主要地区的汽油和柴油消耗。然而，人们仍然担心液化天然气也会造成严重的污染，在许多情况下其氮氧化物排放量是柴油的 5 倍。

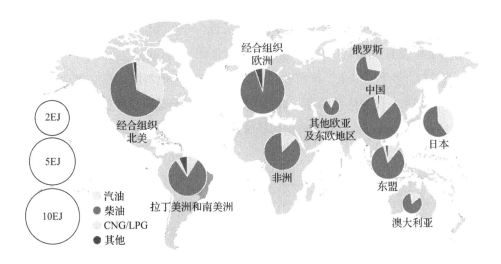

图 10.2　2015 年公路货运车辆能耗

注：来源于 IEA，2017。

在用于商用车的氢气加注设施短缺且没有相关的投资时，里程焦虑将是一个比较大的问题。

氢气储存在可快速加注的车载储氢罐中，这与传统柴油货车类似。氢气动力车辆通过电化学能量转换提供动力，直接排放的有害污染物（包括二氧化碳）为零。

氢气的成本较高，每千克为 12~15 欧元，车载储氢系统的成本也较高，这仍然是加速氢气替代柴油的最大障碍，换算为柴油的成本相当于每加仑 12~18 美元。

（2）氢气作为未来燃料的理由

支持氢气作为未来零排放燃料的理由基于以下两个关键因素。

1）加氢时间与目前使用的柴油非常接近。

2）它能提供足够的续驶里程，尼古拉汽车公司声称一箱氢的续驶里程目标为 1200mile（约 1931.2km）。

氢燃料是最有希望推动重型燃料电池汽车（HDFCV）实现商业化和广泛使用以取代柴油 HDV 的替代燃料。

目前，主要货车制造商都没有提供集成氢燃料电池平台。尽管如此，燃料电池在商用货车领域的前景依然光明，最近，一些汽车制造商宣布启动燃料电池汽车相关重大研发工作和示范项目，就证明了这一点。

自 2017 年年中以来，丰田公司一直在测试由氢燃料电池技术驱动的 8 级牵引车原型车。值得注意的是，丰田的最终计划显然是将这种重型质子交换膜燃料电池（PEMFC）驱动系统出售给 8 级货车制造商（而不是自己成为 8 级货车制造商）。

（3）零排放和近零排放货运设施计划

在肯沃斯和丰田的合作下，10 辆燃料电池拖车将专门用于将货物从洛杉矶港码头运往当地配送中心和内陆目的地。这 10 辆燃料电池拖车将由丰田物流服务公司、联合包裹运送服务公司（United Parcel Service，UPS）、道达尔运输服务公司和南部郡县快递公司（Southern Counties Express，SCE）负责运营。在项目的第二阶段，壳牌将开发两个新的"大容量重型氢站"（一个在威尔明顿，另一个在安大略），为这些燃料电池货车提供服务（Leonard，2018）

10.5 重型车辆解决方案

什么会对全球变暖产生更大影响？是特斯拉公司生产的那种时髦的电动乘用车，还是由康明斯公司正在印第安纳波利斯南部的研究中心测试的那种发动机驱动的重型货车？（Ip，2018）。

答案是后者，原因很简单：世界上大多数人的想法都跟康明斯的客户，而不是特斯拉的客户一样（Ip，2018）。

特斯拉的买家并不是为了省钱，康明斯研究主管韦恩·埃克尔（Wayne Eckerle）说，这是一种"情感购买"。康明斯的客户是商用货车运营商，"他们不会凭感情购买"。康明斯致力于应对气候变化，其提供的任何创新都必须符合一个简单的规则：在 18 个月内收回成本（Ip，2018）。

货车运输充分体现了商用车业务所面临的挑战和利害关系。尽管货车的数量少于客运车辆，但由于货车行驶距离更远、质量更大，其二氧化碳排放量几乎与客运车辆相同。国际能源署的数据显示，公路货运占运输相关温室气体排放量的 35%，占总排放量的 7%（Ip，2018）。

1）坏消息：随着货运量的增长，货车所占的比例将扩大，而乘用车的燃油效率比货车提高得更快。

2）好消息：与乘用车相比，渐进式变化实际上带来了更大的碳红利。

2009 年，美国联邦政府与制造商联合开展了一个名为"超级卡车"的项目，旨在将货车的行驶里程从每加仑 6mile（约 9.7km）提高到约 10mile（约 16.1km）。这相当于减少了 40% 的油耗。对康明斯来说，这意味着将发动机的效率（燃烧所产生的能量转化为动力而非废热的比例）从 42% 提高到 50%。

康明斯目前正在采用一些由此产生的创新技术，例如将变速器和发动机结合起来以实现最佳换档，以及增加气缸压力以最大限度地提高燃油效率。其旗舰重型发动机于 2017 年推出，续驶里程比上一代提高了 3%~8%。

康明斯尚未应用一些创新技术，因为它们不符合客户的成本标准。例如，康明斯研发出了通过将废热回收到发动机舱来提高 4% 效率的技术，但这在 18 个月内无法收回成本。

2016 年，第二个"超级卡车"计划启动，目标是将行驶里程提高到每加仑 14mile（约 22.5km），发动机效率提高到 55%。康明斯预测，实现新目标的难度将远远超过上一个目标，因为最简单、最具成本效益的革新已经完成。事实上，传统发动机的效率可能永远不会超过 60%。

康明斯更倾向于通过政府在车辆购买环节征收某种形式的碳税来提高纯电动汽车的吸引力。迫使客户消化气候变化的成本，自然会激励他们为低排放技术买单，无论车辆使用何种燃料（Ip，2018）。

康明斯公司首席执行官汤姆·林巴格（Tom Linebarger）说："如果我们想要更有效的规则，那就要确定最后的结果，让技术来竞争最佳解决方案。碳税比其他所有选择都要好得多。"（Pressman，2018）。

然而，征收碳税这条路可能走不通。监管之都华盛顿州的选民已经两次否决了这项税收，而法国刚刚因为广泛的抗议而被迫暂停提高燃油税。所有这一切都意味着，企业必须在没有政府利好政策刺激的情况下生存，其最好的方式是通过价格调控来实现低碳和刺激消费者。

康明斯与其他柴油发动机制造商一样，正在分散风险，为中小型货车开发电动、混合动力和天然气发动机。但在可预见的未来，长途重型货车仍将使用柴油。除了成本高昂外，电动货车的电池会减少有效载荷，充电也会延长行程时间。

因此，与纯电项目研发工作和示范项目相比，重型燃料电池电动汽车与电池－电力架构混合，可提高车辆性能并实现再生制动，从而为车队提供更大的实用性和适用性（Leonard，2018）。

目前氢燃料的成本是重型燃料电池电动汽车商业化的一大障碍。

对于重型车队来说，燃料成本在决定总运营成本方面仅次于劳动力成本。氢燃料目前的成本远高于柴油，是重型燃料电池电动汽车商业化的一大障碍（Leonard，2018）。

氢每千克成本为 10~15 美元。要实现与当前全球柴油成本持平，氢气的每千克成本需要接近 3 美元（Leonard，2018）。

美国目前的柴油成本约为每加仑 2.75 美元，英国柴油的成本为每加仑 6 英镑，相当于欧洲的 8 欧元和美国的 8 美元。因此，目前欧洲柴油燃料成本是美国的 3 倍。英国和欧洲显然有机会成为未来中重型氢燃料货车的先行者（Ricardo Energy & Environment，2019）。

乐观来看，与"传统驱动柴油货车"相比，"燃料电池电力驱动系统"的效率相对较高，这弥补了车载氢气成本较高和储氢量相对较小的不足（Leonard，2018）。

燃料电池制造商，如巴拉德动力系统公司（Ballard Power Systems），正在努力通过提高燃料电池堆寿命、降低投入成本、提高功率密度和其他先进技术，进一步降低拥有总成本（Ballard，2018）。

Ballard 表示，其用于重型车辆的质子交换膜燃料电池堆将于 2019 年投入商用（Leonard，2018）。

博世（Bosch）也是燃料电池堆行业主要的一级供应商。下文将详细介绍电池堆作为氢燃料系统一部分的具体功能。

燃料电池堆包含多达数百个燃料电池，它构成了燃料电池系统的核心。在串联排列的每个燃料电池中，都会进行"冷燃烧"。这种"冷燃烧"将持续输入的氢气和空气中的氧气发生化学反应产生的能量转化为电能。这一过程是氢在催化作用下分解为电子和质子时进行的（Bosch）。

质子通过聚合物膜向阴极方向扩散，电子则通过电路从阳极流向阴极。在此过程中，它们为车辆提供电流。在阴极，质子、电子和空气中的氧气反应生成最终产品水。在此过程中不会产生颗粒物或氮氧化物等副产品污染物（Bosch）。

与压缩天然气汽车一样，新兴的重型燃料电池电动汽车在设计上也使用压缩氢，氢气储存在沉重、昂贵的高压罐中（Leonard，2018）。

虽然车载 CH_2（亚甲基）储存功能强大且经过验证（使用与 CNG 储罐类似的技术），但它在成本、续驶能力和其他方面存在较多取舍，而这些因素对于满足重型货车运输的最低标准至关重要。在重型燃料电池电动汽车有效地渗透到公路重型车辆（HDV）应用（尤其是 HDV 货车运输）之前，可能需要进一步优化和改进氢燃料系统（Leonard，2018）。

目前，几乎没有为中 HDFCV 设计的氢燃料基础设施。为乘用车设计的有限的现有或计划中的加氢站也不具备为 HDFCV 提供燃料的条件。除少数示范项目外，唯一能为 HDFCV 加氢的加氢站都位于公交设施内，设计用于为燃料电池公交车加氢（Leonard，2018）。

为重型货车建立氢燃料网络的最初方法很可能会侧重于"走廊"概念，这将需要多年时间来精心规划，每个加氢站的成本大约为 300 万美元。要建立一个全国性的 HDFCV 加氢站网络，可能需要数十年时间，耗资数十亿美元。精确布局和使用加氢站，以使跟重型燃料电池电动汽车的步伐保持一致（Leonard，2018）。

🔘 案例研究 ▬▬▬▬▬▬▬▬▬▬▬▬

欧洲氢燃料重型货车原型车测试：斯堪尼亚和 ASKO 测试氢气推进系统

挪威最大的便利商品批发商 ASKO 正在继续投资可持续运输服务。2016 年，ASKO 与斯堪尼亚共同制定了一项原型车测试计划，对配备电动动力总成的货车进行测试。电能由车上燃料电池中的氢气转化而来。氢气将来自当地产生的太阳能。这些货车在近 500km 的配送范围服务中运行。在长距离运行的货车上将氢气转化为电能，为斯堪尼亚继续开发电气化动力系统提供了宝贵的经验（斯堪尼亚，2016 年）。

ASKO 的目标是实现气候中和业务，使用可再生燃料货车进行货物配送，并在长期内完全使用电力。

从车辆试点测试和为当地氢气生产而建的工厂中获得的经验，将成为 ASKO 决定是否继续投资采用氢气作为动力的基础。该研究项目的部分资金由挪威政府提供。

斯堪尼亚提供了总质量为 27t 的三轴配送货车，动力系统中的内燃机将被由氢燃料电池提供电力的电机所取代。动力总成的其余部分由斯堪尼亚已交付的混合动力货车和客车所使用的相同的标准组件组成。

到目前为止，测试结果良好，斯堪尼亚在 2020 年的更新中提供了最新报告：

氢气是长途电气化运输的一个有趣选择，早期测试表明，该技术在寒冷的气候条件下也能很好地发挥作用。我们将继续密切关注这些货车的性能。我还要赞扬 ASKO 公司及早采取大胆措施，保障了来自可再生资源的氢气的供应和燃料基础设施。该公司是真正采取行动促进运输行业向可持续运输转变的企业（Thomson，2020）。

一如既往，斯堪尼亚的工作以模块化方法为基础。斯堪尼亚指出："在 ASKO 运营的 4 辆货车中，动力总成中的内燃机被电机取代，电机的动力来自氢燃料电池和可充电电池。"动力总成的其余部分由斯堪尼亚已交付的混合动力货车和客车中使用的相同标准组件组成（斯堪尼亚，2020）。

10.6 可获得的大量资助

幸运的是，重型燃料电池汽车推广以及为其提供服务的加氢站获得了越来越多的资金资助（Leonard，2018）。

资助可抵消 HDFCV 较高的投入成本，对于车队经理购买车辆并承担与新燃料技术平台相关的风险至关重要。加利福尼亚州的零排放和近零排放货运设施（ZANZEFF）补助金提供了一个示范（Leonard，2018）。

各州刚刚开始发放大众汽车"柴油门"后和解协议中的 29.25 亿美元集体资金，这些资金用于美国环境保护署指导支持各州的活动。像南海岸空气质量管理区这样的地区机构正在将其奖励和研发资金的很大一部分用于 HDFCV 和氢气站（Leonard，2018）。氢燃料电池系统正朝着实现其商业化潜力的方向稳步前进。

最大的原因是主流的、经过充分验证的货车制造商的兴趣和参与度不断扩大，因为他们已经从柴油内燃机平台逐步转向零排放、纯电动和燃料电池平台。尽管是渐进式的，但氢燃料电池系统正在逐步实现其潜力，成为传统柴油 HDV 的零排放替代品（Leonard，2018）。

10.7 氢燃料电池开发

1. 美国

（1）尼古拉汽车公司

尼古拉汽车公司总部位于亚利桑那州斯科茨代尔，是领先的氢燃料电动货车制造商。

我们希望改变运输行业的一切。根据尼古拉的愿景，世界将变得更清洁、更安全、更健康（FutureCar，2019）。

尼古拉正在为高速公路自动驾驶打造高科技氢动力货车。尼古拉的所有产品都是为未来打造的，并配备了自动驾驶硬件（FutureCar，2019）。

正如 FutureCar 所言："尼古拉最大的客户之一——饮料公司安海斯 – 布希（Anheuser-Busch）向尼古拉订购了 800 辆 8 级零排放货车，作为其可持续发展战略的一部分，即在整个价值链中减少 25% 的二氧化碳排放。"（Future Car，2019）。

已经有客户排队购买尼古拉的零排放货车。目前尼古拉汽车公司的货车订单已超过 13000 辆。与柴油动力货车相比，这种货车的运营成本更低，因此货运业对这种降低成本的方式非常感兴趣（FutureCar，2019）。

尼古拉租赁计划要求车主每月为货车、氢燃料、维修支付固定费用。车主可以选择每行驶 1000000mile（约 160934.4km）或 84 个月换一辆尼古拉新车，以先到者为准（FutureCar，2019）。

FutureCar 列举了尼古拉货车的优点："尼古拉的货车拥有先进的环视系统，使用 15in 触摸显示屏，可向驾驶员实时显示货车和拖车周围情况，消除了所有盲点。"如图 10.3 所示。货车使用多个高清摄像头，结合雷达、超声波传感器和计算软件及硬件，可提供 360° 视角。尼古拉还宣布为城市短途货车运输提供纯电动选择（FutureCar，2019）。

图 10.3　尼古拉二号的内部结构

注：来源于尼古拉汽车公司，2018。

针对欧洲市场，尼古拉总裁马克·罗素（Mark Russell）和首席执行官特雷弗·米尔顿（Trevor Milton）发布了前所未见的 Nikola Tre，这是一款设计简洁、现代的先进货车（FutureCar，2019）。

罗素说："这款华丽的汽车根据装载情况可行驶 500~750mile（约 804.7~1207km），即使在欧洲也能在 15min 内快速加氢。""想想没有柴油货车

的欧洲吧。"米尔顿说，"道路将变得清洁、安静和美丽"（尼古拉汽车公司，
2019）。

尼古拉氢能执行副总裁杰西·施耐德（Jesse Schneider）讨论了公司的氢燃
料电池电动汽车愿景。该愿景包括世界上第一辆专门打造的燃料电池 8 级货
车，能够储存更多的氢气，优化动力系统的布置，以及强大的 70MPa 氢气加
注网络（FutureCar，2019）。

尼古拉汽车公司于 2019 年在其凤凰城总部开设了首个氢气站，并与业界
和其他汽车制造商合作，率先制定了氢气加注标准，以实现在 15min 内加注
燃料。其目标是实现安全性和互操作性，以便任何人都能在尼古拉加氢站加氢
（FutureCar，2019）。

与特斯拉一样，尼古拉汽车公司也开发了一种直销模式，并与主要客户
合作满足未来的服务和保养需求。尼古拉与莱德系统公司（Ryder System，
Inc）和汤普森机械公司（Thompson Machinery）合作，通过其遍布北美的 800
多个网点提供世界一流的销售、服务和保修（尼古拉汽车公司，2019）。

尼古拉汽车公司于 2018 年发布了一款原型车设计——Nikola Tre，这是一
款面向欧洲市场的氢燃料电池电动货车（图 10.4、图 10.5）。Nikola Tre 中的
"Tre" 在挪威语中是"三"的意思，该公司的创始人兼首席执行官特雷弗·米尔
顿（Trevor Milton）表示，Nikola Tre 的诞生是为了回应欧洲客户的广泛兴趣。

图 10.4　Nikola Tre 是尼古拉汽车公司在欧洲推出的氢燃料电池电动半挂货车

注：来源于尼古拉汽车公司，2018。

图 10.5　Nikola Tre European 半挂货车

注：来源于尼古拉汽车公司，2018。

Nikola Tre 将是欧洲重型货车零排放产品的首创。根据目前的计划，该产品将于 2022 年上市。

Nikola Tre 于 2018 年首次在凤凰城展出。这次活动是公众首次有机会看到这些车辆，包括拉着满载拖车的尼古拉二号半挂货车（图 10.6）和尼古拉 NZT 越野车。

图 10.6　尼古拉二号氢动力货车

注：来源于尼古拉汽车公司，2018。

Nikola Tre 的设计功率为 500~1000 马力（约 367.8~735.5kW），续驶里程为 500~1200km，具体取决于选择的版本。

尼古拉表示，Nikola Tre 将符合欧洲目前的尺寸和长度限制。

尼古拉公司的 Nikola Tre 已完成欧洲测试并已开始测试版生产。该公司与

IVECO 在德国乌尔姆的合资制造厂已经完工，并于 2021 年试生产。

尼古拉公司正在与总部位于奥斯陆的 Nel Hydrogen 公司合作，在美国建立氢气站，并计划利用 Nel 的网络和资源制定欧洲市场推广策略。

（2）尼古拉进军欧洲市场

截至 2019 年 9 月，尼古拉汽车公司宣布，拥有欧洲货车制造商依维柯并隶属于菲亚特公司的 CNH Industrial 将向尼古拉汽车公司投资 2.03 亿英镑（2.5 亿美元）。这表明，有人预测传统汽车制造商将在某个阶段投资或收购初创资产，以加速其进入替代能源市场（尼古拉汽车公司，2019）。

尼古拉和 CNH 的当务之急是将依维柯 S-Way 和欧洲尼古拉衍生产品"Tre"等车型的技术融合。这种合作关系将实现双方在制造技术、采购能力、货车零部件验证、工厂工程等方面的共享。

除与 CNH 达成合作协议外，尼古拉还宣布汽车零部件系统供应商博世和太阳能电池板制造商韩华已向其投资 1.86 亿英镑（约合 2.3 亿美元）。

尽管其他汽车制造商认为零排放解决方案无法在监管机构要求的时间框架内实现，但尼古拉、CNH、CNH Industrial 和依维柯将证明零排放氢燃料电池重型货车的时间表并非不合理。

2. 中国氢能市场的发展

中国科学技术部前部长万钢认为氢能是未来的趋势。2018 年 5 月，他在香港的一次新闻发布会上宣布了将中国打造成电动汽车强国的愿景（彭博新能源财经，2019）。

他彻底改变了全球汽车行业，巩固了电动化趋势。中国现在准备开发氢能，并在此过程中改变重型货车制造商的竞争格局。

被媒体称为"中国电动汽车之父"的万钢称，世界上最大的汽车市场将像接纳电动汽车一样接纳氢燃料电池汽车。他的战略——利用政府补贴吸引汽车制造商和车主加入汽车电动化行列，使中国成为电动汽车强国，如今全球每两辆电动汽车中就有一辆是在中国生产销售的。

万钢说，"我们应该考虑建立一个氢能社会"，他曾任全国政协副主席，这使他在国家未来规划中拥有发言权。"我们需要进一步发展燃料电池。"他说。这意味着政府将投入资源开发此类汽车（彭博新能源财经，2019）。

万钢表示，虽然中国计划逐步取消长期以来对日渐成熟的电动汽车行业的补贴计划，但政府对燃料电池电动汽车的资助可能会在一定程度上继续保留（彭博新能源财经，2019）。

与电动汽车相比，氢燃料电池电动汽车有一些优势，其中最主要的是加氢时间与柴油汽车加油时间接近；主要问题在于氢燃料与柴油相比的成本，目前氢燃料的成本是其化石燃料竞争对手的 4~5 倍。

丰田公司已经开始试验燃料电池电动汽车，但在氢燃料成本降低、氢基础设施在全国范围内建立起来之前，人们仍然不愿意将氢燃料汽车视为真正的竞争对手。从某种角度来看目前的情况，中国目前使用的氢燃料电池电动汽车只有 1500 辆，而纯电动汽车则超过 200 万辆（彭博新能源财经，2019）。

对于曾在德国接受培训的机械工程师万钢来说，向氢能的转变是实现以下愿景的必然步骤：让电动汽车主导市内交通，而装满储氢罐的客车和货车则在全国的高速公路上行驶，以满足长途旅行需要。

此外，还有氢气易燃的问题，最近挪威一个加气站发生的火灾就证明了这一点。但万钢相信，氢气应用所面临的诸多问题终将得到解决。

根据英国国家环境基金（BNEF）2019 年的一份报告，由于质量和续驶里程的限制，远途商用车目前还不太适合单独使用电池。如果政府放宽对氢燃料基础设施的限制，氢燃料电池将是一个不错的选择（《商业时报》，2019）。

除了氢以外，万钢对计算机将完全取代人类驾驶这一观点表示怀疑："我相信人们仍然希望驾驶或拥有对汽车的控制感。"他还表示，他不认为中国会发布全国性的汽油车销售禁令，这将由省级政府自行决定（《商业时报》，2019）。

3. 日本

彭博社展望了氢电池的未来。日本正在做出努力，计划到 2020 年将道路上的燃料电池电动汽车数量增加到 4 万辆，但据彭博新能源财经估计，迄今为止，销量还没有接近这一目标（彭博新能源财经，2019）。

4.戴姆勒引领欧洲氢能发展

在欧洲,戴姆勒旗下的梅赛德斯－奔驰公司推出了其广受欢迎的 GLC-SUV 燃料电池版本。在美国,加利福尼亚燃料电池合作组织正在努力推广这项技术,但成效有限。

10.8 替代燃料增长潜力结论

创建可持续燃料市场困难重重。许多技术突破在很大程度上依赖于汽车制造业以及生物燃料产业,而货车和货车制造商的影响力较小。

物流业和主要车队运营商的采购决策者将会产生影响,但影响程度不如石油公司和监管机构,后者会影响加油基础设施的发展和替代燃料消费补贴的发放。

天然气(压缩天然气和液化石油气)、氢气和生物燃料等燃料的未来市场发展都面临着阻碍,需要通过公共政策和私人投资来解决。

在巴西等国,如果土地使用问题能够得到解决,到 2030 年,生物燃料在货运领域的市场份额可能会大幅增加,这可能会伴随着弹性燃料货车的使用增加(Schmitt 等,2011)。巴西近期对热带雨林的大规模破坏似乎阻碍了生物燃料的推广。

人们开始关注第二代生物燃料。这些燃料可以用废料生产,如残油或城市垃圾,以及纤维素作物(专用能源作物)。据欧盟称,使用纤维素生物质原料可以通过更复杂的化学工艺,利用农业、林业、木浆和造纸业的产品、副产品和废物生产生物燃料。英国皇家学会(2008)认为,生物燃料可能是未来解决方案的一部分,但只是一小部分。

替代燃料已取得进展,但有证据表明,电动货车仍是主导产品。截至 2019 年,DHL 在全球拥有约 98500 辆货车,其中约 8000 辆采用了替代驱动技术。

物流业电动车队发展起点的基数很小,目前大多数产品的价格与柴油发动机同类产品相比较高。成本差距需要缩小,补能基础设施的挑战需要解决,还需要政府的财政激励和环境认证来加速替代燃料的应用(McKinnon 等,2015)。

本章试图突出正在取得进展的领域。在进入 21 世纪的第三个十年之际，我们还研究了那些活跃的参与者，通往零排放的道路看起来就像这些公司之间的一场竞赛。这些公司如下。

1）新进入者中的特斯拉和尼古拉。

2）传统汽车制造商和一级供应商，如：

①传拓集团（大众）。

②梅赛德斯 – 奔驰。

③ Paccar。

3）柴油发动机和零部件制造商，如康明斯、纳威司达、博世和采埃孚。

10.9 小结

- 在所有能源部门中，公路货运是柴油的主要用户。在该行业使用的所有石油产品中，84%（或 1400 万桶 / 天）是柴油燃料，这意味着全球柴油需求的一半左右来自公路货运。自 2000 年以来，在全球柴油需求净增长中，仅公路货运就占了 80%。

- 几乎所有关于电动汽车在长途公路运输中的可行性的市场报告都认为，电动重型货车的增长有限。

- 碳税或更严格的排放标准可能会促使运营商在低排放技术上投入更多资金，但这种变化在美国似乎比在欧洲更不可能发生。

- 康明斯与其他柴油发动机制造商一样，正在分散风险，为中小型货车开发电动、混合动力和天然气发动机。但在可预见的未来，长途重型货车仍将使用柴油。

- 燃料电池技术日趋成熟，并针对重型车辆（HDV）应用进行了优化。目前，重型燃料电池电动汽车仍面临的主要挑战是氢燃料供应而非燃料电池硬件。

- 为了与柴油进行成本竞争，氢需要从每千克 15 美元降至每千克 3 美元以下。按照目前的制氢工艺，氢气的成本相当于每加仑 12~18 美元的柴油。

10.10 参考文献

Ballard（2018）Ballard unveils next generation zero-emission fuel cell stack for heavy duty motive market. Retrieved from: https://www.ballard.com/about-ballard/newsroom/news-releases/2018/09/19/ballard-unveils-next-generation-zero-emission-fuel-cell-stack-for-heavy-duty-motive-market（archived at https://perma.cc/55MM-RM39）

BloombergNEF（2019）China's father of electric cars says hydrogen is the future. Retrieved from: https://www.bloomberg.com/news/articles/2019-06-12/china-s-father-of-electric-cars-thinks-hydrogen-is-the-future（archived at https://perma.cc/4SUN-63LD）

BloombergNEF（2019）Electric transport revolution set to spread rapidly into light and medium commercial vehicle market. Retrieved from: https://about.bnef.com/blog/electric-transport-revolution-set-spread-rapidly-light-medium-commercial-vehicle-market/（archived at https://perma.cc/JVR7-9YX5）

Bosch（nd）Fuel-cell stack: the heart of the fuel cell system. Retrieved from: https://www.bosch-mobility-solutions.com/en/products-and-services/passenger-cars-and-light-commercial-vehicles/powertrain-systems/fuel-cell-electric-vehicle/fuel-cell-stack/（archived at https://perma.cc/2VUG-V6SJ）

Business Times（2019）China's father of electric cars declares hydrogen as the future. Retrieved from: https://www.businesstimes.com.sg/transport/chinas-father-of-electric-cars-declares-hydrogen-as-the-future（archived at https://perma.cc/33L4-F37G）

FutureCar（2019）Nikola Motors reveals its latest hydrogen-electric vehicles at 'Nikola World 2019'. Retrieved from: https://www.futurecar.com/3142/Nikola-Motors-Reveals-its-Latest-Hydrogen-Electric-Vehicles-at-Nikola-World-2019（archived at https://perma.cc/U4GA-YJAP）

Hindu Business Line（2018）India, China to drive road freight fuel consumption: IEA *Hindu Business Line*. Retrieved from: https://www.thehindubusinessline.com/news/world/india-china-to-drive-road-freight-fuel-consumption-iea/article9747188.ece（archived at https://perma.cc/G8MA-K2F3）

IEA（2017）*The Future of Trucks*, IEA, Paris

Ip, G（2018）Business's climate challenge: getting customers to pay, *Wall Street Journal*. Retrieved from: https://www.wsj.com/articles/businesss-climate-challenge-getting-customers-to-pay-1544011201（archived at https://perma.cc/ZWP3-DPFF）

Leonard, J（2018）Hydrogen fuel cell future is promising for heavy-duty trucks, *ACT News*. Retrieved from: https://www.act-news.com/news/hydrogen-fuel-cell-vehicles/（archived at https://perma.cc/K7UQ-YYF3）

McKinnon, A, Browne, M, Piecyk, M and Whiteing, A（eds）（2015）*Green Logistics: Improving the environmental sustainability of logistics*, Kogan Page, London

Nikola Motor Co（2018）Nikola Launches stunning truck for European market. Retrieved from: https://nikolamotor.com/press_releases/nikola-launches-stunning-truck-for-european-market-53（archived at https://perma.cc/92RF-RFDF）

Nikola Motor Co（2019a）Nikola showcases five zero-emission products at Nikola World. Retrieved from: https://nikolamotor.com/press_releases/nikola-showcases-five-zero-emission-products-at-nikola-world-61（archived at https://perma.cc/7G79-Q633）

Nikola Motor Co（2019b）CNH Industrial to lead Nikola's Series D round with $250MM USD investment. Retrieved from: https://nikolamotor.com/press_releases/cnh-industrial-to-lead-nikolas-series-d-round-with-250mm-usd-investment-64（archived at https://perma.cc/5RJ3-9765）

Pressman, M（2018）Cummins talks Tesla, electric trucks, and the need for a carbon tax, *Evvanex*. Retrieved from: https://evannex.com/blogs/news/cummins-talks-tesla-electric-trucks-and-hopes-for-a-carbon-tax（archived at https://perma.cc/FWK9-U5GW）

Ricardo Energy & Environment（2019）*Zero Emission HGV Infrastructure Requirements,* Ricardo Energy & Environment, Didcot

Royal Society（2008）Sustainable bio-fuels: prospects and challenges. Retrieved from: www.royalsociety.org/policy/publications/2008/sustainable-biofuels（archived at https://perma.cc/9H2Z-GK82）

Scania（2016）Scania and Asko test hydrogen gas propulsion. Retired from: https://www.scania.com/group/en/home/newsroom/press-releases/press-release-detail-page.html/2277739-scania-and-asko-test-hydrogen-gas-propulsion（archived at https://perma.cc/W5DX-YWEV）

Scania（2020）Norwegian wholesaler ASKO puts hydrogen powered fuel cell electric Scania trucks on the road. Retrieved from: https://www.scania.com/group/en/home/newsroom/news/2020/norwegian-wholesaler-asko-puts-hydrogen-powered-fuel-cell-electric-scania-trucks-on-the-road.html（Scania, 2020）（archived at https://perma.cc/2LAF-4CY4）

Schmitt, W F, Schaffer, R and Szklo, A（2011）Policies for improving the efficiency of the Brazilian light-duty vehicle fleet and their implications for fuel use, greenhouse gas emissions and land use, *Energy Policy*, 39（6）, pp 3163–76

Thomson, J（2020）. Scania puts hydrogen tests trucks into action in Norway, *Truck & Bus News*. Retrieved from: https://www.truckandbus.net.au/scania-puts-hydrogen-tests-trucks-into-action-in-norway/（archived at https://perma.cc/E2NW-GP3R）

第 11 章
汽车行业的业务创新

本章将向读者介绍以下内容。

- 汽车行业商业模式创新。
- 英国货车制造业的衰落。
- 案例研究：英国曼恩卡车与客车公司。
- 客户关系管理。
- 适应不确定的未来。
- 非传统投资者的影响。
- 案例研究：特斯拉汽车公司。

11.1　商业模式创新

零排放之路将不仅挑战传统汽车制造商的现状，还将迫使他们从根本上改变现有的商业模式，并进行大规模创新。

21 世纪的商业模式创新需要的不仅仅是新产品开发。鲁道夫·迪塞尔（Rudolf Diesel）、迈克尔·法拉第（Michael Faraday）、詹姆斯·瓦特（James Watt）或尼古拉·特斯拉（Nikola Tesla）等人将以闻所未闻的力量为我们所设想的工业革命提供动力。

已经存在了 1 个世纪或更久的商业模式将受到技术和创新的挑战，今天的工业巨头将在不到 10 年的时间内消失。

想想柯达和宝丽来相机，再想想今天的数字图像领域。最初的照相机制造商已被苹果和三星等智能手机制造商取代。

商业模式创新并不局限于制造业，零售业也经历了大规模的颠覆。过去的零售巨头，如反斗玩具城和百视达音像店，如今已被亚马逊和 Netflix 取代。

传统零售业商业街区的百货公司已被一镑店和慈善商店所取代，这在很大程度上反映了居民可支配收入的变化。

我们曾毕生从事的行业如今在盈利能力、生产率和工厂利用率方面面临巨大压力。除非进行彻底的商业模式创新，否则今天的许多工业巨头将不会体面地"退休"，而是会像罗孚、ERF、安然、泛美航空公司、环球航空公司、标准石油公司和安达信公司一样，突然宣布中止业务及大裁员。对于许多现有的雇主，特别是汽车行业的雇主来说，要保护他们现有的业务并过渡到新的领域，似乎有六个关键的变革和创新驱动因素需要关注，它们将在未来 50 年主导市场的发展。

1. 商品化

降低价格和利润的压力一直存在。过去 50 年间，英国有 30 多家商用车制造商倒闭。事实上，目前只有 5 家非英国货车制造商生产 7 个品牌的货车，为英国市场提供服务。欧洲每年可生产 40 多万辆货车，但目前的需求量约为 30 万辆。由于立法和供应能力过剩，产品市场竞争激烈，价格和利润不断降低。

未来的商业模式是商家需要提供明确的产品或差异化服务，以避免竞相压价。

2. 数字革命

商业模式创新（BMI）将在很大程度上受到新技术的影响，这些技术将为小公司提供过去只有大公司才拥有的计算能力，从而创造公平的竞争环境。大型传统企业可能不得不考虑与新的数字合作伙伴达成合作，以维持其在市场上的地位。

例如，米其林解决方案公司与合作伙伴团队合作，为轮胎制造公司提供一系列服务。轮胎检查服务可在轮胎使用过程中对其进行检查，"Effifuel"服务可通过远程功能检查车辆的燃油效率，这只是传统业务模式数字化转型的两个例子。拥有利用增值信息服务平台的专业知识将使你强化这样一种观念：下个时代生存的关键不再是你制造什么，而是你知道什么。

3. 社交媒体

社交媒体平台使世界上任何地方的人们都能即时联系、分享信息和创建社区。在利用客户评论量化客户满意度方面，社交媒体尤为重要。

新的在线营销沟通渠道的出现，增加了与客户沟通的桥梁，并带动了新的营销和支付方式的发展。

4. 全球化

现在，无论产品、市场或行业如何，竞争对手都无处不在。优步（Uber）就是一个很好的例子，它的在线软件功能不仅对全球的传统出租车服务构成竞争威胁，现在还进入了食品配送领域。

5. 日益动荡的世界

我们生活在一个充满经济动荡、领土和宗教争端、人口结构变化以及快速变革的世界。2008年的金融危机始于美国的次级抵押贷款拖欠问题，导致了商业危机蔓延，几乎影响到全球所有银行系统。

当前大国之间的贸易争端进一步证明，一个动荡的世界会对世界贸易产生深远影响，诸如戴姆勒、宝马和大众等德国大型汽车公司也无法独善其身。

6. 变革速度

许多业务领域的变革速度都要求组织机构采用灵活机动的企业文化。然而，许多企业由于要维持现有的业务模式而无法做到这一点。目前的汽车制造商不得不同时兼顾维持化石燃料动力系统的生产与对电动汽车新设计和生产能力的大规模资本投资。

短期内，这两种行为都将大大削弱自身的盈利能力和股东回报。这些压力还将促进前所未闻的合作活动，在开发符合环境立法要求所必需的未来能源平台时，不仅要分担成本，还要分享经验。这让人想起了达尔文的进化论——生存下来的不是最强壮或最聪明的人，而是那些最能适应新环境的人。

考虑到这六大关键驱动因素，克兰菲尔德大学马尔科姆·麦克唐纳（Malcolm McDonald）教授的观点也值得一提。马尔科姆·麦克唐纳教授在监测和撰写有关企业成功与失败的文章方面成就卓著。

如今，所有的产品和服务都是优秀的，从这个意义上说，它们都能完美地完成使命，因此，拥有好的产品不再能让你如愿以偿地致富。如今，致富的唯一途径就是以吸引顾客的方式使自己与众不同。吸引顾客的一个重要因素就是金钱。如果客户知道与你打交道会让他们更富有，他们就会与你打交道，就是这么简单。但问题是，他们需要知道他们将如何变得更富有，而你的工作就是向他们展示这一点（McDonald，2018）。

英国曼恩卡车与客车公司（MAN Truck & Bus）的案例就是一个很好的证明，它说明了如何通过商业模式创新和财务量化的价值主张，显著提高从制造商到分销渠道再到最终用户的整个行业的盈利能力；它既说明了这一过程并非易事，又说明了包括社会在内的所有利益相关者都能从中获得巨大回报。

本书作者之一——戴斯·埃文斯（Des Evans）曾任英国曼恩卡车与客车公司首席执行官，并因其对运输业的贡献而获得大英帝国勋章（OBE）。由于存在大量的浪费并且低效，该行业历来利润率很低，而他对该行业做出了巨大贡献，本案例只是其中的一小部分。这对说服读者认真对待商业模式创新和财务量化价值主张这一话题具有潜在影响。

7. 产品发布

在推出新产品时，许多公司都把重点放在产品的功能、优点和技术配置上，结果又变成了另一种"太虚无缥缈的产品"，最终变得商品化，陷入与竞争对手的价格战。

因此，在通过价值主张开发新的商业模式创新时，需要提出两个重要问题：

1）哪里是你的目标市场？

2）你的差异化优势是什么？

这些问题非常简单，但对许多组织来说却总是很难回答。

🏷 案例研究

1970—2020 年的英国商用车市场

本案例研究考察了从 20 世纪 70 年代到 2020 年这 50 年间的英国商用车市场，重点介绍了曼恩卡车公司（MAN Trucks）作为英国市场的相对新来者，是如何在一个日渐衰落的市场推出新产品系列并取得骄人业绩的。该公司通过精心选择目标市场和展示与竞争对手的可持续差异化，实现了市场份额达到 12% 和年销量达到 6000 辆的目标。关于如何回答前面两个关键问题的细节，将在本案例研究的后面部分讨论，但首先必须了解 50 年来市场演变的背景。

值得注意的是，市场领导地位每 10 年就会发生一次变化。造成这种情况的原因是，公司的主要战略是以生产为导向的，没有注意到客户真正的需要和需求。

以下时间轴显示了 1970—2010 年货车年销量和市场领先地位的变化。

1970 年英国市场 6t 以上货车销量约 70000 辆，市场领导者是贝德福德。

1980 年英国市场 6t 以上货车销量约 60000 辆，市场领导者是福特。

1990 年英国市场 6t 以上货车销量约 50000 辆，市场领导者是莱兰 DAF。

2010 年英国市场 6t 以上货车销量约 30000 辆，市场领导者是 DAF。

在过去的 50 年中，英国商用车市场经历了巨大的变化（图 11.1）。由于立法、排放标准、新技术、外国竞争和银行危机等因素的综合作用，到 2010 年，年销量已从 20 世纪 70 年代最高的约 70000 辆缩减到 2010 年的约 30000 辆。更令人担忧的是，就英国制造商而言，在此期间有 30 多家英国商用车制造商倒闭，取而代之的只有 5 家机构旗下的 7 个欧洲品牌。

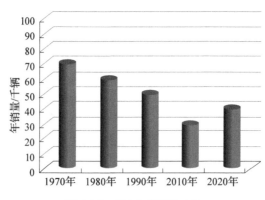

图 11.1　货车年销量的变化

贝德福德（Bedford）、福特（Ford）和莱兰（Leyland）货车主导市场长达 30 多年，但在 20 世纪 70 年代末和 80 年代初，瑞典的沃尔沃（Volvo）和斯堪尼亚（Scania）品牌与德国的梅赛德斯 – 奔驰（Mercedes-Benz）和荷兰的DAF 进入英国市场。

这 4 个欧洲品牌不仅带来了新的硬件，还带来了"本土"制造商无法提供的极具吸引力的附加价值。沃尔沃和斯堪尼亚提供了更加时尚的车辆，这些车辆配备了卧铺驾驶室和夜间加热器。这对驾驶员来说非常有吸引力，尤其是从英国到中东的洲际运输正在兴起。梅赛德斯 – 奔驰和 DAF 也提供了装备类似配置的车辆，但它们通过在欧洲范围内提供服务站来支持洲际运输，从而增加了价值。

因此，贝德福德、福特和莱兰等英国品牌迅速消失，如今，英国市场是DAF、沃尔沃和斯堪尼亚的"本土市场"，事实上，英国市场近 60% 的份额是由这三大品牌构成的。

在这种竞争背景下，英国制造商未能适应新的客户需求，而是专注于以产品为主导的"一切照旧"。此外，随着"White Van Man^㊀"的发展和货车数量的大幅增加，运输业务模式也在发生变化，货车年销量从 15 万辆增加到 30多万辆。

互联网和送货上门业务模式的发展使货车制造商雪上加霜，但同时也为英国运输市场带来了全新的价值主张。

㊀ "White Van Man" 在英国指驾驶白色 VAN 车型送货的工人或小企业主。

回答问题1：哪里是目标市场？

在市场容量下降的背景下，德国MAN集团的全资子公司英国曼恩卡车与客车公司在英国货车市场开拓了一个具有新客户价值主张的市场。

MAN是德国一家著名的工程公司，2008年，该公司庆祝成立250周年，并宣称："MAN-Engineering the future since 1758（曼恩——自1758年以来致力于以工程塑造未来）"。该公司最著名的成就之一是发明柴油发动机，该发动机由工程师鲁道夫·迪塞尔研制，他于1893—1897年与MAN公司签订了合同。

多年来，MAN柴油发动机凭借其可靠性、易维护性和良好的油耗表现，一直是区别于其他品牌的标志性产品。

客户需要的不仅仅是好的工程设计，更重要的是，即使是好的工程设计也可能被复制，并以更低的价格出售。看看贝德福德卡车公司、福特汽车公司和莱兰卡车公司的下场吧！

（1）新一代货车技术

2000年3月24日，曼恩卡车公司推出了最新一代重型商用车——TGA，即"卡车技术世代"（Trucknology Generation），如图11.2所示。

图11.2 "TGA ——卡车技术世代"

注：来源于英国曼恩卡车与客车公司，2019。

曼恩卡车的"Trucknology（卡车技术）"与卡车无关，而是推出新价值主张的开端，该主张以服务战略为基础，通过引入远程信息处理技术，帮助运输运营商更好地控制成本。其目标市场是英国 70 家维修站 30mile（约 48km）半径范围内的运营商，因为研究表明，货车运营商不愿意到 30mile 以外最近的经销商处去。

回答问题 2：你的差异化优势是什么？

TGA 系列是一种新型产品，因为与市场上占主导地位的传统的基于模拟信号的车辆相比，它现在采用了电子数字信号软硬件。

新产品还引入了"卡车技术"的概念。从根本上说，它汇集了货车和运输行业的技术。这一系列新产品的生产历时 7 年，耗资超过 10 亿欧元。

然而，该产品的电子化和数字化特性为客户创造并提供了全新的价值。在英国，我们咨询了几家"大客户"，认真讨论了他们对货车制造商应该提供什么样的产品的看法。他们提出的主要观点是，运营商最关心的问题其实与产品无关。许多人都认为"所有卡车都一样"，"只关心价格"。

然而，运营商真正关心的是燃料成本、驾驶员的表现以及服务和保养计划，以保证车辆在路上行驶的同时将停驶时间降到最低。因此，燃料成本和正常运行时间是成功推出这种新车型的关键因素。

曼恩公司的车队管理网站如图 11.3 所示。

图 11.3 曼恩车队管理网站

注：来源于英国曼恩卡车与客车公司，2019。

（2）货车的盈利能力

还有人指出，运输经营者的盈利能力也是一个主要问题，运输经营者的平均销售回报率为 3%~4%。对于一辆每年行驶 15 万 km 的 44t 铰接式货车来说，这意味着每辆车每年的利润率为 5000~6000 英镑。对于高风险运营商，这是非常低的回报率。

此外，就正常运行时间而言，车辆每年的可用天数为 300 天，3% 的销售回报率意味着货车有 291 天是在白白运行的，只有在一年的最后 9 天才能盈利，而这是在没有发生其他计划外停驶的前提下实现的！

（3）了解整个价值链

图 11.4 显示了一辆典型的 44t 铰接式车辆每年行驶 15 万 km 的总运营成本和收入。

值得注意的是，实际"产品成本"仅占年度总成本的 10%。燃料和驾驶员成本占 70% 以上，而这些成本的管理对客户来说才是最重要的。

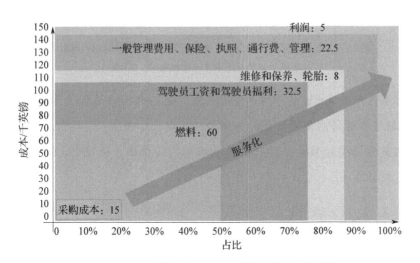

图 11.4　总拥有成本——典型运输公司的损益表

（4）制定客户价值主张

客户价值主张的重点是通过提供管理燃料消耗和驾驶员绩效的实时管理报告，帮助客户更好地控制运营成本。

（5）价值的提供与传播

在市场宣传中（图 11.5），产品被称为"冰山一角"，真正的危险在于水面以下 90% 的隐性成本。TGA 系列产品将远程信息处理技术纳入服务合同，通

过减少这些成本，为运营商提供了独一无二的市场竞争支持，使竞争对手无法
与之匹敌。

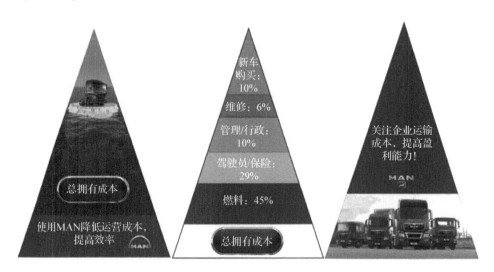

图 11.5 曼恩以客户为中心——关注运营商整个生命周期的成本

注：来源于英国曼恩卡车与客车公司，2019。

在该系列产品推出前的一项调查研究中，曼恩对 1000 名驾驶员超过 300 万
km 的行驶里程进行监测的结果进一步验证了这一价值主张。远程信息处理系
统的数据非常清楚地显示了进行驾驶员培训的必要性，研究中，90% 的驾驶
员没有达到标准（B）绩效水平（图 11.6）。

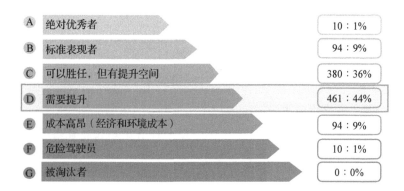

图 11.6 测试的不同水平驾驶员占比

注：来源于英国曼恩卡车与客车公司，2019。

更重要的是，如果驾驶员能按标准水平驾驶车辆，就能减少 10% 的燃料消耗，这反过来又会使典型运营商的收益底线翻番（图 11.7）。

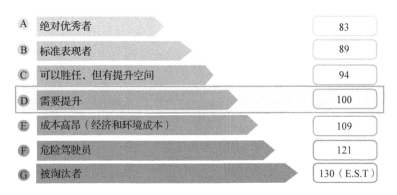

Ⓐ	绝对优秀者	83
Ⓑ	标准表现者	89
Ⓒ	可以胜任，但有提升空间	94
Ⓓ	需要提升	100
Ⓔ	成本高昂（经济和环境成本）	109
Ⓕ	危险驾驶员	121
Ⓖ	被淘汰者	130（E.S.T）

图 11.7 不同水平驾驶员燃油消耗量

注：来源于英国曼恩卡车与客车公司，2019。

在燃油消耗量评级（A~G）中，平均驾驶员的表现被定为 D 级。如果将 D 级驾驶员的燃油消耗量与标准水平的 B 级驾驶员的燃油消耗量进行比较，两者相差 11%。

这项研究促使一种价值主张的提出，就是强调关注总体运营成本，而不是传统上对产品价格的议价。这看起来是一个非常简单的道理，但是对销售和服务网络产生了巨大的影响，因为这意味着需要对传统的工作方式进行重大变革。

在互联网的帮助下，这种新的"卡车技术"概念的传播和交流得到了进一步拓展，并引入了一个专门的网站，使运营商能够与曼恩公司及其经销商网络建立联系。

在开发网站的同时，曼恩还向市场推出了新的"业务解决方案"，使客户能够实时跟踪车辆性能，服务机构能够在线安排服务计划，并向客户提供所有重要法律文件的电子档案。这是在服务能力方面取得的一项重大进展，进一步拉开了品牌与竞争对手的差距。

新的特许经营主张"UTP——正常运行时间主张"计划侧重于为客户提供有保障的正常运行时间（工作时间），并确保任何需要服务的车辆都能在 24h 内重新上路。这一发展促使一项名为"移动 24"的新型增值服务诞生，该服务可统一管理所有车辆在路上行驶时发生的故障，这使得曼恩公司在提供全国服务保障方面再次占据领先地位。

曼恩的"卡车技术"车队管理（Trucknology Fleet Management）开发了三种在线监控报告：

1）每日正常运行时间报告——详细说明车辆停驶（Vehicle Off the Road，VOR）状态。

2）所有维护记录的电子报告，这对于遵守法规和改进车队管理至关重要。

3）对驾驶员和车辆性能的实时监控，包括油耗、二氧化碳排放量和碳足迹、驾驶员评级和水平。

经销商车间管理和服务调度程序也是系统开发的一部分，可实现管理报告和控制车间技术人员。

"卡车技术"为客户提供的这一新服务很快就初见成效。随着驾驶员效率的提高，经营者的销售回报率（ROS）通常为3%~4%，他们的盈利底线得到了显著改善（图11.8）。

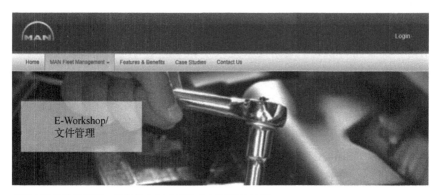

确保高效的维护管理，让您的车辆在道路上行驶更长时间

即使在您的车辆已经到达维修车间并进行了例行安全检查，也可以最大限度地减少停驶时间
使用E-Workshop后，MAN技术人员插入诊断工具即可查看车辆记录的故障列表

如果修复其中任何故障关系到安全或可能影响车辆的有效运行，维修车间可迅速通知操作员，操作员可决定将车辆留在经销商处更长时间以排除故障，或将工作安排在其他日期进行

在文件管理系统的支持下，技术人员生成的所有维护记录都会被存储起来，以备将来参考或用于证明合规性

图 11.8 运输管理解决方案——车辆和驾驶员水平管理

注：来源于英国曼恩卡车与客车公司，2019。

11.2　从业务创新中学习

改变一个保守行业的传统商业模式是极其困难的。然而，推出新的电子、数字产品可以让企业认真考虑目前的市场路线，并解决许多公司高管面临的两个关键问题：

1）你的目标市场是什么？

2）你的差异优势来源是什么？

在考虑进行任何彻底的商业模式变革时，都应清楚地了解以下五个问题：

1）评估公司的准备状态。

对于那些对变革有"伟大构想"的高管来说，千万不要在此方面犯错误。变革可能会遭到一些成员的抵制，尤其是那些担心自己目前的职位和部门会受到威胁的组织或部门。

2）先进行内部沟通，再进行外部沟通。

为了减少变革阻力，在向外部客户提供任何信息之前，必须开展清晰、一致的内部沟通。只有当面对客户的员工完全接纳了新的工作方式时，外部市场才会信服新的价值主张。

3）有许多新产品发布失败的例子，原因是客户被告知的情况和交付的产品存在不同。

①应确立明确的价值主张。

②必须清楚地了解价值主张，这对内部组织和相关网络都有影响。以产品为主导的组织有时很难理解终身价值的概念，尤其是当这一概念成为差异化的基础时。这个问题可能会对培训和技能发展产生影响，需要对核心能力和资源能力进行评估。

4）了解风险。

①制定新的客户价值主张和改变业务模式并非没有风险。提供新的客户价值主张的成本有可能比最初计算的要高。

②交付或执行过程中可能存在出现缺陷的风险。为重要的关键客户进行早期测试，可以消除许多错误，而且还能增加与客户的亲密度。

5）制定并商定运营标准。

①任何价值主张都有其对应的角色和责任。

②需要保证结果的高级服务尤其应该如此。因此，必须制定基本的操作标准，并明确告知客户在确保实现所需结果方面所提供的角色和责任。

11.3 成为制造产品的服务型公司

制造产品并在其整个使用寿命期间提供一般服务的传统商业模式已经过时，无法提供可持续的竞争优势。如今，成功的企业在提供一流服务的同时也制造产品。

英国曼恩卡车和客车公司的案例研究表明，在行业发生巨大变化时，一家规模相对较小的商用车进口商也能与国内市场的竞争对手竞争。其市场份额从 3% 增长到 12%，营业额增长了 12 倍，零部件销售额从 1000 万英镑增长到 1 亿英镑，签订合同的车辆超过 10000 辆，创造了约 2.5 亿英镑的新合同收入。

此外，许多货车运营商在采用新的以服务为基础的特许经营经销商网络后，实现了更高的经营利润，尽管营业额较小，但利润率已从 1% 提高到 6%。现在，经销商的平均服务营业额为 400 万英镑，利润率为 6%（每年 24 万英镑），而以前的销售和服务营业额为 1200 万英镑，利润率为 1%（每年 12 万英镑）。

因此，价值主张不仅针对最终客户，也针对价值链上的所有利益相关者，它证明，只要有正确的内部沟通方式、文化和领导力，陷入困境的组织也能在最高水平上竞争。

11.4 适应不确定的未来

在过去 50 年的货车制造与分销的历程中，我们目睹了车主运营商的崛起，他们已成为重要的物流企业，并通过将自己的维修车间转变为特许服务中心，通过自有经销商实现向前融合。

我们看到，制造商通过建立自有经销商、直接管理的客户关系，以及利用数字通信技术来建立的市场情报数据库，以支持客户关系管理、回头客业务和品牌管理，从而拓展和延伸企业的活动。

制造商越来越多地投资于产品开发和远程信息处理技术，使车队管理活动受到制造商的影响，而汽车制造商提供的工具也为维修业务带来了可观的增值服务收入。

2020 年，我们看到亚马逊、谷歌、英特尔、戴森、沃伦·巴菲特和马克·贝尼奥夫等"非传统投资者"入股能源公司、全国性货车停靠站、充电基础设施企业和非常复杂的货运管理软件系统的现象，这将成为未来 50 年货车和运输行业形态演变的重要因素。

埃隆·马斯克（Elon Musk）和他的特斯拉公司或许是汽车行业舞台上这一新型投资者 / 参与者最明显的例子，详情见案例研究。

🏷 案例研究

特斯拉纯电动汽车分销和服务方法

在 2012 年 10 月的一份新闻声明中，特斯拉汽车公司董事长、产品架构师兼首席执行官埃隆·马斯克解释了公司的市场战略，以及为何该战略有别于已实行近一个世纪的传统汽车特许经营模式。

特斯拉模式是一种直销模式，实际上是一种垂直整合模式。这与传统的特许经销模式大相径庭，传统的特许经销模式是由经销商承担展厅建设的所有成本和占用成本，并主要通过制造商财务公司的信贷计划为库存提供资金。

埃隆·马斯克认为，销售内燃机汽车和销售电动汽车产品之间存在根本的利益冲突。要解释电动汽车的优势，就必须削弱汽油或柴油动力汽车的优势，因此，特斯拉适合建立自己的展厅，配备产品专家，以确保能有效宣传这种新型汽车平台。

特斯拉汽车公司开始在各大城市的高知名度地点设立门店，并将其业务视为展示中心而非陈列室。展示中心的工作人员都是经过严格培训的电动汽车产品专家，他们接受过如何介绍和解释所有型号电动汽车（而不仅仅是特斯拉）的培训。

他们不拿佣金，也不使用传统特许经营系统中常见的高压销售技巧。

特斯拉汽车公司一直受到来自美国各州的各种诉讼，这些州认为特斯拉违反了汽车制造商销售和分销产品的规定。自20世纪以来，汽车一直以同样的方式销售；立法控制着销售交易方式。

Insideevs指出：汽车特许经营法是几十年前制定的，目的是防止制造商以不公平的方式开店，与已经投入时间、金钱和精力开店和推广业务的现有特许经销商直接竞争。这当然是错误的，但特斯拉不存在这个问题（Insideevs，2017）。

更值得注意的是，这些特许经营法在美国之外并不存在，而美国几乎销售了75%的豪华汽车。

（1）特斯拉售后服务战略

2012年年初，特斯拉在美国拥有10家专卖店、1家展示中心和9家服务中心，到2012年年底，计划拥有19家专卖店、3家展示中心和26个服务中心，到2013年年初，计划在美国开设的特斯拉服务中心数量将超过专卖店和展示中心的总和。

特斯拉计划在许多没有专卖店的城市开设服务中心。到2013年年底，北美地区85%以上的Model S预约者在特斯拉服务中心50mile（约80km）范围内，92%在100mile（约161km）范围内。

2018年，特斯拉在全球拥有200个网点，其中120个在美国以外。销量从2013年的17842辆增长到2019年的368186辆，过去10年的累计产量接近100万辆（Shoolman，2017）。

然而，2019年2月，埃隆·马斯克宣布公司将关闭一半的零售网点，几乎完全依靠网上销售，这再次凸显了特斯拉商业模式的创新性和颠覆性（Hawkins，2019）。

（2）特斯拉进军商用车市场

特斯拉在2017年最重要的成就是推出了全电动半挂货车。Investopedia写道："这款货车具有增强型自动驾驶功能，每英里能耗不到2kW·h。这款半挂货车已收到多家快递公司的预购订单，其中包括订购了 125 辆货车的 UPS。这款半挂货车于 2019 年开始生产。"（Zucchi，2019）。

（3）其他特斯拉产品

特斯拉的使命是"加速可持续交通的到来"。特斯拉向其他制造商销售动力传动系统和零部件。特斯拉还通过 Powerwall 扩展到零售领域，Powerwall 是一个家用电池系列，旨在连接太阳能系统，特斯拉在该领域也有产品（Zucchi，2019）。

（4）特斯拉是一家科技公司还是一家汽车公司？

特斯拉没有发明电动汽车，甚至没有发明豪华电动汽车。Investopedia 指出：特斯拉发明的是一种成功的商业模式，将引人注目的电动汽车推向市场。该战略的一部分是建立充电站网络，以解决电动汽车应用所面临的最大障碍之一——长途旅行中的充电问题。特斯拉独特的商业模式包括对所有销售和服务的控制，这也是其股票自首次公开募股以来一路飙升的原因之一（Zucchi，2019）。

（5）特斯拉将作为一级供应商进行前瞻性整合

由于英国脱欧带来的不确定性，特斯拉将在德国建造其欧洲千兆瓦时工厂（Gigafactory）。

特斯拉老板埃隆·马斯克在德国汽车杂志《Auto Bild》主办的颁奖典礼上透露了在柏林附近建厂的计划。他将德国生产了世界上最好的汽车和德国领先的工程技术列为将 Gigafactory 建在德国的主要因素。

特斯拉目前在美国内华达州雷诺和布法罗都有大规模的"Gigafactory"电池计划。第三座工厂在中国上海，柏林工厂是特斯拉在全球的第四座工厂。

特斯拉的电动汽车阵容在几年内迅速扩大。目前，特斯拉提供 Model 3 和 Model S 轿车、Model X 和 Model Y SUV、Cybertruck 皮卡等车型。未来，特斯拉还将推出 Model Q 车型和下一代高性能跑车 Roadster。

该公司还计划推出皮卡，以及重型货车"Tesla Semi"（Electrek，2020）。

（6）特斯拉的未来

特斯拉的使命是加速世界向可持续和零排放能源过渡。特斯拉希望彻底改变人们购买汽车的观念。他们希望以效率和"环保"为中心。

他们意识到汽车尾气排放对环境造成的危害，因此在减少汽车尾气排放方面做出了大多数人都认为成功的努力。特斯拉希望克服电动汽车长途旅行所面临的主要行业挑战——里程焦虑。

特斯拉希望确保充电和汽车续驶里程不会成为替代汽油汽车和柴油汽车的障碍。超级充电器让这成为现实。特斯拉与其电池合作伙伴——松下合作，在内华达州建立了 Gigafactory，成为美国最大的电动汽车电池生产商。他们计划与中国竞争，成为未来各种电池电动汽车的主要电池供应商。第 6 章详细介绍了他们的计划。

（7）未来的汽车产业结构

传统的汽车和货车制造商将发现，未来 20 年，由于埃隆·马斯克和特斯拉等公司的创新，他们的市场地位将受到多方面的挑战。

BEV 零部件供应商，特别是自动驾驶所需的电池组和技术供应商，将对未来市场的规模和形态产生重大影响。

网约车公司和谷歌、苹果等当前的科技巨头将争夺客户界面和数据流的主导权。谷歌地图目前整合了 Uber 和 Lyft 的服务。

11.5 小结

- 21 世纪的商业模式创新需要的不仅仅是新产品开发。鲁道夫·迪塞尔、迈克尔·法拉第、詹姆斯·瓦特或尼古拉·特斯拉等人闻所未闻的力量将为我们所设想的工业革命提供动力。
- 过去 50 年间，英国有 30 多家商用车制造商倒闭，只有 5 家非英国货车制造商生产 7 个品牌的产品，为英国市场提供服务。
- 新的在线营销沟通渠道的出现，打破了与客户沟通的传统方式，并催生了新的销售和支付方式。
- 特斯拉的商业模式基于三个方面：直接向客户销售产品、提供服务设施和电动汽车充电基础设施。

- 未来一级供应商市场的赢家将是那些从事设计、开发和制造影音软件、传感器、动力总成控制单元、散热系统以及先进导航和车载通信系统的企业。

11.6　参考文献

Electrek（2020）Tesla Semi. Retrieved from: https://electrek.co/guides/tesla-semi/（archived at https://perma.cc/5HGY-7EXH）

Hawkins, A（2019）Tesla will close most of its stores and only sell cars online, *The Verge*. Retrieved from: https://www.theverge.com/2019/2/28/18245296/tesla-stores-closing-online-only-car-sales（archived at https://perma.cc/FX4Q-A5MH）

Holding, J（2020）New 2020 Tesla Model Y: specs, prices and on-sale date, *Auto Express*. Retrieved from: https://www.autoexpress.co.uk/tesla/model-y/96548/new-2020-tesla-model-y-electric-car-enters-production（archived at https://perma.cc/VLN4-VBPY）

Insideevs（2017）The Tesla direct sales vs franchised dealership battle is far from resolution. Retrieved from: https://insideevs.com/news/333376/the-tesla-direct-sales-vs-franchised-dealership-battle-is-far-from-resolution/（archived at https://perma.cc/H3LV-REB4）

MAN Truck & Bus UK Limited（2019）Images. Swindon, Wiltshire, UK.

McDonald, M（2018）*On Value Propositions,* Kogan Page, London

Shoolman, A（2017）How many Tesla Service Centers are there? *Alex Shoolman*. Retrieved from: https://www.alexshoolman.com/blog/2017/08/19/how-many-tesla-service-centers-are-there/（archived at https://perma.cc/98CA-9VK6）

Zucchi, K（2019）What makes Tesla's business model different? *Investopedia*. Retrieved from: https://www.investopedia.com/articles/active-trading/072115/what-makes-teslas-business-model-different.asp（archived at https://perma.cc/XTV7-NA9B）

第 12 章
投资未来

本章将向读者介绍以下内容。

- 全球汽车产业重心从美国和西欧向亚洲（尤其是中国）转移。
- 1980—2020 年汽车行业的整合。
- 新的投资者群体——"金融科技"的影响。
- 智能网联货车催生数字化货运管理服务。
- 汽车"特许经营体系"商业模式的未来变化。
- CRM——未来的客户关系管理（曼恩案例研究）。
- "按需移动"和自动驾驶出租车队对新运输生态系统的要求。

12.1 1970—2019 年行业整合与增长

自 1974 年加入欧盟以来，英国现有的汽车制造商在行业制造方面以及分销和物流方面都经历了大规模的整合。在研发和制造能力方面，集成供应链和全球合作伙伴关系的发展已成为欧洲经济最重要的增长引擎之一。乘用车和商用车行业都为欧洲的社会、环境和经济增长做出了巨大贡献。

1）汽车行业占欧盟国内生产总值（GDP）的 7%；仅欧盟 15 个国家的税收贡献就约为 4100 亿欧元，占欧盟税收总额的 6%（ACEA）。

2）2017 年欧盟出口了 540 万辆汽车，欧洲汽车工业占全球汽车工业价值的 40% 以上（ACEA）。

3）商用车辆运输 75% 的陆运货物并占货运价值的 90%。7% 的平均销售回报率是稳健的，但一些新兴技术销售回报率超过20%（ACEA）。

回顾1980—2020年近40年的发展历程，欧洲汽车工业正处于一个转折点。麦肯锡关于"欧洲汽车工业"未来的一份报告预测，目前的汽车制造商将面临一条颠覆性的道路，新的商业模式和供应链的出现将要求市场领先的汽车制造商重新定义他们在新创建的生态系统中的角色，因为他们的技术领先地位和专业知识正面临风险（Dekhne等，2019）。

麦肯锡报告指出，欧洲汽车行业的成功将受到下面两股革命性力量的共同挑战，这两股力量正在从根本上改变汽车行业。

1）推动变革的动力远远超过了20世纪发展起来的传统企业，例如福特。

2）新的参与者来自不同地区，尤其是亚洲，因此，我们看到位于中国的一个新的汽车产业重心，年产量从1970年的8.7万辆增长到2018年的2800万辆。

1. 值得关注的投资

传统汽车制造商所面临的挑战和变革的主要驱动力是投资。这些投资来自行业外的科技公司和风险投资/私募股权公司，并正在产生重大影响。现有的汽车供应链，无论规模大小，都从这些非传统类型的行业投资者中获益匪浅。

（1）比亚迪——中国最大的电动汽车制造商

2008年，伯克希尔·哈撒韦投资机构的掌门人沃伦·巴菲特向比亚迪（Build Your Dream）投资了2.5亿美元，当时比亚迪还是一家名不见经传的中国电动汽车和锂离子电池制造商。在2017年，这笔投资的价值为18亿美元，因为在持股的十年间，比亚迪的股价从8美元左右上涨到了80美元（Lau，2008）。

巴菲特的伯克希尔·哈撒韦公司在2017年的另一项鲜为人知的投资是"Pilot Flying"，这是美国一家大型货车停靠零售企业，拥有5000个柴油泵，更重要的是还有7万个停车位。巴菲特无疑会关注下游的充电和支付业务，以及在需要时安装充电和加氢设施带来的收入机会（Hammond和Buhayar，2017）。

巴菲特在通用汽车公司（GM）的大量持股也反映了他对电动汽车未来的信心。通用汽车公司将斥资 22 亿美元翻新一家底特律闲置工厂，以便生产电动汽车和自动驾驶汽车，最终将雇用 2200 名员工（Nasdaq，2012）。

通用汽车于 2020 年 1 月 27 日通过 TechCrunch 宣布，它将长期致力于电动汽车技术。通用汽车将在底特律的汉姆特拉姆克组装厂投资 22 亿美元，并在供应商工具和其他项目上投资 8 亿美元。这是通用汽车的第一家纯电动汽车生产工厂（Korosec，2020）。

自 2018 年秋季起，通用汽车承诺在密歇根州投资超过 25 亿美元，通过向奥里昂装配厂、通用汽车位于沃伦和布朗斯敦的电池实验室的投资，以及 2020 年在底特律哈姆特拉姆克的直接投资，将电动汽车推向市场。通用汽车将生产电动轿车和 SUV。通用汽车与 LG 化学的合资企业将为底特律哈姆特拉姆克生产的电动汽车提供电芯，LG 化学将投资 23 亿美元在俄亥俄州洛兹敦生产电芯（通用汽车，2020）。

（2）Arrival

我们还看到像英国 Arrival 这样的小型企业也获得了大量投资。Arrival 是一家位于牛津的电动货车制造商，目前拥有 300 名员工，正在为 Ryder、英国皇家邮政和 DHL 等公司开发中型城市配送货车。

2020 年 1 月 16 日，英国《卫报》宣布，Arrival 获得了起亚和现代汽车 8500 万英镑的投资。这使 Arrival 的估值达到 30 亿英镑，这意味着它已获得"独角兽"的地位，成为一家估值超过 10 亿美元（约 7.7 亿英镑）的新公司。这在英国制造业中实属罕见（Jolly，2020）。

Arrival 的创始人是一位来自英国的俄罗斯寡头，他在电信行业发家致富，并为 Arrival 开发了一种全新的制造业务模式，这对许多现有的商用车制造商来说都是陌生的。Arrival 公司声称能够在 4h 内制造出一辆货车，未来其 80% 的零部件架构，包括轻质车身的数字印刷制造，都由公司内部管理。这将使该公司在未来发展成为该行业的主要一级供应商，而在这一过程中，它很可能会被更具前瞻性的汽车制造商收购。

（3）Convoy

总部位于西雅图的 Convoy 公司从许多知名科技人士那里筹集到了投资资金，其中包括微软的比尔·盖茨；截至 2019 年，该公司已筹集到 4 亿美元（Korosec，2019）。

Convoy 表示，它计划利用这笔资金将其按需运输平台扩展到西雅图地区以外，并在那里对其进行完善。Convoy 的首席执行官丹·勒维斯（Dan Lewis）在一份声明中说："Convoy 的移动应用程序和自动化经纪服务提高了服务可靠性的标准，减少了里程浪费，为所有相关方增加收入并改善运营。"（O'Brien，2017）。

与 Convoy 的融资能力同样引人注目的，或许还有它吸引一些科技界大佬为货车技术投入资金的能力。2017 年的一轮投资由 Y Combinator 的 Continuity-Fund 领投，该基金是硅谷著名初创企业孵化器计划的风险投资部门。YC Continuity 基金合伙人阿努·哈里哈兰（Anu Hariharan）在一份关于 Convoy 的声明中评论道："这项服务让托运人能够改变他们的供应链，同时也让承运商能够根据自己的条件更快地发展业务。10 年后，我们会惊讶地发现，过去竟然有其他方式来做这件事。"（Loizos，2017）。

投资者还包括 Mosaic Ventures、前美国参议员比尔·布拉德利（Bill Bradley）和媒体大亨巴里·迪勒（Barry Diller），Greylock Partners、Salesforce 首席执行官马克·贝尼奥夫（Marc Benioff）和亚马逊创始人杰夫·贝佐斯（Jeff Bezos）（通过 Bezos Expeditions 投资）。

最新的投资表明，货车运输技术正在吸引一大批新投资者，他们看到了颠覆传统运输和物流市场的机会。

2. 风险资本家开始关注货车运输领域

越来越多的风险投资公司正在向初创企业投入资金，这些企业有望重塑庞大的全球货车运输生态系统的部分或全部，而货车运输仍然是世界经济的支柱。颠覆这一极其复杂行业的潜在机会吸引了包括货车运输业企业风险投资家和硅谷知名人士在内的投资者。

3. 智能网联货车推动数字化货运管理服务

更智能、更互联的货车的出现吸引了投资者的注意，他们看到了创新的机会。一旦这些风险投资家了解到货车运输服务的潜在市场规模，他们的头脑和支票簿就会迅速打开。在他们看来，物流和货车技术是颠覆众多其他业务的关键，这意味着未来可能会有更大的投资机会和回报。

诺基亚成长合伙公司（Nokia Growth Partners）的管理合伙人保罗·阿塞尔（Paul Asel）说："货车以前离线完成的很多任务现在都实现了数字化，这将对这个行业产生巨大影响。但是，如果你开始考虑货车运输对不同行业的影响，它就会变得更加重要。这就是我投资这个领域的原因。"（TTT Global，2017）。

根据风险投资数据公司 CB Insights 的数据，2011—2013 年 7 月，与货车运输相关的初创企业通过 33 笔交易筹集了 5.83 亿美元。这一数字还不包括总部位于西雅图的 Convoy。

在 2017 年 9 月行业共筹集了 6200 万美元。总体而言，预计 2017 年该行业的融资额将超过 10 亿美元，远高于 2016 年的 7.63 亿美元。这大约是 2013 年对 14 家货车运输初创公司的 1.32 亿美元投资的 8 倍。

CB Insights 追踪运输业风险投资已有数年，但在 2016 年将货车运输业单独归为一类，因为其活动已变得非常重要（O'Brien，2017）。分析师 Kerry Wu 指出："人们意识到货车运输是一个巨大的机遇。在高速公路上的驾驶模式中，网联和自动驾驶技术的使用案例比乘用车更为显而易见。"（TTT Global，2017）。

有来自传统运输和汽车制造业的风险投资家，如沃尔沃集团风险投资公司，他们多年来一直投资于货车领域。还有一些现有的货车科技公司，如远程信息处理技术的领军企业——Omnitracs。

这些公司已经意识到，技术变化太快，他们不可能面面俱到，因此他们正在寻找创新速度更快的外部合作伙伴。

4. 货车是"车轮上的智能手机"

战略投资者认识到，新技术使物流业更容易为企业所利用。"如今，每辆货车都是联网的，汽车也变得更加科技化。"沃尔沃集团风险投资公司总裁佩尔·亚当松（Per Adamsson）说，"这些都是车轮上的智能手机。这为更多公司进入这一领域打开了大门。"（O'Brien，2017）。

除沃尔沃外，诺基亚和英特尔等其他科技行业的公司也在进行投资。事实上，根据 CB Insights 的数据，2017 年风险投资公司对货车公司最大的投资之一是为中国物流供应商货车帮筹集的 1.56 亿美元。该轮投资由百度资本领投，百度资本是这家互联网巨头的风险投资部门（O'Brien，2017b）。

硅谷投资者也加入了这一行列。2016 年，风险投资公司 Greylock Partners 领投了总部位于西雅图的康宏公司的 1600 万美元新一轮融资。LinkedIn 的联合创始人西蒙·罗斯曼（Simon Rothman）和雷德·霍夫曼（Reid Hoffman）都加入了 Convoy 董事会，并表示公司看到了 Convoy 提供按需货车运输服务的巨大潜力。

有时，所有风险投资类别的利益会趋于一致。2017 年，硅谷的 Peloton Technology 公司在第三轮融资中为其货车排车平台筹集了 6000 万美元。Peloton 之前的投资包括英特尔通过其联网汽车基金的投资、日本汽车技术公司电装（Denso）的投资，以及一些著名的硅谷天使基金的投资（O'Brien，2017）。2017 年的投资由 Omnitracs 领投，在此之前，两家公司曾宣布建立合作伙伴关系，以整合其远程信息处理和自动驾驶技术。参与本轮投资的投资者还包括沃尔沃和诺基亚成长合伙公司等共 17 家公司。

引起金融科技投资者兴趣的一个关键驱动因素是降低物流配送运营成本的机会。燃料成本和驾驶员薪酬是最大的两项成本，由于产品和数字服务中嵌入了相关技术，性能数据的捕捉和分析因此变得更加容易，这两项成本都可以得到降低。

进入 21 世纪后，投资界对物流配送行业的态度和方法发生了重大变化。要想获得竞争优势，就必须了解该行业的两个关键因素：时间敏感性和信息敏感性。Peloton 公司、Work Truck Solutions 公司和 Convoy 公司等进入这一领域的公司已经抓住了这些因素，即在第三方物流供应商及其零售客户所占据的供应和分销链上的许多接触点上确保边际收益。

Peloton 联合创始人乔希·斯威特克斯博士（Dr Josh Switkes）说，在 2011 年转向货车运输业之前，他已经在汽车技术领域工作了十多年。他意识到，提高生产率带来的边际收益可能非常可观。

但当他在 2013 年开始筹款，并最终说服几家硅谷天使基金支持该公司时，极其不易。他说："汽车投资在当时的硅谷并不是一件大事。当时围绕汽车自动化的讨论几乎不存在。有一些货车初创企业筹集到了风险投资资金，但它们做得并不好。"

"熟悉货车行业的风险投资人对此并不感兴趣"，斯威特克斯说（O'Brien，2017）。

谷歌公开了其自动驾驶汽车计划。英特尔推出了联网汽车投资基金，该基金逐渐发展成为包括货车在内的更广泛的车辆投资重点。优步（Uber）和特斯拉开始大肆宣传其自动驾驶汽车的雄心壮志。英特尔投资了 Peloton 的第二轮融资。2017 年 3 月，英特尔以 153 亿美元收购了以色列自动驾驶汽车技术公司 Mobileye。这股发展旋风让汽车技术成为焦点，并将投资者的注意力转移到了货车运输领域（O'Brien，2017）。

从 20 世纪与 21 世纪的世纪之交开始，货车行业发生了翻天覆地的变化，20 世纪的模拟货车变成了 21 世纪的数字货车。从 2000 年开始，车载遥测技术和电子控制装置的发展彻底改变了维修服务。安装在车辆上的"黑匣子"技术可以进行远程诊断，并向车队经理发出"紧急警报"。

随着越来越多的法规要求定期进行预防性维护检查，车辆内部的技术革命使运营商能够更好地控制服务水平和产品合规性，这也是吸引技术合作伙伴和风险投资公司投资的催化剂。

5. 改变运输和物流的"最后一英里"服务

不过，对于诺基亚成长伙伴公司的保罗·阿塞尔来说，运输不仅仅是电信设备的问题。在他看来，有朝一日，自动驾驶货车将以更低的成本和更高的效率，彻底改变按需服务的"最后一英里"服务。阿塞尔说："如果我们现在就能找到合理的商业模式，那么当自动驾驶货车投入使用时，这些模式将变得更加合理。我们认为'最后一英里'将是一个非常大的问题。"（O'Brien，2017）。

自动驾驶汽车已经在矿业和港务局的货运业务中发挥了作用。世界各地的矿业公司，尤其是智利、澳大利亚和加拿大的矿业公司，正在从有人驾驶的货车车队向无人驾驶的货车车队过渡。自主运输货车由监控系统和中央控制器代替驾驶员进行操作。它们使用预定义的全球定位系统（GPS）路线来实现在运输道路和交叉路口中的导航，并确定其他车辆的位置、速度和方向。实施自主运输意味着可以高效、安全地运输更多材料，从而直接提高生产率。

2017年7月，硅谷Autotech Ventures公司宣布建立了1.2亿美元的新基金，并称这是第一支专门针对汽车技术的基金。该公司已经完成了六笔投资，其中四笔专注于货车运输。创始人希望公司能成为创业者和大型运输公司之间的桥梁。因此，其基金的很大一部分用于汽车制造商和货车运输公司（O'Brien，2017）。

12.2　利基车辆的经销商系统（O'Brien，2017）

除了物流和分销领域发生变革，我们还看到制造商的经销商也有更新其内部系统的需求和动力。其中一个例子就是小众汽车的库存位置管理。在2018—2020年，我们看到资本货物的租赁和短期租赁逐渐兴起，经销商能够快速响应需求非常重要。Work Truck Solutions提供的系统在这方面取得了成功。

Work Truck Solutions是一家由连续创业者凯瑟琳·希弗尔（Kathryn Schifferle）于2012年创立的公司，其开发的平台旨在服务于高度分散的经销商市场，这些经销商销售针对特定需求定制的货车，从消防车、救护车到特定行业的维修车辆。然而，这些车辆的库存跟踪系统非常有限，要想知道哪家经销商有哪种工作使用货车，需要打几十个电话。希弗尔指出，早期的资金筹集十分困难。第一笔投资于2014年到位，由专注于女性创始人的基金Golden

Seeds 领投。截至 2017 年，Work Truck Solutions 已经签约了 650 多家经销商，达到了盈亏平衡点。

2016 年，Work Truck Solutions 开始实施扩张计划，进军新市场，并于 2016 年 6 月成功实现了一轮 500 万欧元的融资。

专用车将在一个有潜力发展成 1300 亿美元市场规模的产业中占有一席之地。这一产业正处于 21 世纪对数据分析的热潮之中，注重对客户行为、满意度，以及如何通过独特的服务形式实现品牌差异化进行深入分析。第 11 章讨论了这种差异化，重点是颠覆性的商业模式。然而，我们在商用车行业看到的这种投资将成为决定货车和货车市场发展的主要因素，尤其是在售后领域（图 12.1；Loizos，2017）。

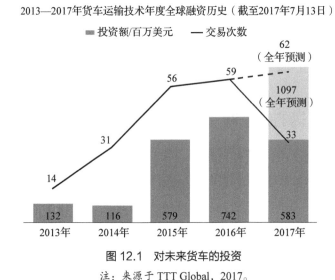

图 12.1　对未来货车的投资

注：来源于 TTT Global，2017。

1. 未来售后服务的成功因素

图 12.2 概述了制造商需要如何重新思考他们在市场推广和分销活动方面要进行的投资和行动。随着电动动力系统取代内燃机，传统的收入来源将面临挑战。

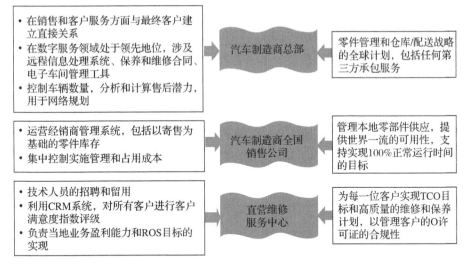

图 12.2 "未来服务工厂"

内燃机产品有 2000 多个活动部件，但在许多情况下，BEV 产品的活动部件不到 20 个。许多用于定期维护的部件将被淘汰，不再需要更换滤清器、散热器、软管、排气管、冷却液泵、起动电机、交流发电机和垫圈。一些预测认为，货车经销商目前的售后服务收入可能会减少一半。

许多新进入市场的公司，如尼古拉、特斯拉和 Arrival，都直接与最终客户打交道，并与客户达成了扩展企业计划，利用客户的仓库提供定期服务。

英国曼恩卡车与客车公司是汽车制造商成功发展为垂直整合售后服务企业的典范。该服务网络可称为英国商用车的"未来服务工厂"（图 12.2）。

2. 我们所熟知的"特许经营体系"的终结

自 20 世纪初以来，汽车制造商就制定了一套市场代理战略，该战略根植于"特许经营协议"，即由特许经销商负责销售和售后代理，而非制造商直接进行销售和售后支持。在美国，特许经营协议受到州和联邦立法的严格监管，目前制造商无法直接向零售客户销售。

在欧洲，始于 20 世纪 80 年代的整批豁免法规旨在规范不公平做法，并重点关注与定价和垄断性供应安排有关的任何反竞争行为。

然而，由于互联网搜索引擎的出现以及高速宽带和数字媒体平台的日益普及，70%~80% 的零售买家会通过搜索制造商的网站来获取做出明智决定所需的所有信息。同样明显的是，特许经销商的盈利能力承受着越来越大的压力，至少在许多情况下盈利无法覆盖资本成本（Srivastava 等，2018）。

未来的电动汽车（ICE 汽车和 BEV 产品之间存在显著的价格差异）将给制造商带来更大的压力，迫使他们重新审视其销售和售后战略，尤其是在维修车辆的维护收入将减少 50%~60% 的情况下。这是因为减少了对不再构成车辆组成部分的部件的维护要求，BEV 产品不需要更换机油、滤清器，不需要检查或更换软管，不需要排气管，不需要发动机或变速器部件，制动和传动部件也不再是定期维护工作的关键部分（Srivastava 等，2018）。

目前，特斯拉和尼古拉等电动汽车和替代能源领域的新兴企业已经宣布，他们将直接向终端客户销售，并与主要客户的维修车间和配送站制订维护和保养安排计划。尼古拉、Ryder、亚马逊和 Rivian 等公司都是向这种新的市场推广销售模式转变的典范。

销售和客户关系管理的系统方法

随着 Convoy 和 Work Truck Solutions 等新兴服务公司的出现，可以看出，与 20 世纪 50 年代和 60 年代福特和通用汽车统治世界的鼎盛时期相比，通用汽车销售团队中像乔·吉拉德（Joe Girard）（吉尼斯世界纪录保持者，被誉为"世界最佳汽车销售员"）这样的明星人物，未来可能不会再出现。

他帮助通用汽车开发并完善的系统是"GO 项目"，"GO"即"Get Organized"（组织起来）的缩写。与我们今天从 Salesforce 等公司看到的系统相比，这是一个非常简陋的系统，功能包括每个月发送明信片来庆祝或让潜在客户了解某些特定事件。乔在电话簿或其他本地商业目录中随机收集了一份人员和企业名单，每月定期向潜在客户发送这些直邮明信片。

1975 年，作者丹尼斯·埃文斯（Dennis Evans）在南非彼得马里茨堡的一家雪佛兰经销商开始担任销售员时，就使用了这套系统。在移民到南非后，他人生地不熟，但他仍然记得自己的第一位客户——一位名叫迈克·吉布森（Mike Gibson）先生的甜菜农场主，他住在纳塔尔北部豪维克瀑布的康尼马拉农场，在收到一张邮寄来的雪佛兰皮卡明信片后，试驾并购买了一辆雪佛兰 1.5t 轻型多用途皮卡。

2019 年，嵌入 Salesforce 等系统的客户跟踪工具取代明信片。自动化和人工智能软件系统（如 Work Truck Solutions 和 Convoy）的出现，将成为货车制造商坚定不移追求的革命性市场路线的催化剂，因为我们不仅要向行业电气化过渡，还要向运输和出行自动化过渡。

案例研究

曼恩客户关系管理方法——指导原则

摘自作者对曼恩卡车与客车公司客户关系管理经理 Iain Russell 的采访。

英国曼恩卡车与客车公司通过其客户关系管理战略，采用数据分析技术，为大型商用车制造商成功引入客户关系管理提供了一个范例。

曼恩公司的客户关系管理由客户数据库（任何优秀客户关系管理工具的核心）组成，这些数据库保存在多个地点，数据格式不一致。几年前，曼恩决定通过使用 Salesforce.com 平台，实现客户相关数据收集和存储的标准化和集中化。

此举背后的目的是建立一个单一、综合、准确、相关联和有价值的客户（市场）数据库，同时了解他们的业务领域、使用的产品和服务类型，以及他们对主要汽车制造商合作伙伴的需求和愿望。曼恩正在努力进一步完善这一平台，将"配置、价格和报价"（CPQ）整合到同一平台中，这也是全方位客户关系管理平台的最大优势所在。

1. Salesforce 平台如何支持曼恩的直销模式

曼恩的直销模式在英国汽车销售和制造领域独树一帜。曼恩拥有与其客户的直接工作关系，不需要销售经销商和代理商作为中介。然而，要使直销模式产生最大影响，制造商（而不是当地经销商）必须与市场建立并保持密切的关系，几乎要在客户知道自己想要什么之前就知道他们想要什么，而这正是 Salesforce 的作用所在。

Salesforce 能够保存和显示与单个客户和客户群相关的各种历史数据。在个人层面上，曼恩可以看到大量的交易历史记录，包括他们拥有的产品和服务（货车、维修和保养），以及他们的购买方式（购买、租赁、租用等）。利用这些数据，曼恩可以预测客户的需求，并积极制定相关的销售策略。在集团层面，曼恩能够提取和分析数据，从而获得按客户类型（小型、中型、大型客户，零售客户、国内重点客户、国际重点客户等）、运营区域（长途运输、建筑、配送等）或产品类型（轻型、中型、重型等）划分的采购趋势的事实证据。这使曼恩能够战略性地调整市场产品，吸引最广泛（和最有利可图）的客户群。自2015年以来，通过对这些数据的分析，曼恩开展了有针对性的活动，同时还能够确定市场中存在的薄弱环节，并制订相应的行动。

"配置、价格和报价"的长期计划意味着销售主管可以使用同一集成系统来管理客户数据、记录活动、生成车辆配置和报价，并最终直接向工厂下订单，即一个系统、一个账户、一个一致的流程。

2. 数据采集的主要障碍是什么？

维护数据从来不是销售主管的强项，他们希望与客户交谈，销售产品和服务。需要让销售团队意识到，维护和丰富客户数据对于后续环节和长期的业务均有好处。由于销售人员老龄化，他们的信息技术知识水平并不高，有些人确实很难掌握这种技术，而如今的交易信息不再是手写的，掌握用户界面、必填字段和可能收集到的大量数据对他们来说确实存在困难。

3. Salesforce这样的系统如何为曼恩的直接销售活动增值？

考虑一下单个运营商的车队规模这样简单的事情，在过去，这一直是销售主管头脑中的知识，但现在，这些数据可以按客户和细分市场进行存储和分析，使销售人员以前所未见的方式了解市场。客户的作业类型也是如此，以前，我们知道货车主要用于长途运输，但现在，我们知道它们也可以运输冰箱、家具、燃料或其他东西，我们可以更具体地了解市场的细分情况。

4. 对客户关系管理和未来直销模式至关重要的业务关键数据采集和分析的要求是什么？

概括来说，这类数据能够帮助制造商对市场进行分组、分类和细分，从而产生和加强不同的市场思维方式，并促进创新的市场路线以及产品和服务的开发。

对客户初步需求以及他们何时需要的预测是一个非常强大的信息，可以将客户/供应商关系转变为真正的伙伴关系和合作关系。重要的不是你做了什么，而是你知道什么。

5. 物流业的自动化和人工智能

在制造商需要服务的物流和分销市场中，很少有行业能比自动化和人工智能投资产生的作用更为明显。物流业的发展史也是自动化的发展史，而发展趋势正将自动化置于许多企业领导议程的首位。仓库拣货和收货等任务的自动化正在推动效率的提高；人工智能将取代仓库运营中的许多重复性活动。据麦肯锡全球研究院估计，到2030年，全自动高架仓库将普遍实现自动驾驶，自动驾驶车辆将在过道中穿梭（Dekhne等，2019）。

戴上增强现实眼镜的管理人员将能够"看到"整个操作过程，帮助协调机器人和人员。仓库管理系统将实时跟踪库存，确保库存与订购系统相匹配。3D打印系统将根据订单生产零部件。制造商必须像他们的客户一样具有创新性、生产力和效率。

汽车革命

世界经济瞬息万变。新兴市场的发展、新技术投资的加速增长、可持续发展政策以及围绕所有权的传统消费行为的显著变化，彻底改变了经济格局。汽车行业尤其受到数字化、自动化程度提高和新商业模式的影响。

传统的十大汽车制造商（见第8章）都受到了这些变化日益增长的势头的深刻影响。四个技术驱动的大趋势正在颠覆整个行业。

1）自动驾驶。

2）网联化

3）电气化。

4）共享交通。

麦肯锡估计，要想在上述四个领域都占据有利地位，到2030年，单个企业的成本估计将达到700亿美元。他们怀疑任何一家汽车制造商都无法独自承担如此高额的投资，这就是为什么合作和有针对性的收购是领先竞争对手的诱人战略（Gao、Hensley和Zielke，2014）。

麦肯锡指出，对新成立的移动出行企业的投资大幅增加。自2010年以来，投资者已向10个技术集群中的1100多家公司投入了2200亿美元。到2016年年

中，投资者投入了其中的首批 1000 亿美元，其余资金则在此后陆续投入（Holland-Letz 等，2019）。

不仅汽车产品在发生变化，价值链上的生产流程和参与者也在发生变化。2019 年，中美之间的贸易摩擦以及欧洲的英国脱欧，都迫使汽车制造商认真反思其全球战略，并重新评估区域价值的创造（Holland-Letz 等，2019）。

市场的分化将为新的参与者带来机会，这些参与者最初将专注于价值链上的几个选定的步骤，并只针对特定的、具有经济吸引力的细分市场，然后再从那里开始扩张。虽然特斯拉、谷歌和苹果目前引起了媒体的极大兴趣，但它们只是冰山一角。可能还会有更多新的参与者进入市场，尤其是现金充裕的高科技公司和初创企业。这些行业外的新进入者也会对消费者和监管者产生更大的影响，即在新的出行方式方面引发关注，并游说监管者对新技术进行有力的监管）。同样，一些中国汽车制造商最近的销售增长令人印象深刻，他们可能会利用正在发生的颠覆性局面在全球发挥重要作用（Gao、Hensley 和 Zielke，2014）。

汽车产品的内容也在发生变化，电子产品和软件在汽车整体价值中所占的比例越来越大，这方面所需要的技能和知识迄今为止还不属于汽车工程的核心能力。

在过去 20 年中，汽车半导体的销售额增长了 300%。汽车软件内容的年增长率将达到 11%，占汽车总成本的 30%。电子和电气元件将占未来汽车总成本的 25%。有报告指出，一辆现代高端汽车有 1 亿行代码，是波音 787 飞机航空电子设备的 15 倍（Gao、Hensley 和 Zielke，2014）。

12.3 小结

- 全球汽车产业的重心从美国和西欧向亚洲（尤其是中国）转移。

- 汽车行业占欧盟国内生产总值的 7%，仅欧盟 15 个国家的税收贡献就达到约 4100 亿欧元，占欧盟税收总额的 6%（ACEA）。

- 2017 年欧盟出口了 540 万辆汽车，欧洲汽车工业占全球汽车工业额价值的 40% 以上（ACEA）。

- 根据麦肯锡《2030 年柏林城市交通》案例研究（麦肯锡，2016），到 2030 年，每 10 辆售出的汽车中就有 1 辆是共享汽车。

- 2017 年，中国政府为电动汽车补贴了数十亿欧元。
- 中国预计到 2025 年年底公共充电桩数量将增加到 460 万个以上。
- 在英国，由俄罗斯支持的电动运输市场新企业 Arrival 吸引了韩国汽车制造商起亚和现代的大量追加投资，并将成为新兴电动汽车市场未来的主要一级供应商。
- 在美国，硅谷技术投资者发现了新兴数字货运服务领域的价值，投资了 Convoy、Peloton 和 Work Truck Solutions。
- 从 2013 年到 2018 年，美国传统汽车制造商的高端汽车市场份额下降了 15%。同期，特斯拉的市场份额从 1% 增至 6%。
- 自 2010 年以来，美国对未来交通技术的披露投资总额居首位，约为 690 亿欧元，其次是中国，约为 400 亿欧元。排名前十的两个欧洲国家是英国和法国，分别为 23 亿欧元和 15 亿欧元（HollandLetz 等，2019）
- 到 2035 年，充电基础设施投资总额将达到 1300 亿美元。这个数字相当于 2017 年德国联邦预算的 40%。全球需要增加 3800 多万个公共充电点才能满足需求（Anderson 等，2018）。
- 传统汽车特许经营模式的未来正受到实施直销模式并通过垂直整合供需渠道建立控制的新参与者的威胁。
- 由于内燃机零部件不再是产品的一部分，如排气管、冷却液泵、软管、空气滤清器、机油滤清器、发动机垫片等，来自小客车和轻型货车领域的商用车维修收入将减少。这对汽车制造商未来的利润构成了重大威胁。
- 管理市场推广活动的客户关系管理专业知识将是未来成功的关键因素。
- 行业需要为大型自驾出租车队提供资金。到 2035 年，总共需要 1.8 万亿美元的资本来为 7200 万辆自动驾驶出租车提供资金。这为许多不同类型的参与者创造了全新的融资机会，包括城市及其公共交通公司、汽车租赁公司、汽车制造商和银行或机构投资者（Anderson 等，2018）。

12.4 参考文献

ACEA（nd）Facts about the automobile industry. Retrieved from: https://www.acea.be/automobile-industry/facts-about-the-industry（archived at https://perma.cc/4JLV-86MV）

Anderson, M et al（2810）BCG Where to profit as tech transforms mobility, *BCG*. Retrieved from: https://www.bcg.com/en-gb/publications/2018/profit-tech-transforms-mobility.aspx（archived at https://perma.cc/5VK8-QRPN）

Dekhne, A et al（2019）Automation in logistics: big opportunity, bigger uncertainty, *McKinsey*. Retrieved from: https://www.mckinsey.com/industries/travel-transport-and-logistics/our-insights/automation-in-logistics-big-opportunity-bigger-uncertainty（archived at https://perma.cc/XA45-SSMQ）

Gao, P, Hensley, R and Zielke, A（2014）A road map to the future for the auto industry, *McKinsey*. Retrieved from: https://www.mckinsey.com/industries/automotive-and- assembly/our-insights/a-road-map-to-the-future-for-the-auto-industry（archived at https://perma.cc/7TAE-APFP）

General Motors（2020）Detroit-Hamtramck to be GM's first assembly plant 100 percent devoted to electric vehicles. Retrieved from: https://media.gm.com/media/us/en/gm/home.detail.html/content/Pages/news/us/en/2020/jan/0127-dham.html（archived at https://perma.cc/R7NE-3869）

Hammond, E and Buhayar, N（2017）Buffett's Berkshire Hathaway buys stake in Pilot Flying J, *Bloomberg*. Retrieved from: https://www.bloomberg.com/news/articles/2017-10-03/buffett-s-berkshire-hathaway-acquires-stake-in-pilot-flying-j（archived at https://perma.cc/T55W-Y4VP）

Holland-Letz, D et al（2019）Start me up: where mobility investments are going, *McKinsey*. Retrieved from: https://www.mckinsey.com/industries/automotive-and-assembly/our-insights/start-me-up-where-mobility-investments-are-going（archived at https://perma.cc/QZE9-D2HX）

Jolly, J（2020）UK electric van maker Arrival secures £85m from Kia and Hyundai. Retrieved from: https://www.theguardian.com/business/2020/jan/16/uk-electric-van-maker-arrival-secures-85m-from-kia-and-hyundai（archived at https://perma.cc/KRA8-2RWP）

Korosec, K（2019）Convoy raises $400 million to expand its on-demand trucking platform, *TechCrunch*. Retrieved from: https://techcrunch.com/2019/11/13/convoy-raises-400-million-to-expand-its-on-demand-trucking-platform/（archived at https://perma.cc/X4GZ-YACC）

Korosec, K（2020）GM commits $3 billion to build electric and autonomous vehicles in Michigan, *TechCrunch*. Retrieved from: https://techcrunch.com/2020/01/27/gm-commits-3-billion-to-build-electric-and-autonomous-vehicles-in-michigan/（archived at https://perma.cc/NCV2-RAVU）

Lau, J（2008）Buffett buys BYD stake, *Financial Times*. Retrieved from https://www.ft.com/content/235c9890-8de5-11dd-8089-0000779fd18c（archived at https://perma.cc/R5UG-LFTZ）

Loizos, C（2017）In a first deal of its kind, Convoy lands $62 million led by YC's Continuity

Fund, *TechCrunch*. Retrieved from: https://techcrunch.com/2017/07/25/in-a-first-deal-of-its-kind-convoy-lands-62-million-led-by-ycs-continuity-fund/ (archived at https://perma.cc/FY22-HMQH)

McKinsey (2016) Urban mobility 2030: Berlin. Retrieved from: https://www.mckinsey.com/industries/automotive-and-assembly/our-insights/urban-mobility-2030-berlin (archived at https://perma.cc/3GE4-YDG9)

Nasdaq (2012) Warren Buffett's Berkshire Hathaway buys General Motors and Viacom, Adds WMT, WFC, IBM, DVA. Retrieved from: https://www.nasdaq.com/articles/warren-buffetts-berkshire-hathaway-buys-general-motors-and-viacom-adds-wmt-wfc-ibm-dva (archived at https://perma.cc/N72C-RSF4)

O'Brien, C (2017a) Bill Gates Joins $62 million funding round for trucking tech firm Convoy, *Trucks*. Retrieved from: https://www.trucks.com/2017/07/25/convoy-raises-62-million-financing-round/ (archived at https://perma.cc/93YE-8LWH)

O'Brien, C (2017b) Venture capitalists flock to truck technology startups, *Trucks*. Retrieved from: https://www.trucks.com/2017/07/31/venture-capitalists-flock-truck-technology-startups/ (archived at https://perma.cc/TY9N-SA6D)

Srivastava, R *et al* (2018) It's time for a new way to sell cars, *BCG*. Retrieved from: https://www.bcg.com/publications/2018/new-way-to-sell-cars.aspx (archived at https://perma.cc/SQK5-3MYE)

TTT Global (2017) Venture capitalists flock to truck technology start-ups. Retrieved from: https://www.tttglobal.co.uk/blog/read/148/venture-capitalists-flock-to-truck-technology-start-ups.html (archived at https://perma.cc/BW4C-65C5)

第 13 章
历程里程碑

本章将向读者介绍以下内容。

- 我们在零排放车辆（ZEV）需求方面的现状。
- 全球变暖在未来货车和运输中的主要影响。
- 汽车制造商在满足未来法规要求和《巴黎协定》的雄心方面所面临的挑战。
- 稀土材料的集中地。
- 电池技术和替代燃料在货车和运输中的作用。
- 新投资者对零排放车辆市场的潜在影响。

13.1 气候变化和全球变暖

气候变化和全球变暖的挑战仍然是汽车工业、货车产业和运输业未来面对的核心问题，也是本书的主题。"零碳之路"是我们所有人在面对全球变暖和气候变化的现实时都将经历的一段旅程。为了确保我们的未来不仅仅关乎化石燃料，更关乎我们居住的地球，我们每个人都可以做出贡献。

限制气候变化的全球框架是《巴黎协定》的核心结构。这份具有开创性和法律约束力的协议包含了详细的全球目标，即将全球温升控制在远低于2℃的范围内，并努力将温升控制在1.5℃的范围内，从而避免出现危险的气候变化。它的作用还有加强各个国家应对气候变化影响的能力，并支持它们在此方面的努力。

据气候网（Climate.gov）报道，2017年9月，二氧化碳水平比过去80万年的任何阶段都要高，达到百万分之400。气候网还指出，300多万年前，大气中的二氧化碳含量就已经如此之高。当时的海平面比现在高出 15~25m（50~80ft）（Lindsey，2020）。

气候网进一步报道说，自工业时代开始以来，大气中人为产生的二氧化碳含量显著增加，并指出"除非我们采取措施减少进入大气的二氧化碳量，否则世界将继续受到气候变化的影响"（Lindsey，2020）。

地球上的生命之所以能够存在，是因为二氧化碳在大气中发挥了重要作用。二氧化碳和其他温室气体可以阻止太阳产生的、被地球表面吸收的部分热量直接散失回太空。这使得地球温度保持在人类、植物和动物能够生存的水平下（全球碳捕获和储存研究所）。

13.2　寻找替代燃料和动力中心的转移

汽车制造商正面临着打造最佳电动汽车动力总成组合的挑战。在非常依赖稀土材料供应的业务中，我们必须面对材料采购的挑战。这些稀土材料目前主要产自中国，而中国目前与美国在关税问题上的摩擦影响着供应链发展的稳定性，直到两国达成相关协议为止。

1. 控制电动汽车的斗争

全球汽车行业正在应对气候变化的挑战，政府和监管机构也提出了零排放区的要求，禁止在城市和市区环境中使用不符合要求的车辆，因此，电动汽车制造的未来将取决于电池生产的地理位置。目前，电动汽车制造、电池技术和生产能力主要集中在亚洲。

直到 2020 年，欧洲电动汽车电池的生产一直与电动汽车生产不匹配，欧洲的汽车制造商一直在努力确保充足的电池供应。迄今为止，电池生产的投资主要集中在亚洲。已公布的全球 70 个千兆工厂计划中，有 46 个位于中国。显然，中国拥有完善的工业战略来鼓励这些新工厂的发展，而欧洲目前还没有吸引千兆工厂投资的明确产业战略，这导致一些欧洲本土电池制造商也在中国投资建厂。麦肯锡指出："总部位于荷兰的 Lithium Werks 公司已在中国建有两座工厂，并于9月宣布了再建一座工厂的计划。该公司表示，它更愿意在中国建厂，因为中国的基础设施更好，也更容易获得建厂所需的许可。"（Eddy、Pfeiffer 和 van de Staaij，2019）。

2020年，电池市场将为欧洲电池制造商和汽车公司以及欧洲经济带来潜在机遇。中国、日本和韩国目前主导着全球电池市场。2018年，亚洲以外的公司仅满足了全球电动汽车电池需求的3%，而欧洲公司仅供应了1%的电池（Eddy、Pfeiffer 和 van de Staaij，2019）。

英国还必须通过在电池制造市场站稳脚跟，努力成为该领域的主要参与者，以保护目前汽车行业的80万个直接和间接的就业机会。法拉第研究所（Faraday Institution）详细分析了对电池制造进行投资将会如何保护英国的就业机会（见第1章）。

据了解，锂离子电池在推动电动乘用车普及方面发挥了重要作用。其特点是能量密度高、充电保持能力强、维护要求低。但有迹象表明，这种主导地位正在受到限制。

这种电池技术起源于日本，随后在韩国得到进一步发展，但全球电动汽车电池生产中心正在向中国转移。中国的电池产量已超过日本，到2020年，中国的全球市场份额将迅速接近70%（Eddy、Pfeiffer 和 van de Staaij，2019）。

2. 电动汽车与国家电网的电力需求

有一种假设认为，电动汽车的增长也会导致电力需求增加。麦肯锡以德国为例预测，到2030年，这一增长不太可能导致电力需求大幅增加，增长量约占总量的1%，并增加5GW的发电能力。但是，到2050年，这一比例可能增长到4%，发电能力将增加20GW。

麦肯锡认为，"电动汽车在近中期内不会推动电网总电力需求的大幅增长"，因此，在此期间不需要新增发电能力（Engel 等，2018）。

由于重型电池会降低有效载荷并限制续驶里程，几乎所有关于电动汽车动力电池在长途公路运输中的可行性的市场报告都认为，重型电动货车的增长潜力有限。碳税或更严格的排放标准可能会让运营商在低排放技术上投入更多资金，但这种变化在美国似乎比在欧洲更不可能发生。

13.3 货车和运输业的未来

货车运输充分体现了商用车业务所面临的挑战和利害关系。货车排放的二氧化碳总量几乎与乘用车相当。道路上行驶的商用车数量远远少于乘用车，但行驶距离却远超乘用车，对道路施加的质量也更大。根据国际能源署的数据，公路货运占运输相关温室气体排放量的35%，占总排放量的7%（绿色汽车大会，2017）。

在英国政府清洁空气政策的推动下，英国需要制定一项全面的基础设施政策，将汽车制造厂重新想象为"货运港"。"货运港"将是再生的工业和配送中心，位于清洁空气区的边缘。

1. 重型货车和氢燃料电池技术

传统的柴油发动机重型货车一直是美国重型车辆行业的支柱。然而，一系列零排放和近零排放燃料技术平台开始出现，并逐渐渗透到商业销售中，其中包括以天然气、动力电池、氢燃料电池和丙烷为动力的重型车辆。

这无疑是朝着正确方向迈出的一步。但需要注意的是，目前还没有任何零排放平台（动力电池或燃料电池）在重型货车应用中得到验证。燃料电池技术（HFCT）正在成为一种有前途的解决方案，由于其行驶里程和燃料加注时间方面的优势，它可能会成为一种长期的零排放解决方案。重型燃料电池车辆也能为车队提供巨大的实用性和适用性。

燃料电池技术正变得越来越成熟，并针对重型货车应用进行了优化。尼古拉汽车公司（Nikola Trucks）一直是美国和欧洲推广该技术的龙头企业，并计划在2020—2022年推出一系列零排放氢燃料电池电动汽车。从本质上讲，氢燃料在推动重型燃料电池汽车（HDFCV）实现实际商业化和广泛应用以取代柴油重型车辆（HDV）方面，既是最有前途的，也是最具挑战性的。

对于重型车队来说，燃料成本是决定总运营成本的首要因素。目前，氢燃料的成本远高于柴油，这是重型燃料电池电动汽车商业化的一大障碍。

在有氢气供应的美国加利福尼亚州，成本约为每千克10~15美元（加州燃料电池伙伴关系组织）。要实现与当前全球的柴油成本持平，每千克氢的成本需要接近 3 美元。2019 年美国的柴油成本约为每加仑 2.75 美元。英国每加仑柴油的成本为 6 英镑，大约相当于 7 欧元和 8 美元。因此，欧洲柴油燃料的成本目前约为美国的 3 倍。英国和欧洲显然有机会成为未来中型和重型货车应用氢燃料的先行者。

进入 2020 年，我们发现几乎没有为中 / 重型燃料电池汽车设计的氢燃料基础设施。乘用车加氢站不具备为 HDFCV 加氢的设备；现有的加氢站都位于公交设施内，是为燃料电池公交车加氢而设计的。

Act News 的乔恩·伦纳德（Jon Leonard）提出如下建议。

为重型货车建立氢燃料网络的初步方案很可能会侧重于"走廊"概念，这将需要多年时间来协调，每个加氢站的成本大约为 300 万美元。要建立一个全国性的 HDFCV 加氢站网络，可能需要数十年时间，耗资数十亿美元。需要仔细协调 HDFCV 推出的步伐，以便利用这些加氢站（Leonard，2018）。

零排放之路不仅将挑战传统汽车制造商的现状，还将迫使他们彻底改变当前的商业模式，并进行大规模创新。

2. 货车和运输业的发展趋势

未来的货车和运输业将出现以下情况。

1）使货车适应人工智能和物流配送货运计量自动化的需求。

2）传统汽车特许经营体系将终结。

3）重型货车仍然依赖化石燃料。

4）轻型货车和厢式货车将主导电气化转型。

5）氢将成为重型运输的未来燃料。

6）电动汽车对电网的影响微乎其微，并且这一影响将被替代燃料的发展所抵消。

7）充电基础设施成为现有汽车制造商需要考虑的新收入来源，以抵消内燃机汽车维修收入来源的减少。

8）"货运港"提供了发展可持续运输生态系统的潜力，以支持清洁空气区和零排放区政策。

9）"货运港"为将本田（斯温顿）、福特（达格纳姆和布里真德）、日产（桑德兰）和沃克斯豪尔（埃尔斯米尔港）等多余的内燃机汽车制造厂腾出的棕地改造成能源创新中心提供了最佳机会。

传统汽车制造商所面临的挑战和变革的主要来源是新型投资者。来自行业外的科技公司和风险投资／私募股权公司正在产生重大影响。大大小小的企业都感受到了这种新型投资者的力量。

2020年，越来越多的风险投资公司将资金投入到汽车技术初创企业中，这一点显而易见。这些初创公司正在寻求颠覆现有的汽车商业模式，并对其进行重塑。这些变化将影响作为世界经济支柱的庞大的全球货车运输生态系统。颠覆这一极其复杂行业的潜在机会吸引了包括货车行业风险投资公司和硅谷知名企业在内的投资者。

13.4 参考文献

California Fuel Cell Partnership（nd）Cost to refill. Retrieved from: https://cafcp.org/content/cost-refill（archived at https://perma.cc/4DAM-K8E7）

Eddy, J, Pfeiffer, A and van de Staaij, J（2019）Recharging economies: the EV-battery manufacturing outlook for Europe, *McKinsey*. Retrieved from: https://www.mckinsey.com/industries/oil-and-gas/our-insights/recharging-economies-the-ev-battery-manufacturing-outlook-for-europe（archived at https://perma.cc/TB9B-DE62）

Engel, H *et al*（2018）The potential impact of EVs on global energy systems, *McKinsey*. Retrieved from: https://www.mckinsey.com/industries/automotive-and-assembly/our-insights/the-potential-impact-of-electric-vehicles-on-global-energy-systems（archived at https://perma.cc/YX2S-EW9U）

Global CCS Institute（nd）The Climate Challenge. Retrieved from: https://www.globalccsinstitute.com/why-ccs/meeting-the-climate-challenge/（archived at https://perma.cc/8J5Y-DNHX）

Green Car Congress（2017）IEA: improving efficiency of road-freight transport critical to reduce oil-demand growth; three areas of focus. Retrieved from: https://www.greencarcongress.com/2017/07/20170703-iea.html（archived at https://perma.cc/ZMT5-SR5V）

Leonard, J（2018）Hydrogen fuel cell future is promising for heavy-duty trucks, *ACT News*. Retrieved from: https://www.act-news.com/news/hydrogen-fuel-cell-vehicles/（archived at https://perma.cc/K7UQ-YYF3）

Lindsey, R（2020）Climate change: atmospheric carbon dioxide, *Climate.gov*. Retrieved from: https://www.climate.gov/news-features/understanding-climate/climate-change-atmospheric-carbon-dioxide（archived at https://perma.cc/S6LL-KS9A）

第 14 章
征程仍在继续
——2050 年及以后

本章将向读者介绍以下内容。

- 2050 年及以后的货车和运输市场结构。
- 千兆工厂为电动汽车提供电池的必要性。
- 欧洲汽车制造商所需的远见。
- 汽车世界秩序的预期变化。
- 技术巨头对汽车行业的影响。

14.1 未来的目的地

在第 1 章中，我们描述了货车和运输业的未来以及潜在的变革力量将催生出一个以电力和高新技术为动力的全新行业，从而带来一场世界上前所未有的工业和经济革命。

在本书涉及的研究过程中，我们与汽车制造商、一级供应商、政府机构、贸易组织和咨询公司进行了讨论。这些机构提供了有关这个拥有数百万名员工的全球行业未来的真实情况和数据。一路走来，我们发现，电动汽车、替代能源产品、自动驾驶汽车和共享交通概念的兴起，将极大地改变汽车行业的盈利来源。

14.2 转型后的市场结构

波士顿咨询公司在2018年强调，到2035年，该行业需要投资超过2.4万亿美元，未来的增长市场将由以下一些关键因素主导（Andersen等，2018）。

1）电动汽车和自动驾驶汽车技术。

2）到2035年，电动汽车技术的累计投资总额将达到450亿美元，占汽车制造商累计研发预算的1.7%。

• 人才——需要招聘数千名专业工程师。

波士顿咨询公司于2018年8月指出，要满足未来电动汽车销售的预测需求，必须大幅提高电池产能。到2035年，电池生产厂需要投资约2200亿美元才能满足预测需求。根据波士顿咨询公司的数据，这笔投资约等于电池供应商在这一时期预测收入的13%（Andersen等，2018）。

麦肯锡预测，要满足21世纪20年代的电池需求，汽车制造商、供应商和投资者现在就必须开始行动并取得进展。麦肯锡的研究支持以下观点，即从规划新的千兆工厂到形成完整的生产能力需要5~7年时间（Eddy、Pfeiffer和van de Staaij，2019）

新千兆工厂的发展时机至关重要。电池的生产和供应必须与电动汽车的产量相匹配，否则，电池制造商将面临两种选择：一种是建设规模较小的工厂（这种工厂效率较低，因为达不到所需的规模经济效益，通常每年约生产8~15GW·h才能达到最佳规模效应）；另一种是因需求不足而运营产量较低的大型生产工厂，这并不具有吸引力（Eddy、Pfeiffer和van de Staaij，2019）。

年产量超过8GW·h的大型工厂每欧元投资的生产率是小型工厂的2倍。年产8GW·h的工厂需要的产能投资约为1.2亿美元。麦肯锡预计，到2040年，每年的需求量将达到1200GW·h。达到这一产能水平需要在整个欧洲的电池制造领域投资约1500亿美元。在研发和价值链（如电解质和电极）方面也需要额外投资（Eddy，Pfeiffer和van de Staaij，2019）。

麦肯锡估计，到 2040 年，需要有 60 个千兆工厂（每个工厂相当于特斯拉在美国的 35GW·h 产能工厂）投入运营。这也将加速对锂离子电池所需的稀土材料的争夺，目前，中国在这场竞争中胜出（Eddy、Pfeiffer 和 van de Staaij，2019）。

14.3 2050 年及以后

为了保持在全球汽车行业的领导地位，欧洲汽车制造商需要面向 2050 年的欧洲汽车行业规划一个令人信服的愿景。我们希望到 2050 年，欧洲汽车行业可以成为行业领导者，并在以下多个方面适应重大的模式转变。

1）从注重硬件转向注重软件和出行解决方案。

2）从稳定的价值链到行业边界不固定的动态运输生态系统。

3）从稳定的领先企业为主转变为由新进入市场的企业主导，形成以中国企业、新创企业和数字巨头的构成的动态格局。

4）从相对稳定的全球监管框架到监管波动性与不确定性不断增加的环境。

5）从服务于人与车具有强烈情感纽带的传统个人汽车拥有形式，到满足数字消费者不断变化的偏好，即从拥有到租赁 / 按使用付费。

6）从静态的运输系统转变为实时优化的动态综合运输网络。对于城市而言，"货运港"的发展以及长途柴油货运与城市"最后一英里"电动配送运输的整合将标志着成功向零排放运输系统过渡。

零碳之路包含了许多不同的情景，它们将决定全球汽车行业未来的规模和形态。本书的目的不仅在于详细介绍 50~100 年来主导汽车行业的传统汽车制造商将受到哪些影响，而且还介绍了可能取代它们或因企业上市和并购活动而变得非常富有的新进入者。

现有的汽车制造商需要认识到，虽然该行业将继续增长，但到 2050 年，盈利来源将发生巨大变化。

传统汽车制造商面临着双重挑战，一方面需要在增长领域进行投资，另一方面其核心业务的利润率却在下降。导致市场萎缩的因素包括纯电动汽车和混合动力电动汽车利润率的下降以及遵守排放法规成本的上升。

14.4 零碳之路的终极信息

做好准备，迎接交通和出行方式的巨大变革。2050年，真正拥有一辆汽车的想法将像在车库里放置马车一样陌生。

汽车工厂是20世纪的象征，也是一个世纪以来大城市的基石，它们将转变为"货运港"的心脏，是创新城市规划和城市/城市复兴的产物。

2020年，全球54%的人口居住在城市地区，预计到2050年这一比例将增至66%。预测显示，到2050年，城市化加上世界人口的总体增长，将导致城市人口再增加25亿，其中近90%的增长集中在亚洲和非洲（联合国，2014）。

我们看到的趋势是，从拥有汽车转向共享产品和服务，自动驾驶汽车的行驶里程将超过20%。要在公共道路上推广自动驾驶汽车和高速5G网络，可能还需要10~20年的时间。

这一转变如何形成，也将影响未来城市的面貌和给人的感受。自动驾驶汽车有可能缩短出行时间，这就为重新思考城市规划方式提供了机会（Mayfield和Punzo，2019）。

最后，在汽车行业成为全球贸易重要驱动力的时代，未来将出现经济数字化垄断的可能性，汽车行业将向区域性商业活动集中地发展，从而避免贸易战，以及关税和军事冲突引发混乱局面。

冰岛为不复存在的冰川而设立的纪念碑上刻下的信息也许是最值得被记住的（Henley，2019）：

这座纪念碑的意义在于，我们知道正在发生什么、需要做什么。只有你知道我们是否做到了。

这本书是您的指南，告诉您需要做什么，现在就看大家如何去做了。

14.5 参考文献

Andersen, M *et al* (2018) Where to profit as tech transforms mobility. Retrieved from: https://www.bcg.com/en-gb/publications/2018/profit-tech-transforms-mobility.aspx (archived at https://perma.cc/5VK8-QRPN)

Eddy, J, Pfeiffer, A and van de Staaij, J (2019) Recharging economies: the EV-battery manufacturing outlook for Europe, *McKinsey*. Retrieved from: https://www.mckinsey.com/industries/oil-and-gas/our-insights/recharging-economies-the-ev-battery-manufacturing-outlook-for-europe (archived at https://perma.cc/TB9B-DE62)

Henley, J (2019) Icelandic memorial warns future: 'Only you know if we saved glaciers', *Guardian*. Retrieved from: https://www.theguardian.com/environment/2019/jul/22/memorial-to-mark-icelandic-glacier-lost-to-climate-crisis (archived at https://perma.cc/2E7T-WGQG)

Mayfield, M and Punzo, G (2019) Car ownership is on its way out. Could public transport go the same way? *City Metric*. Retrieved from: https://www.citymetric.com/transport/car-ownership-its-way-out-could-public-transport-go-same-way-4640 (archived at https://perma.cc/87MX-XL4Y)

United Nations (2014) World's population increasingly urban with more than half living in urban areas. Retrieved from: https://www.un.org/en/development/desa/news/population/world-urbanization-prospects-2014.html (archived at https://perma.cc/E67K-MBSX)

附　录

附录A　缩略语表

缩略语	含义	缩略语	含义
3PL	第三方物流	CDR	二氧化碳去除
4PL	第四方物流	CEC	欧洲共同体委员会
AC	交流电	CFF	清洁燃料车队
ACEA	欧洲汽车制造商协会	CNG	压缩天然气
ACEEE	美国能效经济委员会	COP	《联合国气候变化框架公约》缔约方会议
AFID	替代燃料基础设施指令	DACS	碳捕集与封存
AMT	机械式自动变速器	DC	直接电
ANL	阿贡国家实验室	DFM	数字货运匹配
ASEAN	东南亚国家联盟	DfT	英国运输部
ATA	美国卡车运输协会	DOE	美国能源部
ATRI	美国运输研究所	EBA	欧洲电池联盟
AUR	资产利用率	EC	欧盟委员会
AWD	全轮驱动	ECCJ	日本节能中心
BET	纯电动货车	EGR	排气再循环
BEV	纯电动汽车	EPA	美国环境保护署
BtL	生物质转化为液体（燃料）	ERS	电动道路系统
BTS	运输统计局	FCEV	氢燃料电池电动汽车
CAC	标准空气污染物	FQD	燃料质量指令
CAFE	企业平均燃料经济性	FQP	货运质量伙伴关系
CARB	加利福尼亚州空气资源委员会	FR	美国联邦公报

（续）

缩略语	含义	缩略语	含义
FTA	英国货物运输协会	LDV	轻型车辆
FWD	前轮驱动	LEV	低排放车辆
GDI	汽油直喷	LGV	大型货运车辆（英国）
GDP	国内生产总值	LNG	液化天然气
GFA	绿色亚洲货运组织	LPG	液化石油气
GFE	绿色欧洲货运组织	LRR	低滚动阻力
GFP	绿色货运计划	LSP	物流服务提供商
GHG	温室气体	MDV	中型车辆
GIS	地理信息系统	MSW	城市固体废物
GPF	汽油颗粒捕集器	MTS	现代货车方案
GPS	全球定位系统	NHTSA	美国国家公路交通安全管理局
GVW	车辆总质量	OECD	经济合作发展组织
HCV	大容量汽车	OEM	原始设备制造商（本书指汽车整车制造商）
HDE	重型发动机	OICA	国际汽车制造商协会
HDFCV	重型燃料电池汽车	PBS	基于性能的标准
HDT	重型货车	PM	颗粒物质
HDV	重型车辆	PSV	公共服务车辆
HEV	混合动力汽车	R&D	研究与开发
HGV	重型货车	R&M	修理和维护
ICCT	国际清洁交通理事会	RD&D	研究、开发和示范
ICE	内燃机	REM	稀土材料
IEA	国际能源署	RHA	英国道路运输协会
IP	知识产权	ROS	销售回报率
IR	红外线	RWD	后轮驱动
ISO	国际标准化组织	SMMT	英国汽车制造商和贸易商协会
LCV	轻型商用车	TCO	总拥有成本
LDT	轻型货车	THC	碳氢化合物总量

（续）

缩略语	含义	缩略语	含义
THCE	碳氢化合物总当量	V2V	车辆对车辆通信
TPS	轮胎压力系统	VOR	车辆停驶
TRR	轮胎滚动阻力	WHR	废热回收
TTW	油箱到车轮	WHVC	世界统一重型车辆循环工况
UCC	城市物流中心	WTT	油箱到油箱
ULEV	超低排放车辆	WTW	油井到车轮（生命周期总排放量）
UNFCCC	联合国气候变化框架公约	ZEV	零排放车辆
UV	紫外线	ZLEV	零排放和低排放车辆
V2I	车辆对基础设施通信	ZTE	零尾气排放

附录 B　计量单位

单位符号	单位名称	单位符号	单位名称
℃	摄氏度	g/mile	克每英里
°F	华氏度	gCO_2/km	克二氧化碳每千米
BCM	十亿立方米（通常用于天然气）	GJ	吉焦
bhp	制动马力（用作功率的标准测量单位，考虑了摩擦损失）	Gt	吉吨
cm^3	立方厘米	$GtCO_2$	吉吨二氧化碳
CO_2e	二氧化碳当量（基于100年全球升温潜能值）	Gtoe	吉吨石油当量
EJ	艾焦	GW·h	吉瓦时
g/（bhp·h）	克每制动马力小时	hp	马力
g/km	克每千米	kg	千克
g/kN	克每千牛	km	千米
g/（kW·h）	克每千瓦时	km/h	千米每小时

（续）

单位符号	单位名称	单位符号	单位名称
kN	千牛	Mt	兆吨
kW·h	千瓦时	MW·h	兆瓦时
lb	磅（质量单位）	t	吨
Lde	升柴油当量	t·km	吨千米
m	米	tCO₂e	吨二氧化碳当量
mb/d	百万桶每天（用于衡量石油）	v·km	车辆千米
MJ	兆焦	W·h/L	瓦时每升
MPa	兆帕		

附录C　常用英制单位换算

1in（英寸）=25.4 mm（毫米）

1ft（英尺）=0.3048m（米）

1mile（英里）=1.609km（千米）

1yd（码）=0.9144m（米）

1mile/h（英里/时）=1.609km/h（千米/时）

1lb（磅）=0.453592kg（千克）

1oz（盎司）=28.3495g（克）

1lbf（磅力）=4.44822N（牛）

1kgf（千克力）=9.80665N（牛）

1lbf·ft（磅力英尺）=1.35582 N·m（牛·米）

1lbf/in^2（磅力每平方英寸，即psi）=6.895kPa（千帕）

1inHg（英寸汞柱）=3386.39Pa（帕）

1mmHg（毫米汞柱）=133.322Pa（帕）

1USgal（美加仑）=3.785×10^{-3}m^3（立方米）

1hp（英马力）=745.700W（瓦）

1Btu（英热单位）=1.055kJ（千焦）

华氏温度和摄氏温度的换算关系：℃=（°F-32）×5/9